新世纪高职高专系列"十二五"规划教材

人文英华
（第2版）

主　　编：胡洪波　李中民
副主编：邹厚亏　刘绪东　冷　琼　孙登敏
　　　　李惊涛
主　　审：陈杰峰
策　　划：童加斌
编　　委：陈杰峰　胡洪波　童加斌　李中民
　　　　　邹厚亏　刘绪东　冷　琼　孙登敏
　　　　　李惊涛　宋长艳　曾菡召　黄政华
　　　　　李世平　张　杰　李桂林　卫贤义
　　　　　黄　兵

东南大学出版社
·南京·

内 容 提 要

本书是 21 世纪高等职业院校人文素养课改教材，也是一部按照国家教育部《关于全面提高高等职业教育教学质量的若干意见》要求，结合高等职业教育现实需要而编写的极富创意和特色的教材。全书以立德树人为目的，以人文精神传承为核心，以社会主义核心价值体系的形成为主线，采用"知识体系构建、经典文本阅读、社会实践示例"相结合的体例，将传统与现代、民族与世界、系统知识与节点人物、理论阐述与实践探索等重要教学元素相互融合，实现"教、学、做、合一"，在引领大学生关注生存的意义与价值取向，激发其想象力与创造力，倡导其独立精神与合作意识，培育和滋养其健全人格、职业意识和社会责任感的同时，全面提升大学生的人文素养和语文能力。

本书可供高等职业院校人文课程教学之用，也可为广大青年自学提供参考。

图书在版编目（CIP）数据

人文英华／胡洪波，李中民主编. —2 版. —南京：东南大学出版社，2013.9（2022.9重印）

新世纪高职高专系列"十二五"规划教材

ISBN 978-7-5641-3667-3

Ⅰ.①人… Ⅱ.①胡… ②李… Ⅲ.①人文科学—高等职业教育—教材 Ⅳ.① C

中国版本图书馆 CIP 数据核字（2012）第 161049 号

人文英华（第 2 版）

出版发行	东南大学出版社
出 版 人	江建中
社　　址	南京市四牌楼 2 号
邮　　编	210096
经　　销	全国各地新华书店
印　　刷	南京京新印刷有限公司
开　　本	700mm × 1000 mm1/16
印　　张	16
字　　数	314 千字
版　　次	2010 年 9 月第 1 版　2013 年 9 月第 2 版
印　　次	2022 年 9 月第 9 次印刷
印　　数	18701—21700 册
书　　号	ISBN 978-7-5641-3667-3
定　　价	46.00 元

（本社图书若有印装质量问题，请直接与营销部联系。电话：025-83791830）

第2版前言

教育部《关于全面提高高等职业教育教学质量的若干意见》(教高〔2006〕16号文件)发布后,中国的高等职业教育发展重心,开始由初创时期的规模扩张向全面提高教学质量的内涵建设转移。中国掀开了职业教育改革的大幕。湖北省高等教育学会和湖北省高等教育学会高职高专教育管理专业委员会,积极行动,组织、指导全省高职院校,深入开展师资队伍建设、专业建设、课程建设、教材建设。《人文英华》便是其课程和教材建设的研制成果之一。

一个时期以来,高等职业院校"泛职业化"教学倾向普遍,单一的岗位能力培养方式盛行,人文教育单薄乏力,致使人文素养本已薄弱的高职学生,更加疏远传统、淡漠经典、藐视崇高、价值沦丧,造成年青一代心灵缺失。《人文英华》正是高举"高等职业院校要坚持育人为本,德育为先,把立德树人作为根本任务"、"把社会主义核心价值体系融入到高等职业教育人才培养的全过程"、"培养高素质技能型人才"(《关于全面提高高等职业教育教学质量的若干意见》)的旗帜,结合高职高专学生实际需要而编写的旨在提升学生人文素养水准的专门教材。

《人文英华》内容极富创意,形式颇具特色。全书以立德树人为目的,以人文精神传承为核心,以社会主义核心价值体系的形成为主线,以全面提高大学生人文素养水平和语文能力为目标,按照"通识性人文精神""职业化人文素质""学习型行为养成"三个层级,整合重构高等职业院校人文类课程内容,并以生命篇、价值篇、情感篇、文苑篇、职业篇和地域文化篇呈现,引导学生:珍视生命;在中西文化比较中建立当代新型价值观;体验人间亲情、友情、爱情、爱国情;诵读经典,体味人生;正视成败,立身安命;感悟本土文化,建设美丽家园。体例上采用"知识体系构建""经典文本阅读""社会实践示例"三者有机结合的形式,将传统与现代、民族与世界、系统知识与节点人物、理论阐述与实践探索等重要的教学元素相互观照,实现了"教学做合一"。

本教材由胡洪波、李中民担任主编。陈杰峰担任主审。童加斌担任组织策划。冷琼编写生命篇,邹厚亏、张杰、卫贤义编写价值篇,刘绪东、曾菡召、宋长艳编写情感篇,孙登敏、黄政华编写文苑篇,李惊涛、黄兵编写职业篇,李中民、李世平、李桂林编写地域文化篇。本教材在编写过程中,参考援引了一些教材、论著、网页和报刊杂志中的资料和信息。在此一并致谢。

该书出版三年来,在高职院校人文素养教学中,受到学生广泛欢迎和上级主管部门首肯。再版之前,我们专门召集本书作者和使用本教材的教师学生代表座谈,在广泛征求意见的基础上,做了以下修订:一是对原书中部分篇章内容作了适当删节;二是增加即时性案例,以提高针对性、时效性;三是地域文化篇新增随州考古发掘最新成果。相信《人文英华》第2版一定会受到使用者的喜爱。

由于时间仓促,水平有限,修订中难免有疏漏和错误之处,恳请读者朋友批评指正。

编者

2013 年 6 月

目 录

生 命 篇

【概观】 1
　　诠释生命 1
　　敬畏生命 4
　　珍爱生命 5
　　拥抱生活 8

【精品阅读】 13
　　最后一片叶子　欧·亨利 13
　　生如夏花　泰戈尔 19
　　狱中血书　杨涟 21
　　呼唤　屈塬 23
　　雅舍　梁实秋 24

【实践方案示例】 27
　　方案一：火灾逃生方案 27
　　方案二：触电、煤气中毒解救方案 28

价 值 篇

【概观】 30
　　中国传统价值观——仁者爱人 30
　　西方价值观——自由、平等、博爱 36
　　社会主义荣辱观——八荣八耻 37

【精品阅读】 39
　　大学 39
　　子鱼论战 44
　　《论语》十则 46
　　《孟子》二章 49

《老子》二章 ··· 52
庖丁解牛 ··· 54
与妻书 林觉民 ··· 56
无价之人 韩少功 ·· 58
我为什么而活着 罗素 ···································· 61
我的世界观 阿尔伯特·爱因斯坦 ····················· 63

【实践方案示例】 ··· 65
方案一：东、西方价值观现实解困之我见辩论赛方案 ·· 65
方案二：走进平凡之人——随州杰出人物专访方案 ···· 67

文 苑 篇

【概观】 ··· 69
豪迈奔放唱响华夏英杰凌云壮志 ························ 69
含蓄委婉道尽人间儿女似水柔情 ························ 85

【精品阅读】 ··· 92
送杜少府之任蜀州 王勃 ································· 92
登鹳雀楼 王之涣 ·· 93
出塞 王昌龄 ··· 94
燕歌行 高适 ··· 95
轮台歌奉送封大夫出师西征 岑参 ····················· 98
宣州谢朓楼饯别校书叔云 李白 ························ 99
渔家傲 范仲淹 ··· 102
念奴娇·赤壁怀古 苏轼 ································· 103
破阵子·为陈同甫赋壮词以寄之 辛弃疾 ············ 105
水调歌头·送章德茂大卿使虏 陈亮 ·················· 106
望月怀远 张九龄 ·· 108
积雨辋川庄作 王维 ······································· 109
春雨 李商隐 ··· 110
商山早行 温庭筠 ·· 112
浪淘沙 李煜 ··· 113
踏莎行 欧阳修 ··· 115
八声甘州 柳永 ··· 116
满庭芳 秦观 ··· 118
青玉案 贺铸 ··· 119
如梦令 李清照 ··· 120

【实践方案示例】

方案一:中华颂·经典诵读比赛活动方案 …………………………………… 121

方案二:校园诗歌创作大赛方案 ……………………………………………… 122

情 感 篇

【概观】 ……………………………………………………………………… 124

亲情——血浓于水 ……………………………………………………… 125

友情——高山流水 ……………………………………………………… 127

爱情——生死相依 ……………………………………………………… 131

爱国情——满腔赤诚 …………………………………………………… 136

【精品阅读】 ………………………………………………………………… 143

祭十二郎文　韩愈 ……………………………………………………… 143

孩子,你是妈妈的世界　季红真 ……………………………………… 147

话说知音　林非 ………………………………………………………… 151

友情:这棵树上只有一个果子,叫做信任　毕淑敏 ………………… 153

蒹葭　《诗经》 ………………………………………………………… 154

摸鱼儿·雁丘词　元好问 ……………………………………………… 156

西厢记·长亭送别　王实甫 …………………………………………… 158

一棵开花的树　席慕容 ………………………………………………… 162

七哀诗　王粲 …………………………………………………………… 164

从军行　杨炯 …………………………………………………………… 165

正气歌　文天祥 ………………………………………………………… 166

静夜　闻一多 …………………………………………………………… 171

【实践方案示例】 …………………………………………………………… 172

方案一:爱情风景美与丑——校园文明大家谈 ……………………… 172

方案二:"辉煌五千载,悠悠爱国情"主题实践活动方案 …………… 173

职 业 篇

【概观】 ……………………………………………………………………… 175

压力产生动力 …………………………………………………………… 175

机会只青睐有准备的人 ………………………………………………… 176

创业成就美好未来 ……………………………………………………… 180

【精品阅读】 ………………………………………………………………… 184

凿壁借光　葛洪 ………………………………………………………… 184

游龙洞(节选)　徐霞客 ································· 185
　　世界首富比尔·盖茨 ································· 187
　　悼念林巧稚大夫　冰心 ································· 190
　　银河颂　慈云桂 ································· 193
　　他的足迹是一条建筑文脉——纪念学术巨人梁思成先生百岁诞辰
　　　　郑孝燮 ································· 195
　　热心于教育事业的企业家——怀念孟少农总工程师　季峻 ········ 197
　　李嘉诚11条经典成功格言 ································· 201
　　林世荣和他的金厕所(节选)　月风 ································· 202
　　在北大本科生毕业典礼上的讲话　李彦宏 ································· 204

【实践方案示例】 ································· 208
　　方案一:汽车美容店创业实践方案 ································· 208
　　方案二:护理专业毕业生校园招聘会应聘方案 ········ 211

地域文化篇

【概观】 ································· 213
　　中国历史文化名城随州 ································· 213
　　随州的历史沿革 ································· 213
　　中国历史文化名城的由来 ································· 214
　　中国历史文化名城随州的原生态及其特征 ············ 214

【精品阅读】 ································· 232
　　神农赞　曹植 ································· 232
　　民为神主 ································· 233
　　江夏送倩公归汉东序(摘句)　李白 ············ 235
　　骊骝陂　胡曾 ································· 236
　　闻虞沔州有替将归上都登汉东城寄赠　刘长卿 ········ 236
　　登汉东楼　沈括 ································· 237
　　留守相公移镇汉东　欧阳修 ································· 238
　　登洪山　何宗彦 ································· 239
　　厉山　储嘉珩 ································· 240
　　颂祖文 ································· 241

【实践方案示例】 ································· 243
　　方案一:魅力随州行 ································· 243
　　方案二:神农畅想——主题研讨会 ················ 245

生命篇

概观

珍爱自己的生命,尊重、关怀和善待他人生命,每个人的生命得到珍爱、尊重、敬畏和保障,社会生活才能真正走上和谐。

诠释生命

有一支歌唱出了祖国的美好:一条大河波浪宽/风吹稻花香两岸/我家就在岸上住/听惯了艄公的号子/看惯了船上的白帆/这是美丽的祖国/是我生长的地方/在这片辽阔的土地上/到处都有明媚的风光。

有一首词品味着爱情的苦涩与甜蜜:多少恨,昨夜梦魂中。还似旧时游上苑,车如水马如龙;花月正春风!

有一首诗写出了挚友的真情:李白乘舟将欲行,忽闻岸上踏歌声。桃花潭水深千尺,不及汪伦送我情。

有一支曲倾诉着离别的凄苦:碧云天,黄花地,西风紧。北雁南飞。晓来谁染霜林醉?总是离人泪。

这是闲适的淡雅:西塞山前白鹭飞,桃花流水鳜鱼肥。青箬笠,绿蓑衣,斜风细雨不须归。

这是失意的无奈:村居茅檐低小,溪上青青草。醉里吴音相媚好,白发谁家翁媪?大儿锄豆溪东,中儿正织鸡笼。最喜小儿无赖,溪头卧剥莲蓬。

生活纷繁芜杂,但无论遇上一种什么况味,生命还是选择活着。因为生命属于我们只有一次,所以就倍感它的珍贵,生命一经失去就再也无法找回。

瞿秋白说:本来,生命只有一次,对于谁都是宝贵。

马克思指出"全部人类历史的第一个前提无疑是有生命的个人的存在"。珍爱生命,即用爱心善待每一个生命,用快乐的心情过好每一天。无法想象一个漠视生命没有爱心的人能够承担社会责任,关爱天下。

古有"精卫填海"的故事,诠释着对生命的珍爱,对死亡的抗争;"神农尝百草"的传说更是先民在自然灾难的威胁面前想超越死亡的壮举。

然而随着社会的发展,在物质的精神的生活水平有了较大提高的今天,"好死不如赖活着"的说法对现代人并不具有广泛的警示作用。自杀愈来愈成为凸出的社会问题。选择自杀有成功的富有者,有失意的穷困者,甚至连未成年的青少年学生也有选择自杀的。据报载,多年雄踞内地出口200强榜首、2009年全球企业500强排名第109位的深圳富士康科技集团,从2010年1月23日至5月27日,竟连续发生13起员工坠楼事件,共造成11死2伤的悲剧。而在2007年至2009年,该企业也曾发生过多起员工跳楼事件。在富士康的基层员工中,"80后"、"90后"的"新生代"外来工已经超过85%;"连跳"事件的涉事人最大不过28岁,最小的仅18岁。深圳市总工会副主席王同信认为,"新生代"外来工受教育程度相对较高,对城市生活也相对熟悉,对生活怀抱着更多的梦想,但生活中的困惑与压力,梦想与现实的落差,使得他们比上一辈承受着更大的压力。所以,他们选择放弃自己的生命。

冥冥之中,是否真的有种力量在左右着人的命运?

寰寰宇宙,是否真的有双帝眼在关注着人的生存?

芸芸众生,是以什么样的姿势坚持着脆弱的生命?

历史给了我们坚实的回答:1976年7月,当唐山大地震突发,我们的民族没有垮塌;当2003年5月的非典病毒吞噬生命,我们用爱弥补;2008年1月,当风雪阻断归路,我们彼此取暖;当2008年的奥运圣火遭遇屈辱,我们义无反顾;当2008年4月的列车冲出轨道,我们竭诚互助;当2008年5月的汶川地震撕裂大地,我们开山辟路;当2013年4月的雅安震撼华夏,我们众志成城……中华儿女面对磨难,永远会挺直脊梁!

"坚持就是胜利!"让多少众生受益……

生命,是自然付给人类去雕琢的宝石……无论何时何地,无论遇到多大挫折,都不轻易放弃生的希望。是的,生活的无奈,情感的挫折,各种竞争的压力把我们压得喘不过气以至于我们选择死亡来摆脱自己,有的时候选择结束生命确实是一种很好的解脱方式!可是你知道吗?你的离去会带给父母的是一辈子无法忘却的伤疤!你的轻易离去会让多少关心爱你们的父母,朋友,同学为你伤心绝望!为你流泪到天亮。所以,我们不要拿生命当儿戏,更不要用死来解脱自己。用死来结束生命是一种懦弱的表现;用死来结束生命是一种不负责任的表现!

每一个生命都是美丽的,所以每一朵花都不应该拒绝开放。一个人活着,你的生命就不再是你的一个人的所有。我们的生命是父母给予的。保护好自己的生命,以便让其他的生命更好的活着。也许我们生活的真的很累!累我们也要活者,活者我们就有希望,即使今天没有,明天没有,只要我们这颗追求理想,追求美好未来的心永远不死,总有一天我们会有的!面包会有的,工作会有的,汽车会有的,房子会有的。总有一天我们会感到活者就是一种幸福!

苏轼学会了承受挫折,并没有乌台诗案一蹶不振,而是信步雨后,"一蓑烟雨任平生"。

曹雪芹没有被"一把辛酸泪"吓倒,而是勇敢地走下去,给世人一部惊世大作——《红楼梦》。

刘翔敢于从困难中爬起来,独自真正站起来,不畏挫折,以12秒88的成绩刷新了当年的世界纪录的。

2006年"感动中国"人物丁晓兵,在失去右臂的苦难中站起来,二十多年一直是英雄。

我们的生活充满着酸甜苦辣,即使在生不如死的时候人们更多的是选择了生。"留得青山在,不愁没柴烧"的说法并非仅仅只是为了苟延残喘地活着,活下来只是一种手段,最终的目的是为了完成自己的理想,实现一种价值追求。

虽说都知道人生如戏,也都知道岁月无情,生命易逝,但每个人在自己的生命戏剧里扮演的都是主角,身边其他的人都是配角。所以谁都想尽力把自己的角色塑造好。但有时候你的生命是一场悲剧,还是喜剧,抑或是闹剧,决定权却并非全在你的手里。因为你再怎么样也只是个演员,而不是导演,甚至连谁是导演也不知道,所以无法事先知道所有的情节和过程。这也就是生命之剧和其他戏剧的最大的区别。那么就让我们做一个优秀的演员吧,尽情地去投入,该笑的时候就开心的笑,该哭的时候就痛快地哭,该爱的时候就爱他个轰轰烈烈,该恨的时候就恨他个彻彻底底。用我们生命里所有的时间和精力,所有的真心和真情,所有的欢笑和泪水,去演绎这场生命之剧,使自己的角色完美无瑕,那么在剧终谢幕的时候,肯定会有人流着泪水给予我们最热烈的掌声。

刹那芳华,红颜弹指老。人生如梦,醒时万事空。生命真的太脆弱,如那精美的陶瓷花瓶,不知道什么时候无意的轻轻一碰,便会哗啦啦的碎了一地。那么就让我们在未碎之前尽情地展现我们最美的风姿吧,以一个最佳的姿态去面对命运之神赋予我们的一切悲欢。

在非洲的戈壁滩上,有一种叫"依米"的小花。也许是神妒忌它的美丽,故意让它默默无闻,不惹人注意,许多游人以为它只是一株草而已。但是,它明白它是一直在告诉自己:"我不是草,我要开花!"于是它奋力把它那一条瘦瘦的主根蜿蜒盘曲着插入地层深处,固执地寻找着沙漠里的如珍珠般稀有的水分,然后,一点一点地积蓄养分。经过了五年漫长时间的积累,它会在第二年的某个清晨突然绽放出美丽的花朵,无比绚丽的一朵花,似乎要占尽人世间所有色彩,呈莲叶状的花瓣儿,每瓣自成一色:红色的瓣,如同熊熊燃烧的火焰般的耀眼,白的花瓣,像山涧清晨那晶莹剔透的雪,黄的灿烂似天使袒露在阳光的闪闪发光的金发,蓝的犹如那最美最美的天空,使其他任何花在它面前都相形见绌。可这最美丽的时刻却只有短短的48小时,然后它便随母株一起香销玉殒,开花就意味着生命的终结和凋零。

  多情的诗人也许会哀叹:"乱山深处水萦回,可惜一枝如画为谁开?"也许依米花如果生长在江南,那么它的美丽便可以永远地保持下去,可它偏偏生长在贫瘠的荒漠,正如我们无法选择我们的成长的环境,但世界上的每个生命都有灿烂一回的时候,这是造物主赐予万物的权利。所以我相信,只要像依米花奋力拼搏,即使是在泥潭里,你只有一次的生命也会像雨后彩虹般的灿烂夺目。

  有一句名言说:"人从一生下来到死去,这中间的过程,就叫幸福。"是的,生命只是一个过程,在这个过程中,有鲜花和掌声,也有荆棘和泪水,有欢乐,也有痛苦,而我们为了追求那醇美如酒的欢乐,就必须忍受那酸涩如醋的痛苦。而生命的意义也就在无尽的追求之中了,在追求中创新,在追求中超越,最终给了生命一个最美的诠释。

  人的一生就如一盏点燃的灯,所以迟早都会熄灭的。死亡之际就是灯熄之时,但仔细想想,其实死亡并不是上帝对我们的惩罚,而是命运之神对我们的钟爱。如同我们需要睡眠一样,我们同样需要死亡。正是死亡的黑暗背景才衬托出了生命的璀璨光彩。试想如果生命是无限的,没有了死亡,那么活着又有多大的意义呢?

  所以死亡并不可怕,无非是生命的长眠。而在这长眠之前,我们应该珍惜我们拥有的每一天,想清楚到底什么才是我们该追求的,才是能让我们真正快乐的? 是物欲? 是名利? 还是灵魂的清明和安宁?

  让我们用心聆听天籁圣洁的歌声,永葆一个清滑净透的灵魂,始终微笑着善待生命,享受生命,珍惜生命,超越生命,在岁月的风霜雪雨中轻松安然的走完一世的红尘!

敬 畏 生 命

  生命是什么? 人从哪里来? 就是这样一个简单的问题,却能难倒众多的教授。一切仍处于研究探讨中,尚无定论。

  正因为人们无法理解生与死是维系生命群体的繁衍的自然规律,因而产生了图腾崇拜。图腾文化表现了先民对生命的一种敬畏心理。

弘一法师在圆寂前,再三叮嘱弟子把他的遗体装龛时,在龛的四个脚下各垫上一个碗,碗中装水,以免蚂蚁、虫子爬上遗体后在火化时被无辜烧死。

法国思想家阿尔贝特·史怀泽曾在《敬畏生命》中写道,他在非洲志愿行医时,有一天黄昏,看到几只河马在河中与他们所乘的船并排而游,突然感悟到了生命的可爱和神圣。于是,"敬畏生命"的思想在他的心中蓦然产生,并且成了他今后努力倡导和不懈追求的事业。

丰子恺向蚂蚁致敬:两个蚂蚁,一个就是那受伤者,另一个是救伤者,正在衔住了受伤者的身体而用力把他(自此不用它)拖向墙壁方面去。然而这救伤者的身体不比受伤者大,他衔着和自己同样大小的一个受伤者而跑路,显然很吃力,所以常常停下来休息。

老羚羊们为了使小羚羊们逃生而一个接着一个跳向悬崖,为的是能够使小羚羊在它们即将下坠的刹那以它们为跳板跳到对面的山头上去;喜鹊会因抢走它的孩子而不断地袭击行人。不仅仅只有人类才拥有生命神性的光辉。

我们敬畏地球上的一切生命,不仅仅是因为人类有怜悯之心,更因为它们的命运就是人类的命运:我们的一张馋嘴吃遍天下"美食":青蛙、蛇、果子狸、穿山甲、娃娃鱼……这些国家保护动物甚至是濒临灭绝的动物,无情地将这些稀有动物杀害,然后成为自己口中的美餐,当它们被杀害殆尽时,接着倒下的也便是我们自己了。

我们敬畏生命,也是为了更爱人类自己,人类终于明白了要拯救自己就得要保护生态环境,善待大自然的一切生命。

只有我们拥有对于生命的敬畏之心时,世界才会在我们面前呈现出它的无限生机,才会时时处处感受到生命的高贵与美丽。

史怀泽指出,对一切生命负责的根本理由是对自己负责,如果没有对所有生命的尊重,人对自己的尊重也是没有保障的。抗战期间,丰子恺曾说过:"顽童一脚踏死数百蚂蚁,我劝他不要。并非爱惜蚂蚁,或者想供养蚂蚁,只恐这一点残忍心扩而充之,将来会变成侵略者,用飞机载了重磅炸弹去虐杀无辜的平民。"(P145,《劳者自歌》)。

珍 爱 生 命

马克思指出"全部人类历史的第一个前提无疑是有生命的个人的存在"。

用爱心善待每一个生命,用快乐的心情过好每一天。无法想象一个漠视生命没有爱心的人能够承担社会责任关爱天下。

有一张照片记录着一位妇女挑着一副担子。担子的一端装的是要卖的货物，担子的另一端坐的是自己的孩子。担子沉重，女人步履维艰，但是妇女的脸是笑得那样的灿烂，散射出她心里的甜蜜：生活再艰难，但是她有宝贝孩子。为了孩子活着真好，她如此快乐地享受着生活。

潘先生是一位货车司机，同时他是一名双色球彩迷。由于工作的缘故，他经常驾车在全国各地跑，总是走到哪买到哪。潘先生每次买双色球喜欢自选，虽然他每期不一定会买得很多，但他却很享受选号买彩过程的愉悦。5月25日傍晚，潘先生驾车经过福州市仓山区施埔后支路40号的福彩35015153投注站，停下车到站点里买了2注双色球。当时他选号全凭感觉，用他的话来说，就是一切随缘。令潘先生意想不到的是，潘先生后来又去站点买双色球彩票的时候，将前次来买的彩票拿出来一对，才发现自己彩票上的第1注号码中得了23万元的二等奖。这让他十分开心，乐得好几天都合不拢嘴，他说这正是彩票给他带来的乐趣。

2009年，中山出现了一个为帮助别人而组成的特殊群体——中山义工群。他们帮助一个白血病女孩义卖筹到了善款4.6万元，长期探望瘫痪的陈阿姨和患末期子宫癌的徐阿姨。义工群给瘫痪的陈阿姨过生日那天，陈阿姨很开心，特意换上新衣服。义工解释说："要是平时，陈阿姨只有过年才会穿新衣服的，因为她患类风湿关节疼痛，换衣服对她来说是相当痛苦的事情。"义工说："义工快乐助人，受助人也会快乐。徐阿姨子宫癌病已到晚期，医生说只有3个月寿命了。我们经常去看她，让她开心。她的心愿是唱卡拉OK，我们就跟她唱，虽然她都没什么力气，但也唱了三四首歌，能完成她的心愿多好啊！"《南方都市报》为此还发表了一组义工群为白血病女孩举行募捐、义卖和义工当观众，让徐阿姨开心唱卡拉OK的照片。目前，白血病女孩的病情得到缓解；两个生病的阿姨也多了很多欢笑。

赠人玫瑰之手，经久犹有余香。义工群的发起人说："我们帮别人的同时，也在帮自己，我们从中收获了快乐。"

生活的乐趣有许多，帮助别人是一种快乐，受人帮助亦是一种快乐。与人交流是一种快乐，回报社会亦是一种乐趣。

人总是想超越死亡。精卫填海，神农尝百草，都是先民在自然灾难的威胁面前珍爱生命抗争死亡的壮举。

然而随着社会的发展，在物质的精神的生活水平有了较大提高的今天，"好死不如赖活着"的说法对现代人并不具有广泛的警示作用。自杀愈来愈成为突出的社会问题。选择自杀有成功的富有者，有失意的穷困者，甚至连未成年的青少年学生也有选择自杀的。

2010年6月28日《楚天都市报》载：17岁的麻城女孩小黄高考考了490多分，

她却认为考得不好,投江结束了自己的生命。令人欷歔的是,其遗体被打捞出水时,竟保持着求生姿态:两腿蜷缩,两手交叉,似乎是想抓住什么求生。

也许你会质疑:生命诚可贵,然而不畏死者古已有之。

孔子说"朝闻道夕死可矣"是一说,"厩焚。子退朝,曰'伤人乎?'不问马。"也是一说。

孟子说"生,亦我所欲也;义,亦我所欲也,二者不可得兼,舍生而取义者也"。也说过"可以死,可以无死,死伤勇"。

朱熹也说过:"理当死而求生,则于其心有不安矣,是害其心之德也。当死而死,则心安而德全矣。"

类似的说法不胜枚举。其实,儒家的确是重视舍生取义,但并非不尊重人的物质生命,并不是提倡无谓的死亡。就是在生死关头,孔子也认为成仁也并非一定要选择死亡。需要死的时候才去死。孔子弟子子路、子贡问孔子:"桓公杀了公子纠,召忽殉死尽忠,而管仲却没有选择死亡,这样算不算是仁呢?"孔子说:"管仲相桓公,霸诸侯,一匡天下,民到于今受其赐。微管仲,吾其披发左衽矣。"在孔子看来,选择生还是选择死,关键看目的是什么。如果在生死关头选择生是为了成就更大的仁,还是要选择生的。

"在我国,由于对传统生命观的误读和生命教育的缺失,导致一些人的生命意识淡漠和迷失,生命的神圣性和宝贵性被消解,以致在现实社会生活中,人的生命没有得到应有的珍爱、尊重和保护,轻视生命、漠视生命、践踏生命的现象屡见不鲜,有的甚至到了触目惊心的程度。据有关资料显示,我国每年非正常死亡人数超过300万,其中因自杀死亡者高达28.7万人,因道路交通事故死亡约10万人,因工伤事故死亡13万多人,因各类刑事案件死亡14.7万余人。现实生活中漠视生命的现象,对构建社会主义和谐社会是一个严重的威胁。"(侯雁飞《传统生命观的诠释与生命教育》)上个世纪发生在新疆的那场大火,某些当事人就是无视青少年学生的生命使一场悲剧被钉在了历史的耻辱架上;滥杀无辜的幼儿构成了当今社会的恐慌;企业老板为了金钱无视恶劣的生存环境导致员工非正常死亡的丑闻屡屡发生……这些血的惨案都是漠视生命的恶果。

我国长时期存在生命教育缺失的问题。上个世纪,教育本身无视儿童自身的救助能力和自救的能力,以偏激的情绪张扬少年英雄舍生取义。由于教育的偏颇,在生与死的问题上没能给学生一个正向的积极的起点。生命意识的误读导致了一些青少年的轻生,当其非理性时就发生他杀或自杀的悲剧。2003年10月23日《中国教育报》的资料数字统计,全国每年就有1.6万名中小学生非正常死亡,平均每天有40多人消失。人们习惯于肢解"舍生取义"的全部含义,例如,中小学教材入

选孔子的"朝闻道夕死可矣"、孟子的"生,亦我所欲也;义,亦我所欲也,二者不可得兼,舍生而取义者也。"而不选孔子的"厩焚。子退朝,曰'伤人乎?'不问马。"孟子的"可以死,可以无死,死伤勇。"朱熹的"理当死而求生,则于其心有不安矣,是害其心之德也。当死而死,则心安而德全矣。"人们赞扬江姐的死却不注重华子良忍辱的活;鼓励少年舍身救人而不教会少年怎样去向成年人求救……半个多世纪生存教育的缺失造成青少年不能正确把握生与死的选择标准。

现代社会人类的生存危机已由生命意义的丧失变成生命价值的隐去。这将成为21世纪人类面临的最大最危急的问题。漠视生命的极端表现是自杀。自杀率相对较高的是大学生群体。学业不顺、期望受阻、爱情受挫、人际纠葛往往是导致轻生的直接原因。

中共中央总书记胡锦涛在2006年3月27日下午的中央政治局集体学习中曾强调:"人的生命是最宝贵的。中国是社会主义国家,发展不能以牺牲精神文明为代价,不能以牺牲生态环境为代价,更不能以牺牲人的生命为代价。"

重视生命教育也要从娃娃做起,要教娃娃珍爱生命学会自救。

"所谓生命教育,是指指导学生正确认识人的生命价值,理解生活的真正意义,培养学生的人文精神,激发学生对终极信仰的追求,滋养学生的关爱情怀。"(张云飞《呼唤生命教育》)

"生命教育应该尊重生命、敬畏生命、欣赏生命。教育应该是人的教育而不应该是异化为社会政治的工具。这种工具主义的教育语境是导致现代无人教育的症结。康德的'人是目的'可以时刻警示:教育是否远离了人,遮蔽了人的生命。"(肖会舜《生命教育的伦理意蕴》;郑晓江《感悟生死》)

当今,"生"的教育已经开始逐步地进入了学校的教学安排中。《小学生日常行为规范》中写进了"珍爱生命,注意安全,防火,防溺水,防触电,防盗,防中毒,不做有危险的游戏"。还编写了一些有关生命教育的地方性系列教材。死亡教育也应当成为生命教育不可缺少的维度。"所谓死亡,必须用组成生命的自然动力加以解释。如果抽离了生命的意义,死亡也便没有意义而言。死亡之所以是人类存在的一个极其重要的问题,无非是因为它加入了我们对生命意义的探究。关于死亡的一切思考,都反映出我们对生命意义的思考。"(艾温·幸格《我们的迷惘》)

拥抱生活

人的生命包括人的物质生命、精神生命和超越生命。

汉代著名的唯物主义哲学家桓谭在他的《形神》中以烛比喻人的物质生命,以火比喻人的精神生命。物质生命如"五谷草木","生之有长,长之有老,老之有死,若四时之代谢矣。"

荀子明确地说"水火有气而无生,草木有生而无知,禽兽有之而无义,人有气、有生、有知,亦且有义,故最为天下贵也。"

"礼者,谨于治生死者也。生,人之始也;死,人之终也,终始俱善,人道毕矣。故君子敬始而慎终,终始如一,是君子之道,礼义之文也。夫厚其生而薄其死,是敬其有知,而慢其无知也,是好人之道而背叛之心也。君子以背叛之心接臧谷,犹且羞之,而况以事其所隆亲乎!故死之为道也,一而不可得再复也,臣之所以致重其君,子之所以致重其亲,于是尽矣。故事生不忠厚,不敬文,谓之野;送死不忠厚,不敬文,谓之瘠。君子贱野而羞瘠,故天子棺椁七重,诸侯五重,大夫三重,士再重。然后皆有衣衾多少厚薄之数,皆有翣菨文章之等,以敬饰之,使生死终始若一;一足以为人愿,是先王之道,忠臣孝子之极也。"(《荀子·礼论》)

《荀子》认为人始有生终有死,要敬畏生重视死。生死都应俱善并且始终如一。把"敬始而慎终""使生死终始若一"提到了"先王之道,忠臣孝子之极"的高度。

自古以来,中华文明十分强调人的精神力量和道德修养。同样有物质生命,人别于草木禽兽就在于人有"义",有精神生命。人无美好的道德修养就等同于虽生犹死。

如果一个人仍然处于整日奔波劳作还不能吃饱穿暖,那是无法谈论生活质量的。当我们的物质生活高出温饱水平且有了充足的休闲时间,那我们还干点什么?睡觉?搓麻将?寻求"一夜情"?如果手头有花不完的钱而且这些生理的、精神的欲望都能得到满足乃至愉悦,我们的生活质量是否就很高了?

有三个人入了监狱,监狱长允许他们每个人提出一条自己的要求并承诺予以满足。

一个人说:我爱抽烟,请给我香烟;

另一个人说:我要爱情,想有一个美女相伴;

第三个人说:我是商人,需要一部手机。

三年后他们都出狱了。

要香烟的人患了肺癌;要美女的人牵着孩子和怀孕的美女到处找工作;要手机的人感谢监狱长说:"这三年我每天都在与外界联系生意,生意不仅没有停,反而做得更大。"

选择什么样的生活方式就会带来什么样的人生价值。

生命是人生的存在,生活是人生的感受。人生价值是与他的人生价值观不可分割的。人的出生无法选择,但人生的价值观是可以选择的。

2008年5月12日发生在中国大地上的那场灾难让国人充分感受到了来自祖国大家庭的温暖。在5月18日,国务院发布公告宣布,为表达全国各族人民对四川汶川大地震遇难同胞的深切哀悼,国务院决定,2008年5月19日至21日为全国哀悼日。

在此期间,全国和各驻外机构下半旗志哀,停止公共娱乐活动,外交部和我国驻外使领馆设立吊唁簿。5月19日14时28分起,全国人民默哀3分钟,届时汽车、火车、舰船鸣笛,防空警报鸣响。

从汶川到玉树,同演着一幕幕相似的场景——

一双双来自全国各地的援助之手使得救援工作及时迅捷、有条不紊地展开,包括解放军、公安、消防、医疗机构以及民间力量在内的近两万名救援人员连续奋战在震区救灾第一线。

一个个废墟下的全力挖掘,逐村逐户的拉网式搜救,把生的希望送给那些一息尚存的被埋同胞;重伤群众的转移救治,医疗防疫的高效开展,让那些遭受地震残害的生命得到悉心呵护。

一笔笔爱心捐款不断汇集,全国社会各界纷纷献出爱心,"同根同源,血浓于水"的热流在神州大地的每一寸土地上涌动着。

第一时间的应急救援机制启动,迅速周密的抗震救灾部署,更加及时高效的生命救治,更加细致周到的受灾群众安置……

在汶川,在玉树,是不抛弃不放弃的以人为本的理念,是"一方有难,八方支援"的制度优势!有了这些,才有了大救援中的"中国速度""中国力量"和一个个生命奇迹。

"让每一个人都作为个人而受到尊重,而不让任何人成为崇拜的偶像。"这是爱因斯坦追求的政治理想。汶川地震,在天安门广场上的五星红旗第一次为遇难的老百姓下半旗志哀,体现了党和政府对普通生命的尊重,是人生价值观历史性的转变;各地举行活动哀悼汶川大地震遇难同胞,表现出中华民族由爱心所产生的空前巨大的民族凝聚力。

爱与诚信是一个优秀民族的脊梁。

40多年前,朱邦月的朋友临终时,将两岁的儿子以及怀着5个月身孕的妻子托付给他。朋友恳求的眼神让朱邦月做了一个他至今未悔的决定:迎娶朋友的遗孀,并将朋友的两个儿子养大。

1986年5月,朱邦月单腿残疾后病退。随后,妻子和两个儿子又都得了绝症——进行性肌营养不良症。1991年,母子三人的病情开始加重,生活不能自理,吃喝拉撒全靠单腿的朱邦月照料。

每天起床后,朱邦月先装上假肢,然后开始打扫卫生,洗米做粥,帮母子三人起床,帮他们洗脸刷牙,喂早饭。随后,他还要上街买菜,为全家人准备午饭。傍晚,他要轮流给三个人擦洗身体。晚上,还得想着夜里起床给他们逐一翻身。一晚上起床数次。

这样的日子,朱邦月过了近20年。但他始终坚持,因为他知道,他是一家人生命的烛光,点燃着一个家庭的希望。

2002年,李灵从河南省淮阳师范学院毕业。她回家后看到农村有大量留守儿童辍学在家,便萌生了在家乡办学的念头。在父母和亲朋的支持下,她用家里20多万元的积蓄办起了周口淮阳许湾乡希望小学。在学校,她是校长兼思想品德老师。在她的辛勤操劳下,这个学校有了7个班,300多名学生。由于所有学生学费全免,学校无力为学生购置教辅读物和课外书籍。7年来,李灵为了办学已经欠了8万元的外债。为了自己学校的孩子能坐在宽敞的阅览室里看书阅读,李灵趁着放暑假,向父亲要了200元只身来到郑州。她买了一辆破旧三轮车,沿街收购各种书籍。烈日下,李灵骑着破三轮车穿街过巷,拿着秤一斤斤地回收旧书本。她用汗水载回了孩子们的"精神食粮"。"一切从零开始,从乡村开始,从识字和算术开始。别人离开的时候,她留下来;别人收获的时候,她还在耕作。她挑着孩子沉甸甸的梦想,她在春天播下希望的种子。她是80后。"她成为2009年度,感动中国十大杰出人物。

的确"人之所宝,莫宝于生命。"10余名大学生结人梯救落水少年,把生的希望送给别人,把死的威胁留给自己,这对"人不为己天诛地灭"者来说是不可思议的。

荆楚网2009年10月25日报道:

在古城荆州,在寒江救人的英雄赵传宇的母校长江大学,又涌现出一个英雄群体。昨日,为救两名落水少年,该校10多名大学生手拉手扑进江中营救,两名少年获救,而3名大学生不幸被江水吞没,英勇献身。

昨日下午2时许,在荆州宝塔河江段江滩上的两名小男孩,不慎滑入江中。正在附近游玩的长江大学10余名男女大学生发现险情后,迅速冲了过去。因大多数同学不会游泳,大家决定手拉着手组成人梯,伸向江水中救人。

很快,一名落水男孩被成功救上岸,另一名男孩则顺着人梯往岸边靠近。就在这时,意想不到的一幕发生了:人梯中的一名大学生因体力不支而松手,水中顿时乱成一团,呼喊声一片。这时,正在宝塔河100米以外的冬泳队队员闻声赶来施救,冬泳队员杨师傅、韩师傅、鲁师傅等人陆续从水中救起6名大学生,而陈及时、何东旭、方招等3名大学生却消失在湍急的江水中。

孟子说:"恻隐之心,仁之端也。"亚当·斯密说:"同情是道德的根源,没有同情就失去了正义和仁慈。道德之沦丧,起于同情心之死灭。"

孔子和老子出游,老子手指浩浩黄河,对孔丘说:"汝何不学水之大德欤?"孔丘曰:"水有何德?"老子说:"上善若水。水善利万物而不争,处众人之所恶,故几于道。居善地;心善渊;与善仁;言善信;政善治;事善能;动善时。夫唯不争,故无尤。"(《道德经》第八章)。这话的意思就是说最善的人好像水一样。水善于滋润万物而不与万物相争,停留在众人都不喜欢的地方,所以最接近于"道"。最善的人,居处最善于选择地方,心胸善于保持沉静而深不可测,待人善于真诚、友爱和无私,说话善于恪守信用,为政善于精简处理,能把国家治理好,处事能够善于发挥所长,行动善于把握时机。最善的人所作所为正因为有不争的美德,所以没有过失,也就没有怨咎。

叔本华说:"人能够做他想做的,但不能要他所想要的。"

朱邦月这个最为普通的中国男人,他想做的就是:一诺千金恪守信用而且一做就是四十年,以病残之躯的微弱之火,照亮了这个特殊家庭异常坎坷的生活。

李灵为了孩子四处奔走,眼角有了皱纹,双手不再细腻,但是她把爱与温暖带进了乡村学校的课堂,她是让全国人民尊敬的"80后最美乡村女校长"。

陈及时、何东旭、方招等同学在人民群众生命受到严重威胁的关键时刻,不怕牺牲,挺身而出,充分体现了中华民族临危不惧、见义勇为的传统美德,充分体现了当代大学生的优秀品德和崇高境界。"三个年轻生命的逝去和两个孩子的生还,并不是简单的生命风险交换,而是在修复和重构着健康社会应有的道德基石。""他们纵身一跃,划出了人生最壮丽的弧线,他们奋力一举,绽现出生命最高尚的光芒。"他们用青春传承了见义勇为,用无畏谱写了一曲英雄的赞歌,鞭挞了为金钱见死不救的另类灵魂。

不同的人群有不同的人生价值观,不同的人生价值观对事物有不同的评判标准。

盘古开天、禹舜禅让、神授君权、天下为公、和谐社会,演绎了中华民族五千年的文明史,传承着中华民族五千年的优秀文化。无论社会形态做了怎样的演变,人的生命状态做了怎样的改变,其实任何社会都是以自己的核心价值体系作为支撑力量的。当你因为痛苦、烦恼而无法对生活展颜时,你可以这样思考:

我改变不了环境,但我可以改变自己;

我改变不了事实,但我可以改变态度;

我改变不了过去,但我可以改变现在;

我不能控制他人,但我可以掌控自己;

我不能选择容貌,但我可以展现微笑;

我不能预知明天,但我可以把握今天;

我不能样样顺利,但我可以事事尽心;

我不能延伸生命的长度,但我可以拓展生命的宽度。

同学们,生命的长度时有限的,生命的宽度可以是无限的。让我们拓展生命的宽度,成就幸福人生!

先秦典籍《管子·牧民》:"国有四维,一维绝则倾,二维绝则危,三维绝则覆,四维绝则灭。倾可正也,危可安也,覆可起也,灭不可复错也。何谓四维?一曰礼,二曰义,三曰廉,四曰耻。""同力度德,同德度义","礼义廉耻,国之四维"是中国儒家思想价值体系的核心,它维持了几千年的帝王政权。

参考文献

1. 胡箐. 从上古神话看中国人的生死观. 井冈山学院学报,2008(1)
2. 侯雁飞. 传统生命观的诠释与生命教育. 学理论(下),2009(11)
3. 郑晓江. 论生活与生命. 江西师范大学学报(哲学社会科学版),2001(3)
4. 郑晓江. 学会生死. 郑州:中州古籍出版社,2007
5. 郑晓江. 感悟生死. 郑州:中州古籍出版社,2007
6. 爱因斯坦. 我的世界观
7. 顾海良. 生命教育大学生读本. 北京:人民教育出版社,2009

最后一片叶子

[美] 欧·亨利

在华盛顿广场西边的一个小区里,街道都横七竖八地伸展开去,又分裂成一小条一小条的"胡同"。这些"胡同"稀奇古怪地拐着弯子。一条街有时自己本身就交叉了不止一次。有一回一个画家发现这条街有一种优越性:要是有个收账的跑到这条街上,来催要颜料、纸张和画布的钱,他就会突然发现自己两手空空,原路返回,一文钱的账也没有要到!

所以,不久之后不少画家就摸索到这个古色古香的老格林尼治村来,寻求朝北的窗户、18世纪的尖顶山墙、荷兰式的阁楼,以及低廉的房租。然后,他们又从第六街买来一些蜡酒杯和一两只火锅,这里便成了"艺术区"。

苏和琼西的画室设在一所又宽又矮的三层楼砖房的顶楼上。"琼西"是琼娜的爱称。她俩一个来自缅因州,一个是加利福尼亚州人。她们是在第八街的"台尔蒙尼歌之家"吃饭时碰到的,她们发现彼此对艺术、生菜色拉和时装的爱好非常一致,便合租了那间画室。那是5月里的事。到了11月,一个冷酷的、肉眼看不见的、医生们叫做"肺炎"的不速之客,在艺术区里悄悄地游荡,用他冰冷的手指头这里碰一下那里碰一下。在广场东头,这个破坏者明目张胆地踏着大步,一下子就击倒几十个受害者,可是在迷宫一样、狭窄而铺满青苔的"胡同"里,他的步伐就慢了下来。

肺炎先生不是一个你们心目中行侠仗义的老的绅士。一个身子单薄,被加利福尼亚州的西风刮得没有血色的弱女子,本来不应该是这个有着红拳头的、呼吸急促的老家伙打击的对象。然而,琼西却遭到了打击。她躺在一张油漆过的铁床上,一动也不动,凝望着小小的荷兰式玻璃窗外对面砖房的空墙。

一天早晨,那个忙碌的医生扬了扬他那毛茸茸的灰白色眉毛,把苏叫到外边的走廊上。

"我看,她的病只有十分之一的恢复希望,"他一面把体温表里的水银甩下去,一面说,"这一分希望就是她想要活下去的念头。有些人好像不愿意活下去,喜欢照顾殡仪馆的生意,简直让整个医药界都无能为力。你的朋友断定自己是不会痊愈的了。她是不是有什么心事呢?"

"她——她希望有一天能够去画那不勒斯的海湾。"苏说。

"画画?——真是瞎扯!她脑子里有没有什么值得她想了又想的事——比如说,一个男人?"

"男人?"苏像吹口琴似的扯着嗓子说,"男人难道值得——不,医生,没有这样的事。"

"能达到的全部力量去治疗她。可要是我的病人开始算计会有多少辆马车送她出丧,我就得把治疗的效果减掉百分之五十。只要你能想法让她对冬季大衣袖子的时新式样感到兴趣而提出一两个问题,那我可以向你保证把医好她的机会从十分之一提高到五分之一。"医生走后,苏走进工作室里,把一条日本餐巾哭成一团湿。后来她手里拿着画板,装做精神抖擞的样子走进琼西的屋子,嘴里吹着爵士音乐调子。

琼西躺着,脸朝着窗口,被子底下的身体纹丝不动。苏以为她睡着了,赶忙停止吹口哨。

她架好画板,开始给杂志里的故事画一张钢笔插图。年轻的画家为了铺平通向艺术的道路,不得不给杂志里的故事画插图,而这些故事又是年轻的作家为了铺平通向文学的道路而不得不写的。

生命篇

苏正在给故事主人公,一个爱达荷州牧人的身上,画上一条马匹展览会穿的时髦马裤和一片单眼镜时,忽然听到一个重复了几次的低微的声音。她快步走到床边。

琼西的眼睛睁得很大。她望着窗外,数着……倒过来数。

"12,"她数道,歇了一会又说,"11,"然后是"10,"和"9",接着几乎同时数着"8"和"7"。

苏关切地看了看窗外。那儿有什么可数的呢?只见一个空荡阴暗的院子,20英尺以外还有一所砖房的空墙。一棵老极了的常春藤,枯萎的根纠结在一块,枝干攀在砖墙的半腰上。秋天的寒风把藤上的叶子差不多全都吹掉了,几乎只有光秃的枝条还缠附在剥落的砖块上。

"什么呀,亲爱的?"苏问道。

"6。"琼西几乎用耳语低声说道,"它们现在越落越快了。三天前还有差不多一百片。我数得头都疼了。但是现在好数了。又掉了一片。只剩下五片了。"

"五片什么呀,亲爱的。告诉你的苏娣吧。"

"叶子。常春藤上的。等到最后一片叶子掉下来,我也就该去了。这件事我三天前就知道了。难道医生没有告诉你?"

"哼,我从来没听过这种傻话。"苏十分不以为然地说,"那些破常春藤叶子和你的病好不好有什么关系?你以前不是很喜欢这棵树吗?你这个淘气孩子。不要说傻话了。瞧,医生今天早晨还告诉我,说你迅速痊愈的机会是,让我一字不改地照他的话说吧——他说有九成把握。噢,那简直和我们在纽约坐电车或者走过一座新楼房的把握一样大。喝点汤吧,让苏娣去画她的画,好把它卖给编辑先生,换了钱来给她的病孩子买点红葡萄酒,再给她自己买点猪排解解馋。"

"你不用买酒了。"琼西的眼睛直盯着窗外说道,"又落了一片。不,我不想喝汤。只剩下四片了。我想在天黑以前等着看那最后一片叶子掉下去。然后我也要去了。"

"琼西,亲爱的,"苏俯着身子对她说,"你答应我闭上眼睛,不要瞧窗外,等我画完,行吗?明天我非得交出这些插图。我需要光线,否则我就拉下窗帘了。"

"你不能到那间屋子里去画吗?"琼西冷冷地问道。

"我愿意呆在你跟前,"苏说,"再说,我也不想让你老看着那些讨厌的常春藤叶子。"

"你一画完就叫我。"琼西说着,便闭上了眼睛。她脸色苍白,一动不动地躺在床上,就像是座横倒在地上的雕像。"因为我想看那最后一片叶子掉下来,我等得不耐烦了,也想得不耐烦了。我想摆脱一切,飘下去,飘下去,像一片可怜的疲倦了

的叶子那样。"

"你睡一会吧,"苏说道,"我得下楼把贝尔曼叫上来,给我当那个隐居的老矿工的模特儿。我一会儿就回来的。不要动,等我回来。"

老贝尔曼是住在她们这座楼房底层的一个画家。他年过六十,有一把像米开朗琪罗的摩西雕像那样的大胡子,这胡子长在一个像半人半兽的森林之神的头颅上,又鬈曲地飘拂在小鬼似的身躯上。贝尔曼是个失败的画家。他操了四十年的画笔,还远没有摸着艺术女神的衣裙。他老是说就要画他的那幅杰作了,可是直到现在他还没有动笔。几年来,他除了偶尔画点商业广告之类的玩意儿以外,什么也没有画过。他给艺术区里穷得雇不起职业模特儿的年轻画家们当模特儿,挣一点钱。他喝酒毫无节制,还时常提起他要画的那幅杰作。除此以外,他是一个火气十足的小老头子,十分瞧不起别人的温情,却认为自己是专门保护楼上画室里那两个年轻女画家的一只看家狗。

苏在楼下他那间光线黯淡的斗室里找到了嘴里酒气扑鼻的贝尔曼。一幅空白的画布绷在个画架上,摆在屋角里,等待那幅杰作已经 25 年了,可是连一根线条还没等着。苏把琼西的胡思乱想告诉了他,还说她害怕琼西自个儿瘦小柔弱得像一片叶子一样,对这个世界的留恋越来越微弱,恐怕真会离世飘走了。

老贝尔曼两只发红的眼睛显然在迎风流泪,他十分轻蔑地嗤笑这种傻呆的胡思乱想。

"什么,"他喊道,"世界上真会有人蠢到因为那些该死的常春藤叶子落掉就想死?我从来没有听说过这种怪事。不,我才不给你那隐居的矿工糊涂虫当模特儿呢。你干吗让她胡思乱想?唉,可怜的琼西小姐。"

"她病得很厉害很虚弱,"苏说,"发高烧发得她神经昏乱,满脑子都是古怪想法。好,贝尔曼先生,你不愿意给我当模特儿,就拉倒,我看你是个讨厌的老——老啰唆鬼。"

"你简直太婆婆妈妈了!"贝尔曼喊道,"谁说我不愿意当模特儿?走,我和你一块去。我不是讲了半天愿意给你当模特儿吗?老天爷,琼西小姐这么好的姑娘真不应该躺在这种地方生病。总有一天我要画一幅杰作,我们就可以都搬出去了。"

"一定的!"

他们上楼以后,琼西正睡着觉。苏把窗帘拉下,一直遮住窗台,做手势叫贝尔曼到隔壁屋子里去。他们在那里提心吊胆地瞅着窗外那棵常春藤。后来他们默默无言,彼此对望了一会。寒冷的雨夹杂着雪花不停地下着。贝尔曼穿着他的旧的蓝衬衣,坐在一把翻过来充当岩石的铁壶上,扮作隐居的矿工。

第二天早晨,苏只睡了一个小时的觉,醒来了,她看见琼西无神的眼睛睁得大大地注视拉下的绿窗帘。

"把窗帘拉起来,我要看看。"她低声地命令道。

苏疲倦地照办了。

然而,看呀!经过了漫长一夜的风吹雨打,在砖墙上还挂着一片藤叶。它是长春藤上最后的一片叶子了。靠近茎部仍然是深绿色,可是锯齿形的叶子边缘已经枯萎发黄,它傲然挂在一根离地二十多英尺的藤枝上。

"这是最后一片叶子。"琼西说道,"我以为它昨晚一定会落掉的。我听见风声的。今天它一定会落掉,我也会死的。"

"哎呀,哎呀。"苏把疲乏的脸庞挨近枕头边上对她说,"你不肯为自己着想,也得为我想想啊。我可怎么办呢?"

可是琼西不回答。当一个灵魂正在准备走上那神秘的、遥远的死亡之途时,她是世界上最寂寞的人了。那些把她和友谊及大地联结起来的关系逐渐消失以后,她那个狂想越来越强烈了。

白天总算过去了,甚至在暮色中她们还能看见那片孤零零的藤叶仍紧紧地依附在靠墙的枝上。后来,夜的到临带来了呼啸的北风,雨点不停地拍打着窗子,雨水从低垂的荷兰式屋檐上流泻下来。

天刚蒙蒙亮,琼西就毫不留情地吩咐拉起窗帘来。

那片藤叶仍然在那里。

琼西躺着对它看了许久。然后她招呼正在煤气炉上给她煮鸡汤的苏。

"我是一个坏女孩子,苏娣,"琼西说,"天意让那片最后的藤叶留在那里,证明我是多么坏。想死是有罪过的。你现在就给我拿点鸡汤来,再拿点掺葡萄酒的牛奶来,再——不,先给我一面小镜子,再把枕头垫垫高,我要坐起来看你做饭。"

过了一个钟头,她说道:"苏娣,我希望有一天能去画那不勒斯的海湾。"

下午医生来了,他走的时候,苏找了个借口跑到走廊上。

"有五成希望。"医生一面说,一面把苏细瘦的颤抖的手握在自己的手里,"好好护理你会成功的。现在我得去看楼下另一个病人。他的名字叫贝尔曼——听说也是个画家。也是肺炎。他年纪太大,身体又弱,病势很重。他是治不好的了。今天要把他送到医院里,让他更舒服一点。"

第二天,医生对苏说:"她已经脱离危险,你成功了。现在只剩下营养和护理了。"

下午苏跑到琼西的床前,琼西正躺着,安详地编织着一条毫无用处的深蓝色毛线披肩。苏用一只胳臂连枕头带人一把抱住了她。

"我有件事要告诉你,小家伙。"她说,"贝尔曼先生今天在医院里患肺炎去世了。他只病了两天。头一天早晨,门房发现他在楼下自己那间房里痛得动弹不了。他的鞋子和衣服全都湿透了,冰凉冰凉的。他们搞不清楚在那个凄风苦雨的夜晚,他究竟到哪里去了。后来他们发现了一盏没有熄灭的灯笼,一把挪动过地方的梯子,几支扔得满地的画笔,还有一块调色板,上面涂抹着绿色和黄色的颜料,还有——亲爱的,瞧瞧窗子外面,瞧瞧墙上那最后一片藤叶。难道你没有想过,为什么风刮得那样厉害,它却从来不摇一摇、动一动呢?唉,亲爱的,这片叶子才是贝尔曼的杰作——就是在最后一片叶子掉下来的晚上,他把它画在那里的。"

【导读】

　　欧·亨利是19世纪末20世纪初美国最著名的短篇小说家。他的小说的主人公多是社会下层人物,他以人道主义的姿态,用幽默风趣的笔触,对小人物的心灵和命运进行深刻地揭示。其短篇小说《最后一片叶子》则表现了当时美国的世态和人情,同时也表现了一种对生命的崇敬精神。

　　人生可以没有很多东西,却唯独不能没有希望。希望是人类生活的一项重要的价值,有希望之处,生命就生生不息!文中被严重的肺炎缠身的年轻女画家琼西,只是由于还有一点点想活下去的愿望,因而没有立刻死去。但病中的她望着窗外的一株在瑟瑟秋风中的常青藤,悲哀地感到:当最后的那片叶子凋落时,就是她短暂生命的结束。也就是说,她已将自己的精神和希望,自己的生死寄托在最后的那片叶子上。最后,老画家贝尔曼的"杰作"——画在墙上的一片藤叶,唤起了琼西的希望,从而挽回了生命。

　　在这里,细心的读者可能会产生这样的疑问:这是不是有些背离自然规律?是不是有"宿命论"的倾向?人的生命岂能仅仅由精神决定?但不可否认的是,大多数读者读后往往被文中互相帮助和相濡以沫的情感深深感动,给人以心灵的强烈震撼,而并未否定文章的"真实性"这一层面。这就涉及到了艺术真实与生活真实的关系。艺术真实是经过作者加工提炼后的生活真实。它既源于生活,却又高于生活。有时,为了主体和情感表达的需要,作者适当地脱离生活真实而进行艺术构思,不仅是必要的,而且是合情合理的,如此可以进一步提升文章的思想内涵和要表达的深刻主题。在这篇小说中,所要表达的是对生命怀有坚定信念和赞颂贝尔曼的无私奉献精神。这个深刻主题主要是通过一个关键性的词语表现出来的,这个词语即"杰作"。小说本身是部杰作,画家画出那逼真的"最后一片叶子"是另一幅杰作,然而真正的"杰作"是欧·亨利成功塑造的、值得仿效又难于捕捉的、具有无私奉献精神的主人公贝尔曼的形象。对于那夜,作者用间接的手法,借苏之口描绘了老画家是如何冒雨画最后一片叶子的情形,给读者留下了一大块空白,读者完全可以用自己的心灵去想象。如此,小说的表面情节逐渐内化,从而达到了高潮,即结尾。这种结尾不但非常具有戏剧性,而且非常深邃。因为在文章的字里行间丝毫未展露老画家对生命意义的理解,但他画叶救人的形象,却揭示出一个人生奇迹。作品潜在的艺术特色凸现了出来,同时思想上也达到了所要到达的高度。欧·亨利的小说结尾的魅力恰恰在于此。

生如夏花

泰戈尔

生命,一次又一次轻薄过
轻狂不知疲倦

——题记

一

我听见回声,来自山谷和心间
以寂寞的镰刀收割空旷的灵魂
不断地重复决绝,又重复幸福
终有绿洲摇曳在沙漠

我相信自己
生来如同璀璨的夏日之花
不凋不败,妖冶如火
承受心跳的负荷和呼吸的累赘
乐此不疲

二

我听见音乐,来自月光和胴体
辅极端的诱饵捕获缥缈的唯美
一生充盈着激烈,又充盈着纯然
总有回忆贯穿于世间

我相信自己
死时如同静美的秋日落叶

不盛不乱,姿态如烟
即便枯萎也保留丰肌清骨的傲然
玄之又玄

三

我听见爱情,我相信爱情
爱情是一潭挣扎的蓝藻
如同一阵凄微的风
穿过我失血的静脉
驻守岁月的信念

四

我相信一切能够听见
甚至预见离散,遇见另一个自己
而有些瞬间无法把握
任凭东走西顾,逝去的必然不返

请看我头置簪花,一路走来一路盛开
频频遗漏一些,又深陷风霜雨雪的感动

五

般若波罗蜜[1],一声一声
生如夏花,死如秋叶
还在乎拥有什么

【注释】

[1]般若波罗蜜:佛教心经。般若:智慧也;波罗蜜:到彼岸。

【导读】

罗宾德拉纳特·泰戈尔(Rabindranath Tagore)(1861年5月7日—1941年8月7日)是一位印度诗人、文学家、哲学家和印度民族主义者,1913年他获得诺贝尔文学奖,是首位获得诺贝尔文学奖的印度人(也是首个获得诺贝尔文学奖的亚洲人)。

泰戈尔出生于印度加尔各答一个受过良好教育的富裕家庭,他的父亲是一位地方的印度教宗教领袖。在外国,泰戈尔一般被看做是一位诗人,而很少被看做是一位哲学家;但在印度这两者往往是相同的。在他的诗中含有深刻的宗教和哲学的见解。对泰戈尔来说,他的诗是他奉献给神的礼物,而他本人是神的求婚者。他的诗在印度享有史诗的地位。他本人被许多印度教徒看做是一个圣人。参加领导了印度的文艺复兴运动,除诗外泰戈尔还写了小说、小品文、游记、话剧和2 000多首歌曲。他的诗歌主要是用孟加拉语写成的,在孟加拉语地区,他的诗歌非常普及。

他的散文内容主要是社会、政治和教育,他的诗歌,除了其中的宗教内容外,最主要的是描写自然和生命。在泰戈尔的诗歌中,生命本身和它的多样性就是欢乐的原因。同时,他所表达的爱(包括爱国)也是他的诗歌的内容之一。《生如夏花》正是因为夏花具有绚丽繁荣的生命,它们在阳光最饱满的季节绽放,如奔驰、跳跃、飞翔着的生命的精灵,以此来诠释生命的辉煌灿烂。

"生如夏花"一句,一直以来为许多人所乐道,是因其深刻的哲理概括与诗意的文字表述。从字面的意思来看,是说人的生命的多样化,因为夏花具有十分灿烂绚丽的生命,是具有比春花更耀眼繁荣的光彩,这是一种辉煌灿烂的生命状态。而"生如夏花"的另一个意思是指生命就如夏天的花儿一样,虽然灿烂,但生命更为短暂匆忙,所以就更值得珍惜。

【类文链接】

泰戈尔《吉檀迦利》

狱 中 血 书

[明] 杨　涟

涟今死杖下矣!痴心报主,愚直仇人[1];久拼七尺,不复挂念。不为张俭[2]逃亡,亦不为杨震仰药[3],欲以性命归之朝廷,不图妻子一环泣耳。

打问之时,枉处赃私[4],杀人献媚,五日一比[5],限限严旨。家倾路远,交绝途穷,身非铁石,有命而已。雷霆雨露,莫非天恩,仁义一生,死于诏狱[6],难言不得死所。何憾于天?何怨于人?

惟我身副宪臣[7],曾受顾命[8]。孔子云:"托孤寄命,临大节而不可夺[9]!"持此一念,终可以见先帝[10]于在天,对二祖十宗与皇天后土[11]、天下万世矣。大笑,大笑,还大笑!刀砍东风,于我何有哉?

【注释】

[1] 仇人：为人所仇视。

[2] 张俭：东汉高平(今属山西)人，字元节。延熹初为东部督邮，弹劾宦官侯览，为览所诬，遂遁去。望门投止，人皆重其名行，破家相容。前后受其牵连受诛者以十数，宗职并皆殄灭。

[3] 杨震：东汉华阴(今属陕西)人，字伯起。延光初为太尉。被宦官樊丰所谮，遣归本郡，于途中饮鸩而死。仰药：服毒。

[4] 打问之时，枉处赃私：刑讯逼供，冤枉定为贪赃罪。

[5] 比：对犯人追赃。

[6] 诏狱：奉皇帝命令而成立的锦衣卫专用监狱。

[7] 宪臣：御史台又称宪台，杨涟官职为左都副御史，故称。

[8] 顾命：《尚书·序》："成王将崩，命召公、毕公率诸侯相康王，作顾命。"《传》："临终之命曰顾命。"封建社会，皇帝临终前往往召集亲信大臣托付后事，嘱咐辅佐新君。参与此事的大臣称为顾命大臣。

[9] 托孤寄命，临大节而不可夺：《论语·泰伯》："曾子曰：'可以托六尺之孤，可以寄百里之命，临大节而不可夺也！'"此处引作孔子语，系作者误记。

[10] 先帝：指明光宗朱常洛。

[11] 二祖十宗：光宗以上，明朝开国以来计有太祖、成祖、仁宗、宣宗、英宗、代宗、宪宗、孝宗、武宗、世宗、穆宗、神宗十二君。皇天后土：即天地。

【导读】

好一个何憾于天？何憾于人？读杨涟《狱中血书》深为其气节折服。正是凭着这一身正气，他于诏狱中以五旬之躯抵魏阉锋芒，虽被折磨得皮肉碎裂如丝，身无完骨，铁钉贯耳，尸供蛆蚁，但至死保持着崇高的气节。

所谓道统，是一种规则，一种秩序，是这个国家几千年来历经苦难挫折依旧前行的动力……

他让我们相信，一个普通的平民子弟，也能通过自己的努力，坚持不懈，成就一番事业，成为千古留名的人物。

他让我们相信，即使身居高位，尊荣加身，也不滥用自己的权力，去欺凌那些依旧弱小的人。

他让我们相信，一个人活在这世上，不能只是为了自己。他应该清正廉洁，严于律己，坚守那条无数先贤走过的道路，继续走下去。

他让我们相信，因为这是一条正确的道路，几千年来，一直有人走在这条孤独的道路上，无论经过多少折磨，他们始终相信规则，相信每个人都有着自己的尊严和价值，相信这个世界上，存在着公理于正义，相信千年之下，正气必定长存。

他向我们诠释了生命的意义之所在。

【类文链接】

石悦:《明朝那些事儿》

呼 唤

屈 塬

倾听你的呼吸　感受你的心跳
你在呼唤我　我时刻会听到

你是我的兄弟　我是你的同胞
我在呼唤你　你一定要听到

我在呼唤你　一声低　一声高
你要等着我　每一分　每一秒

哪怕你远离生的希望
也要让你回到爱的怀抱

【导读】

　　《呼唤》选自为庆祝中华人民共和国成立60周年而创编的大型音乐舞蹈史诗——《复兴之路》。当2008年5月汶川发生地震后,毛阿敏演唱的这首表现抗震救灾中感人救助的歌曲感动了所有观众。

　　那场突如其来的地震,那些在废墟中等待着救助的双手,让我们体验到了生命既坚强又脆弱,坚强时有如坚不可摧的磐石,脆弱时又如随处消匿的浮萍……若隐若现之间,透射出生存的巨大价值——能活着是一种幸福!然而,当上天降临给人们以灾难的同时也剥夺了他们生存的权利……

　　无尽的思量,深刻的感悟,上天不是给我们彩排的机会,而是天天都是现场直播!

　　生死转换于顷刻之间,穷人与富人同行,少年与老年携手,恩人与仇人同去,平民与官员共趋,抹平了恩怨情仇,埋葬了利禄功名。

　　大地震倒塌下的楼板,分不清你是乞丐还是富豪,不认识你头顶几尺官帽。

　　当生命邂逅死亡,顿感生命脆弱,亲情弥珍,更使世人明白:得到的别得意忘形,失去的别怨天尤人;再美的日子如果没人牵挂也是一种遗憾。顺时,要善待自己;累了,自己就歇歇。

走在阳光里呼吸着新鲜的空气,沐浴着阳光的温暖,体验着工作中的激情,观看着身边一张张笑脸,不由地感慨:活着真好!

好好爱自己,好好爱家人,好好爱身边的每个人!因为生命既属于自己,也属于社会!

让我们全身心在投入到生活和工作中,让生命的轨迹更灿烂,让生命绽放出绚丽的花朵!

【类文链接】

《汶川组诗》

悼念在汶川地震中逝去的同胞——致我坚强的同胞与祖国

当风雪阻断归路/我们彼此取暖/当主权面对挑战/我们亮出利剑/当圣火遭遇屈辱/我们义无反顾/当病毒吞噬生命/我们用爱弥补/当列车冲出轨道/我们竭诚互助/当震撼撕裂大地/我们开山辟路/勇敢面对磨难/挺起中国人的脊梁/多难兴邦/加油啊,同胞/加油啊,中国!

雅 舍

梁实秋

到四川来,觉得此地人建造房屋最是经济。火烧过的砖,常常用来做柱子,孤零零的砌起四根砖柱,上面盖上一个木头架子,看上去瘦骨嶙嶙,单薄得可怜;但是顶上铺了瓦,四面编了竹篦墙,墙上敷了泥灰,远远的看过去,没有人能说不像是座房子。我现在住的"雅舍"正是这样一座典型的房子。不消说,这房子有砖柱,有竹篦墙,一切特点都应有尽有。讲到住房,我的经验不算少,什么"上支下摘","前廊后厦","一楼一底","三上三下","亭子间","茅草棚","琼楼玉宇"和"摩天大厦"各式各样,我都尝试过。我不论住在哪里,只要住得稍久,对那房子便发生感情,非不得已我还舍不得搬。这"雅舍",我初来时仅求其能蔽风雨,并不敢存奢望,现在住了两个多月,我的好感油然而生。虽然我已渐渐感觉它是并不能蔽风雨,因为有窗而无玻璃,风来则洞若凉亭,有瓦而空隙不少,雨来则渗如滴漏。纵然不能蔽风雨,"雅舍"还是自有它的个性,有个性就可爱。

"雅舍"的位置在半山腰,下距马路约有七八十层的土阶。前面是阡陌螺旋的稻田。再远望过去是几抹葱翠的远山,旁边有高粱地,有竹林,有水池,有粪坑,后面是荒僻的榛莽未除的土山坡。若说地点荒凉,则月明之夕,或风雨之日,亦常有客到,大抵好友不嫌路远,路远乃见情谊。客来则先爬几十级的土阶,进得屋来仍须上坡,因为屋内地板乃依山势而铺,一面高,一面低,坡度甚大,客来无不惊叹,我则久而安之,每日由书房走到饭厅是上坡,饭后鼓腹而出是下坡,亦不觉有大不便处。

"雅舍"共是六间,我居其二。篦墙不固,门窗不严,故我与邻人彼此均可互通声息。邻人轰饮作乐,咿唔诗章,喁喁细语,以及鼾声、喷嚏声、吮汤声、撕纸声、脱皮鞋声,均随时由门窗户壁的隙处荡漾而来,破我岑寂。入夜则鼠子瞰灯,才一合眼,鼠子便自由行动,或搬核桃在地板上顺坡而下,或吸灯油而推翻烛台,或攀援而上帐顶,或在门框椽脚上磨牙,使得人不得安枕。但是对于鼠子,我很惭愧的承认,我"没有法子"。"没有法子"一语是被外国人常常引用着的,以为这话最足代表中国人的懒惰隐忍的态度。其实我的对付鼠子并不懒惰。窗上糊纸,纸一戳就破;门户关紧,而相鼠有牙,一阵咬便是一个洞洞。试问还有什么法子?洋鬼子住到"雅舍"里,不也是"没有法子"?比鼠子更骚扰的是蚊子。"雅舍"的蚊虱之盛,是我前所未见的。"聚蚊成雷"真有其事!每当黄昏时候,满屋里磕头碰脑的全是蚊子,又黑又大,骨骼都像是硬的。在别处蚊子早已肃清的时候,在"雅舍"则格外猖獗,来客偶不留心,则两腿伤处累累隆起如玉蜀黍,但是我仍安之。冬天一到,蚊子自然绝迹,明年夏天——谁知道我还是住在"雅舍"!

"雅舍"最宜月夜——地势较高,得月较先。看山头吐月,红盘乍涌,一霎间,清光四射,天空皎洁,四野无声,微闻犬吠,坐客无不悄然!舍前有两株梨树,等到月升中天,清光从树间筛洒而下,地上阴影斑斓,此时尤为幽绝。直到兴阑人散,归房就寝,月光仍然逼进窗来,助我凄凉。细雨蒙蒙之际,"雅舍"亦复有趣。推窗展望,俨然米氏章法,若云若雾,一片弥漫。但若大雨滂沱,我就又惶悚不安了,屋顶湿印到处都有,起初如碗大,俄而扩大如盆,继则滴水乃不绝,终乃屋顶灰泥突然崩裂,如奇葩初绽,素然一声而泥水下注,此刻满室狼藉,抢救无及。此种经验,已数见不鲜。

"雅舍"之陈设,只当得简朴二字,但洒扫拂拭,不使有纤尘。我非显要,故名公巨卿之照片不得入我室;我非牙医,故无博士文凭张挂壁间;我不业理发,故丝织西湖十景以及电影明星之照片亦均不能张我四壁。我有一几一椅一榻,酣睡写读,均已有着,我亦不复他求。但是陈设虽简,我却喜欢翻新布置。西人常常讥笑妇人喜欢变更桌椅位置,以为这是妇人天性喜变之一征。诬否且不论,我是喜欢改变的。中国旧式家庭,陈设千篇一律,正厅上是一条案,前面一张八仙桌,一旁一把靠椅,两旁是两把靠椅夹一只茶几。我以为陈设宜求疏落参差之致,最忌排偶。"雅舍"

所有，毫无新奇，但一物一事之安排布置俱不从俗。人入我室，即知此是我室。笠翁《闲情偶寄》之所论，正合我意。

"雅舍"非我所有，我仅是房客之一。但思"天地者万物之逆旅"，人生本来如寄，我住"雅舍"一日，"雅舍"即一日为我所有。即使此一日亦不能算是我有，至少此一日"雅舍"所能给予之苦辣酸甜我实躬受亲尝。刘克庄词："客里似家家似寄。"我此时此刻卜居"雅舍"，"雅舍"即似我家。其实似家似寄，我亦分辨不清。

长日无俚，写作自遣，随想随写，不拘篇章，冠以"雅舍小品"四字，以示写作所在，且志因缘。

【导读】

梁实秋(1903—1987)，原名治华，字实秋，北京人。他是中国现代文学史上著名的学者、文学家和翻译家。一生著作甚丰，散文集《雅舍小品》一、二、三集行世，文学批评论文集多种，经近40年的时间独立翻译完成《莎士比亚全集》40卷。

《雅舍》是他的散文集《雅舍小品》的小篇之首。本文写于1938年，当时抗日战争已经爆发，国难当头，大学教授到重庆只能住陋室。明明是陋室，却偏偏称"雅舍"，这表现了作者对战争年代的无奈，对自己生活环境的自我调侃，同时也表现了作者乐观的心态和旷达超脱的情怀。

在作者眼中，"雅舍"各有它的个性和风格。其一，"雅舍"筑在半山腰，前临稻田，后接榛莽，围以竹林、水池等，是一亦俗亦雅之地。由此，作者得出为友之道，"好友不嫌路远，路远乃见情谊"。其二，"屋内地板乃依山势而铺，一面高，一面低，坡度甚大"，"每日由书房走到饭厅是上坡，饭后鼓腹而出是下坡"。这样的句子用词逼真、细腻，真实地再现了房子的简陋和不方便，字里行间又表现出作者处之泰然的幽默感。堂堂知名教授居此陋室，本已无限辛酸，而他却以旷达超脱的胸襟从容视之，以宽缓舒和的语气予以调侃，自具雅人情致，别有况味。其三，和人共一套房，常有"隔壁戏"："邻人轰饮作乐，咿唔诗章，喁喁细语，以及鼾声、喷嚏声、吮汤声、撕纸声、脱皮鞋声，均随时由门窗户壁的隙处荡漾出来，破我岑寂"。陋室多有不便，但作者却以审美的眼光，从中挖掘出它的许多可人之处，听话听声，言外之意也很有分寸地表现出作者闲适、散淡、不与人争的生活态度。其四，居此"雅舍"，又有鼠、蚊相扰，我们看到作者用了"骚扰"、"猖獗"等词语，这或可理解为作者内心的不满，对生活、对战争的不满，却没有直抒胸臆的愤怒和反抗，所有的语句仍然是对"月夜"、"细雨"的欣赏，对"简朴"之风的追求，对"似我"、"非我"境界的陶醉。其五，尽管条件简朴，但"一物一事之安排布置俱不从俗"。文中以戏谑的语言说壁间不挂显要的照片，也没有牙医的博士文凭，更不需要张贴电影明星影片等，表明作者对物质需求不存奢望,坚守独立的人格,不攀附权贵,不随意从俗。

怀着淡泊豁达的生活观,梁实秋的生活方式是"一切只要随缘"。《雅舍》一文,可以说是他以乐写苦、离世独善的心态的极致。能做到这一点,实在是因为他相信"快乐是在心里,不假外求,求即往往不得,转为烦恼"。这正是达摩禅所谓"随缘行"和"无所求行";也是世人难以达到的境界。

方案一:火灾逃生方案

一、活动目的

1. 认知目标:了解有关室内安全防火灾方面的常识。学习一些自救自护方法。

2. 能力目标:初步掌握室内安全防范能力和自我保护能力,爱护自己的身体和生命。

3. 态度目标:(1)懂得室内安全的重要性,树立安全防范意识和自我保护意识;(2)养成行为习惯,远离危险,健康安全地成长。

二、活动的地点:教学楼

三、演练组织机构

总指挥:(在指定地点组织学生,模拟拨打火警电话)

指　挥:(接受班长报告的人数并进行统计;模拟拨打急救电话和向教委报告学校情况)

广播发令:校播音员(发布演练信号)

门　卫:门口安全

教室安全:各班主任

学生组织:演练开始时班主任和有关人员(班主任负责组织教室内学生从教室有序跑出,维持队伍秩序,走廊楼梯口教师接应)

应急保障:携急救箱

安全责任人:各班班主任

四、材料准备

学校:灭火器、医用药品等　　学生:湿毛巾

五、灾情预设

在各教室点燃一把火。全体学生在教师有序组织引导下顺利脱离险情。

六、活动的内容

1. 室内防火灾演练。当室内发生火灾时应该做到：

（1）火不大时先用湿毛巾捂住口鼻以免毒烟吸入，弯腰并靠墙跑动。

（2）用水或者干粉灭火器（使用灭火器演示及操作）。

（3）火很大时打火警电话119。

2. 学生进行简单的模拟逃生练习操作表演。

七、学生讨论、汇报

拨打匪警、火警、急救电话要注意讲清出事地点，及简单情况，并注意平时不能随便拨打这些电话。

八、演练过程中应注意的问题

1. 个别学生重视程度不够，没有危机感，应当加强思想认识上的教育。

2. 部分学生逃生姿势、方法错误，应针对此次演练所暴露的问题加以学习改进。

3. 整个逃生过程喧闹声比较大，整队集合后各班仍有部分学生说笑、聊天，没有达到演练前要求的安静撤离、安静集合的要求。

方案二：触电、煤气中毒解救方案

一、活动目标

1. 了解煤气中毒现象，认识煤气中毒的危害性。

2. 通过演练了解触电及煤气中毒的预防和救助知识。

3. 激发学生珍爱生命的情感，引导学生关爱他人，善待生命，学会生存。

二、活动的地点：学生食堂

三、组织机构

顾问：

组长：

成员：

四、参加人员

教师：

学生：

五、活动的内容

1. 室内防触电以及急救办法演练：

（1）切断电源。

（2）采用短路法，使电源开关跳闸。

(3) 救护人员穿着绝缘鞋,戴上绝缘手套,使用绝缘棒,使触电者脱离电源。

(4) 在切断电源的同时,要防止触电者再次摔倒。

(5) 未断电前不可赤手直接与触电者的身体接触。

2. 室内防煤气中毒以及急救办法演练。几个学生做煤气中毒昏倒状,教师引导学生完成救助过程:

(1) 迅速关紧煤气开关,推开门窗通风换气;

(2) 迅速将中毒病人抬离中毒的环境;

(3) 拨打120急救电话。

六、触摸生活,增强防范

教师向学生介绍生活中常见的几种容易造成煤气中毒的现象:狭窄楼道中燃烧的蜂窝煤炉;关紧房门后熊熊燃烧的白炭火;屋子狭小门窗打不开的铜碳炉;忘了关的天然气;液化气泄漏等等,因此我们在烧水、做饭、取暖时,不注意开窗通风、忘记关煤气开关,都会导致煤气中毒。其实使用煤气洗澡不注意开窗也容易发生煤气中毒。

七、学生讨论,教师相机稍作讲解

1. 在发现有液化气泄漏的房间里,不能见火!

2. 不能点火!

3. 不能开关电源和打电话。

价 值 篇

 概观

随着生产力的发展,各行各业的竞争日趋激烈,而各行各业的竞争归根到底是人才的竞争。人才的素质不仅包括技术、科研能力,还包括一个重要因素,就是人文素养,它决定着人的世界观、人生观和价值观。本单元所选文本侧重于中国传统文学和外国名人关于世界观、人生观和价值观的文章,主要介绍了中国传统文化中诸子百家思想的简史、基本观点、重要影响和外国文学中与人文素养有关的文学发展简史以及社会主义荣辱观。还通过分析儒家学说中两种看似矛盾对立的基本观点的有机联系,来引导同学们学会正确阅读和分析理解文本中的思想观点,从而树立正确的世界观、人生观和价值观。

中国传统价值观——仁者爱人

在人类文明史上,中华民族素有"礼仪之邦"的美誉,她能以顽强的生命力屹立于世界民族之林,是源远流长、博大精深的中国文化长期滋养的必然结果。而构成中华民族文化的核心内容是儒家、道家以及后来成长起来的佛教等思想,其中儒家思想又是中华民族文化基础的基础。

春秋战国时期,是中华民族文化史上最璀璨辉煌的一个时期,这是一个学术和思想最为活跃、绝少束缚的时期,也是学术和思想流派异彩纷呈、硕果累累的时期。儒、墨、道、法等诸子百家的学术思想成为那个时代的最强音,也构成了中国传统文化的精髓。在这"百花齐放"、"百家争鸣"自由壮观的时期里,一个最伟大、影响中华文明最深远、滋育中华民族最丰厚的思想流派——儒家应运而生,脱颖而出。

儒家学派的开山鼻祖是被后人尊称为"圣人"的孔子。孔子名丘,字仲尼,春秋时期鲁国人,生于公元前551年,卒于公元前479年。孔子是中国历史上最伟大的思想家和教育家。他自幼饱读诗书,谙熟古代文献典籍,精研上古帝王章典。他率

价值篇

先创办私塾,开馆授徒,提倡"有教无类"(《论语·卫灵公》),开创了西周末年、东周初年学术思想"百花齐放"、"百家争鸣"的繁荣局面。

儒家思想的核心内容是"仁"。"仁"是孔子思想中最基础也是最重要的一个观点。孔子将"仁"作为一种最高的精神品质和道德准则。孔子认为"苟志于仁矣,无恶也"(《论语·里仁》)。孔子主张"仁者爱人"(《论语》)——强调要关心他人;主张"己所不欲,勿施于人"(《论语·颜渊》),"己欲立而立人,己欲达而达人"(《论语·雍也》)——强调在人和人相处时,要多设身处地地站在对方立场上思考问题;主张"志士仁人,无求生以害仁,有杀身以成仁"(《论语·卫灵公》)——强调"仁"作为一种最高的精神境界和道德境界是神圣不可动摇的,把为了道义不得不牺牲生命的"杀身成仁"看做一种最为神圣的节操。

孔子生活在无"义战"的春秋战国时期,周王室衰微,礼崩乐坏,诸侯各为天子之尊,"天下无道",社会混乱,于是孔子提出了"正名"的思想,以图恢复周礼。孔子认为"名不正,则言不顺;言不顺,则事不成;事不成,则礼乐不兴;礼乐不兴,则刑罚不中;刑罚不中,则民无所措手足"(《论语·子路》)。孔子还认为"克己复礼为仁,一日克己复礼,天下归仁焉"(《论语·颜渊》)。在孔子的思想中,"仁"与"礼"互为因果关系。

孔子的从政思想是以德治国、"为政以德"和"任人唯贤"(《尚书·咸有一德》)。虽然这些观点在当时社会历史条件下产生过一些影响,但孔子的一生几乎没有受到过列国统治者的重用,即使这样,他仍然积极"入世",以教化天下为己任,常年游说于列国之间,为推行自己的政治主张,为推行政治改革与改良奔走呼告,生命不息、奋斗不止,"知其不可为而为之"。他主张"节用而爱人"、"使民以时"(《论语·学而》),主张对百姓要先"富之",然后"教之"——从物质和精神两个方面来促使社会文明进步。

此外,孔子创始的教育制度和教育方法直到今天仍然在影响着我们的教育思想,指导着我们的教育改革。直至今天,全世界已经建立了一百多所"孔子学院"。

孔子的思想是如此的博大精深,以至于孔子"己所不欲,勿施于人"的主张被写进了1795年法国的宪法;在1988年,75位诺贝尔奖获得者要发表联合宣言来呼吁全世界:"21世纪人类要生存,就必须吸取两千年前孔子的智慧;"美国前总统里根曾由衷喟叹:"孔子伟大的伦理道德思想,不仅影响了他的国人,也影响了全人类";就连法国著名的思想家魁奈也情不自禁地感叹道:"一部《论语》胜过希腊七贤。"

醒世显学,后继有人。战国时期另一位伟大的思想家孟子继承并发扬了孔子的学说。孟子提出了系统的"仁政"学说,被后人尊称为"亚圣"。孟子认为"人性本善",认为人性是善良的,主张"亲亲而仁民,仁民而爱物"(《孟子·尽心上》),"老吾老以及人之老,幼吾幼以及人之幼"(《孟子·梁惠王上》)——孟子也强调在人和人相处时,要多设身处地地站在对方的立场上思考问题;他主张"生,我所欲也;义,亦我所欲也,二者不可得兼,舍生而取义者也"(《孟子·劝学》)——孟子也认为"仁爱"作为一种最高的精神境界和道德境界是神圣不可动摇的;"富贵不能淫,贫贱不能移,威武不能屈"(《孟子·藤文公下》)是一种高尚的节操,可见,"舍生取义"是一种最为神圣的节操,这与孔子思想一脉相承。

孟子提倡通过学养来保持人的"善性",要用"礼"、"义"、"诚"、"智"、"信"来作为人们行为的准绳,要"克己复礼"。

在从政思想上,孟子主张实行"仁政"。他主张"民为贵,社稷次之,君为轻"(《孟子·尽心下》)——民本思想;还主张要"穷则独善其身,达则兼济天下"(《孟子·尽心上》)。

孟子之后,荀子继承了儒家学说并进行了发扬光大,荀况成为了战国时期百家思想的集大成者。他主张"性恶论"——人性本恶,但凭后天教育可以使人由恶变善;他认为"天道有常,不为尧存,不为桀亡"(《荀子·天论》)具有朴素唯物主义思想,但他也主张"制天命而用之"(《荀子·天论》)——世界虽然是"唯物"的,但人也可以发挥自己的主观能动性去改造自然。汉朝董仲舒提出了"天人感应论"(《天人三策》)、"王道之纲"(即"三纲"),主张"罢黜百家,独尊儒术"。唐代大文学家韩愈也继承了儒家思想,成为一代儒学大师。儒家思想发展到两宋时期,产生了"程朱理学",他们既有"存天理,灭人欲"(《朱子语类》)、"饿死事小,失节事大"(《朱文公集·与陈师中书》)等消极思想,同时又具有"格物致知"(《礼记·大学》)的积极思想,实际上"程朱理学"是客观唯心主义的思想流派。儒学发展到"陆王心学"时期实际上又变成了主观唯心主义,陆象山的"白马非马论"是其思想学说的典型代表。到了明清时期,李贽、王夫之、顾炎武等学者分别提出了倡导个性自由发展批判理学的"天理"说,提倡"法治"反对"人治",强调"经世致用"的实际学问,反对君主专制政治。到了近代,以康有为、梁启超、严复等人为代表的资产阶级启蒙思想家,因政治变革的需要,假借儒学的外衣,大力主张采用外国先进的政治体制——君主立宪制来改革落后的封建专制制度,甚至把批判的矛头直接指向儒家学说。到了今天,于丹、易中天等教授在"百家讲坛"上讲读儒家经典,儒学再次引起广泛关注。社会主义社会的"依法治国"、"以人为本"、"和合天下"及社会主义荣辱观等都是儒家思想的继承和发展。

孔子、孟子、荀子等鸿学巨儒,代代传承,形成了中华文化史上的显学著派——儒家思想。它和墨家、道家、法家共同组成了中国传统文化的中流砥柱,尤其是和道家文化以及后来成长起来的释家文化一起构成了中国文化的基础,成为了我们民族文化的核心内容。

这些不同的思想文化流派,其核心内容尽管有着本质的不同,但也有很多的共同点。在内容上,儒家学说的核心是"仁爱"、"仁政",道家则提倡"慈爱",佛教则提倡"慈悲为怀";在处世方法上,儒家提倡"礼""忍""让""忠""信""义",道家和佛教也提倡"忍";在处理人际关系上,儒家主张"以德报德",而道家主张"以德报怨",佛教主张"知恩图报";在对待物质利益上,儒家主张"均贫富",道家认为"天之道,损有余以盈不足",佛教则提倡"喜舍善施"……总之,尽管儒、道、佛三家思想有本质上的不同,但在形式上都有很多的共同点,它们共同形成了中国传统文化的各种特点。

不仅如此,儒家还和墨家、法家也有很多共同特点。例如:儒家学说的核心是"仁爱"、"仁政",提倡贤德政治,反对压抑人才,而墨家学说的核心是"兼爱"、"非攻"和"尚贤";在处理人际关系上,他们都主张"推己及人";在处世方法上,都讲求谦恭礼让,克骄防矜;在为人原则上,都倡导言行一致,恪守诚信。

当然,任何一个哲学门类、思想或文化流派(包含儒家学说在内)首先必须形成自己系统的世界观学说,然后,以不同的世界观为基础,不断地探索认识、改造世界的各种方法,形成不同的方法论体系,不同的世界观和不同的方法论相结合就产生了异彩纷呈的思想文化流派。

所谓的世界观,就是人们对世界最基本的看法和观点。虽然因人们认识事物的视角和方法的不同而得出了千差万别的结论,但从人文的角度来论,人们对人性的基本观点无外乎两种——"人性本善"和"人性本恶",中外古今,概莫能外。

"人性本善"的观点最早是孟子明确提出的。他在《孟子·告子上》中说:"人性之善也,犹水之就下也。人无有不善,水无有不下。"其实,孔子早已持此论点:"为政以德,譬如北辰居其所而众星拱之。"(《论语·为政》)、"仁远乎哉?我欲仁,斯仁至矣!"(《论语·述而》)、"为仁由己,而由人乎哉!"(《论语·颜渊》)、"有能一日用其力于仁矣乎?我未见力不足者"(《论语·里仁》)……这些论述其实就是"人性本善"的观点。持"人性本善"的人们还可以振振有词地列举出很多理论、找出很多历史和现实社会中的例子来证明自己的观点。更显而易见的是,人之初生,本性善良,不知道怎样去损人利己、假公济私、贪赃枉法、坑蒙拐骗……而是后天的社会局部环境和某些人的心理挫折导致一部分人心理扭曲,产生了反社会反人类的不良行为,这就是《三字经》中"性相近、习相远"的推论。

令人深思的是,儒学大师荀子却首先提出了"人性本恶"的观点。荀子在《荀子·性恶》篇中说:"凡性者,天之就也……而在人者,谓之性","人之性恶,其善者伪也","饥而欲饱,寒而欲暖,劳而欲休"。人性"生而有好利焉","生而有疾恶焉",

"生而有目耳之欲,有好声色焉"。意思就是人从一出生就是自私的,就是有各种欲望的,不用教,首先想到的就是满足自己的各种欲望。荀子"人性本恶"观点的合理性是显而易见的,这也符合物种学说的生物本原论。持此论的人们更能举出古今中外不胜枚举的大恶巨奸,诸如商纣、夏桀、隋炀帝杨广、秦始皇嬴政、秦桧与和珅,更有甚者,二战的希特勒、墨索里尼、东条英机等等。凡是这种人,都从人不为己、天诛地灭的人生观出发,打着为本民族的生存和利益的幌子,实际上是为了极少数统治阶级的利益,悍然发动了骇人听闻、令人发指的战争,给全世界热爱和平的人民带来了无比深重的灾难,使人类的文明骤然倒退。这些巨恶们的行径似乎再一次证明了"人性本恶"论的合理性。

那么,人性究竟"本善"还是"本恶"呢?这个问题人们争论已久,众说不一。有人说前者对,有人说后者对,有人说二者都不对,也有人说二者都对。当然,这个问题恐怕不是我们用一个"对"字或"不对"能够准确回答的,就像塞翁失马一样,是好事还是坏事呢?

我们再回到上述关于"二战"的例子,"二战"的那些罪魁祸首们在全球杀、烧、抢、掠,万恶不赦,他们行为的出发点表面上是为了本民族,实质上是为了本阶级、本人的利益。无论为了谁,至少他们的行为显现出人性中都有希望改善自己生存环境和当时状况的愿望,从这种意义上讲,他们也有"善"的目的,但是他们扭曲的心理和言行,却采取了背道而驰的反动行径。不只是人,大凡有生命的物种无一不在努力求得更好的生活环境和更好的生存状态,从这一角度上来说,"人性本善"的观点不更加有理吗?

看到这里,有人可能会说,作者不是在故意混淆是非判别标准吗?非也!是非判别标准其实是泾渭分明的、混淆不了的。上述"大恶巨奸"之所以被正义的人们钉到了历史的耻辱柱上,是因为他们企图在危害别的民族、阶级、个人利益的基础上改善自己的生存状态。因此,我们在谋取利益时,应该从最多数民众的立场出发,这才是"善"。

那么,同为儒家大师,为什么孟子持"人性本善"论而荀子执"人性本恶"说呢?这是因为孟荀二人所处的时代不同,以及二人在儒学的理想与实践上有着不同的侧重。"人性本善"和"人性本恶"两种观点表面上看是截然相反的,而实际上二者完全一致,可谓是殊途同归。

孟子生活于战国中期,社会尚且有几分清明之气,而荀子处战国末期,社会环境异常险恶,尔虞我诈的现象比比皆是,"人人争于利欲,君子与小人同恶,固不宜倡言心性之善……""今人之性,生而有好利焉,顺是,故争生而辞让亡焉;生而有疾恶焉,顺是,故残贼生而忠信亡焉;生而有耳目之欲,有好声色焉,顺是,故淫乱生而礼义文理亡焉。然则从人之性,顺人之情,必出乎争夺,合于犯分乱理而归于暴"(《荀子·性恶》)。正因如此,孟子持更富于理想化的"人性本善"论而荀子执更为悲观的"人性本恶"说。

可是,在《荀子·性恶》中,荀子还说:"礼义者,圣人之所生也,人之所学而能,所事而成者也……可学而能,可事而成之在人才,谓之伪。"在荀子看来,先天赋予人的"性"和后天学习的"伪"是一对矛盾,要解决这对矛盾,就要通过"化性起伪"——就是通过后天的学养来改变"性"。"性"和"伪"是对立统一的,"无性,则伪无所加;无伪,则性不能自美"(《荀子·性恶》)。只有做到"性伪合,然后成圣人之名,一天下之功于是就也"(《荀子·礼论》)。虽然"性善"论和"性恶"论表面上完全相反,但就通过所谓的"圣王之教"来教育感化民众这一目的而言,无论是持富于理想化的"人性本善"论的孟子还是执更为悲观的"人性本恶"说的荀子,他们是完全一致的,都认为"性"是可以通过后天的学习来改变的。今天我们讲的"人定胜天"是继承伏羲氏"观乎人文,以化成天下"(《易·贲卦》)的观点,就是把个人的主观与自然、社会的客观有条件地结合,主动改造自己、社会和自然,使之和谐发展。因此,性"善"也好,性"恶"也罢,都只是他们两人立论的前提不同而已,他们"仁"的主张是一致的,他们都强调后天的实践性,他们最后得出了相同的结论——通过后天的学养来达到"人性向善"、社会清明的目的。

由此可见,特别提请同学注意,中国文化的各个流派和儒家学说一样在传承的过程中,因所处环境的不同又形成了众多的流派,这给我们,特别是学养还不够深的莘莘学子带来了理解上的困惑。为了避免于此,我们不仅在单元说明中不惜花费较大笔墨引导大家正确理解作品旨意与时代背景之间的重要联系,在选文时,还有意识地选择了春秋战国时期的一些作品,因为从那个惧怕人民清醒而难以统治的秦始皇采取"焚书坑儒"的愚民政策,到为了从思想上统治人民而采取"罢黜百家,独尊儒术"策略的汉武帝之后,儒学要么成为了统治者的眼中"钉",要么沦为统治者驾驭人民的工具,使儒"教",儒学的发展失去了相对自由、百家争鸣的社会环境。自此以后的儒学思想与现实的背景之间产生了更多、更复杂的联系,理解起来要困难很多。

即便如此,我们在阅读春秋战国时期儒家的一些作品时也要结合当时时代背景,深入地思考,准确地把握和理解作品的意旨。例如:孔子针对当时周礼崩坏、社会混乱的现实提出了"克己复礼"以达到"君君、臣臣、父父、子子"目的的主张,我们就不能简单地贬斥"君君、臣臣、父父、子子"的主张为封建等级观念。

西方价值观——自由、平等、博爱

在本篇中,我们还选取了在西方思想文化史上和中国现当代颇有影响的几篇文章。西方文化和中国文化一样源远流长,在发展的过程中形成了浩如烟海的文化流派,在众多的流派中,对社会影响最大的就是那些含有人文主义精神的流派。

所谓人文主义精神,是一种精神价值,它是对人类的存在的思考,对人的价值、人的生存意义的关注,以及对人类命运的把握与探索。"自由、平等、博爱"是其核心思想内容,其基本特点是以人为本,强调人的价值及决定作用,谋求个性解放与自由。西方不同的文化流派中的人文主义精神的观念也是互不相同、千差万别的,甚至在它们之间也有相互矛盾的因素。但无论怎样,他们也有一些共同点,如:以个人的兴趣、价值观、尊严为出发点,倡导自由平等、天赋人权、民主与法制等,在处理人与人之间的关系时都遵循"容忍、无暴力、思想自由"等重要原则。

西方文化中人文主义精神最早起源于古希腊。其中以哲学家普罗泰戈拉和高尔吉亚为代表的智者学派和以哲学家苏格拉底为代表的流派相互补充、相得益彰。他们都对"人"十分关注。其中,智者学派提出了"相对主义",在原始宗教和自然统治的环境下提出了"人是万物的尺度"的观念,普罗泰戈拉说:"人是万物的尺度,存在时万物存在,不存在时万物不存在。"这一观念把人从自然界、动物界分离出来,一下子把人置于社会的中心位置,促使了人类自我意识的觉醒。从人的需要出发,智者学派还提出了法律正义和平等的要求。他们认为,法律必须是大家同意的,是正义的准则和善恶的标准。他们还以人性相同为依据扩展了平等外延,把平等推及到所有人,将平等理解为所有人在教育、财产、种族等方面的平等,甚至突破现实政治和法律界限,认为平等也应当包括主人与奴隶之间的平等。智者学派虽提出了"人是万物的尺度"的观念,但忽视道德,这使得当时的希腊世风日下;而后来的苏格拉底则弥补了其缺陷,提出了"有思想力的人是万物的尺度"、"思想来源于教育"的新观念。

西方文化中人文主义精神的发展时期是欧洲的文艺复兴时期。可以说西方真正的"人的发现"是从文艺复兴运动开始的。西方的人文精神完善于文艺复兴时期人文主义思潮的兴起。也正是人文主义的产生和张扬,为近代法治主义和法治国家的诞生奠定了坚实的文化基础和精神基础。这时新兴资产阶级在"复兴"古典文化的旗帜下,宣传资产阶级的人文主义世界观,批判神权统治,鼓吹个性解放和思想自由;崇尚理性和科学,他们说"人是自然界最美的花朵",人的力量来自于理性等等。这一变革活动把人们从宗教的束缚中解放出来,有效地促进了近代自然科学的产生,具有划时代的意义。

西方文化中人文主义精神的成熟时期是欧洲资产阶级启蒙运动时期。起源于法国的欧洲资产阶级启蒙运动,以自由、平等、人权、博爱和现代民主为追求目标,丰富和发展了人文主义精神的内涵,把反封建、反神学的斗争矛头转而指向反对封建专制制度,以达到建立资产阶级"理性王国"、构建资产阶级政治制度的伟大目的。

研究发现,西方文艺复兴时期的人文主义以及后来的人本主义或人道主义思潮,与启蒙运动的自由、平等、博爱和现代民主精神在本质上具有同一性;它们的同一性正好说明了它们的先后承续关系,表明了人文精神在西方不同时期的体现。正是在这一场资产阶级的启蒙运动中,人文精神所包含的自由、平等、人权、博爱和民主精神唤起了人们对法治的追求,并成为西方法治主义的应有之义。

综上所述,外国文化在流传的过程中同中国文化一样形成了十分繁多的流派,笔者在这简短的概述里无法一一道明,希望同学们在阅读相关的作品时要注意深入理解、准确把握。

社会主义荣辱观——八荣八耻

在中国文化的众多流派之间,特别是主要流派之间,无论有着怎样的本质区别,可他们都有一个共同特点,那就是"以人为本"(春秋初期齐国名相管仲最早明确提出"以人为本",指出:夫霸王之所始也,以人为本。本理则国固,本乱则国危)的人本思想。他们都推崇"仁爱"的原则,追求人际关系的和谐;他们都尊重人的尊严和价值;他们都倡导"和为贵",强调社会和谐,讲求和睦相处和团结互助。

社会和谐,个体身心和谐,尊重人的尊严和价值,一直是中国人民有史以来不断追求的理想。可是在等级森严的阶级社会中,所谓的"以人为本"只能是以某些统治阶级的个人意志为"本",只是让占主导地位的某些统治阶级的尊严和个人价值受到尊重,就像资产阶级文艺复兴时期所提倡的"个性解放"、"自由、民主、平等、法治"只能是解放统治阶级的"个性",只有统治阶级才有"民主""自由",它所提倡的"平等"只能是统治阶级成员间的"平等",它的"法治"只能是用资产阶级的法律去统治广大的人民群众,并不是真正意义上的"人本思想"。只有马列主义、毛泽东思想、邓小平理论、"三个代表"重要思想和科学发展观才是真正意义上的以最大多数的广大民众为本的"人本主义思想"体系,这一思想体系以唯物主义作为自己

的世界观,以辩证法作为自己的方法论。

中国共产党正是本着这一思想、本着"立党为公"、"执政为民"的原则,在马列主义、毛泽东思想、邓小平理论、"三个代表"重要思想和科学发展观等理论的指导下,先后提出了国际交往和平共处的"四项基本原则";做出"中国在任何情况下不首先使用核武器"的诚挚承诺;取消了几千年来种地交租的"天条"……

在新的历史时期,中国共产党把工作的重点转移到解决人民日益增长的物质和精神文化生活的需要同落后生产力之间的矛盾上,把关注民生工程写进了宪法和党章;国务院以"尊严、公平、公正、富裕"为宗旨的政府工作报告是"以人为本"行政思想的最好体现;还有农村合作医疗制度、教育体制的改革,尤其是教育收费制度的改革等等,都是我们党关注民生的重要举措,所有这些举措都是为了构建和谐、又好又快发展的社会主义经济社会,是典型的"人本"思想。

2006年3月4日,胡锦涛总书记在参加全国政协十届四次会议讨论时提出,要引导广大干部群众特别是青少年树立"以热爱祖国为荣、以危害祖国为耻,以服务人民为荣、以背离人民为耻,以崇尚科学为荣、以愚昧无知为耻,以辛勤劳动为荣、以好逸恶劳为耻,以团结互助为荣、以损人利己为耻,以诚实守信为荣、以见利忘义为耻,以遵纪守法为荣、以违法乱纪为耻,以艰苦奋斗为荣、以骄奢淫逸为耻"的社会主义荣辱观。胡锦涛总书记提出的以"八荣八耻"为核心的社会主义荣辱观,继承中华民族几千年来形成的民族精神和传统美德,发扬我们党和人民在长期革命斗争与建设实践中形成的优良传统道德,汲取我国传统的荣辱观精华。它是对中华民族历久弥新的民族精神和传统美德的提炼和升华,具有很强的时代性和针对性。"八荣八耻"是一把社会价值导向的标尺,我们要以社会主义荣辱观来规范和约束自己和他人的言行。

同时,我们在谋求科学发展的过程中也要批判地学习借鉴外国文化中的一些精髓,做到"洋为中用"。要大力弘扬人文主义精神,鼓励和教育自己和他人追求理想世界、理想人格,追求自身的完美,谋求个性解放、坚持真理,实事求是,团结一致向前看,关爱自己,尊重别人,反对迷信和盲从,使个体的社会理想、生存意义和价值目标等得到升华,从而提高全民族的人文素养。

我们当代的大学生,肩负着祖国未来建设和传承中国优良传统文化的重任,我们一定要树立崇高的理想,坚守高尚的道德情操,正确把握社会主义的核心价值观,注重个人利益与国家利益、民族利益和整体利益紧密联系,努力培养自己对社会、对国家、对民族的责任意识和奉献精神,为将来建设国家和进一步振兴中华民族做好充分的准备。

参考文献

1. 罗国杰.中国传统道德.北京:中国人民大学出版社,1995
2. 于 丹.论语心得.北京:中华书局,2006
3. 罗国杰.思想道德修养与法律基础.北京:高等教育出版社,2008

大　　学

大学之道[1],在明明德[2],在亲民[3],在止于至善[4]。知止而后有定[5],定而后能静[6],静而后能安[7],安而后能虑[8],虑而后能得[9]。物有本末,事有终始。知所先后,则近道矣[10]。古之欲明明德于天下者,先治其国;欲治其国者,先齐其家;欲齐其家者,先修其身;欲修其身者,先正其心;欲正其心者,先诚其意;欲诚其意者,先致其知。致知在格物[11]。

【注释】

[1] 大:tài,大学之道:学习为人处世的要领。
[2] 明:明白。明德:人之所得乎天,而虚灵不昧,以具众理而应万事者。但为气禀所拘,人欲所蔽,则有时而昏。然其本体之明,则有未尝息者。故学者当因其所发而遂明之,以复其初也。
[3] 亲:程子曰:"亲,当作新。"新:革其旧。言既自明其明德,又当推以及人,使之亦有以去其旧染之污。
[4] 止:必至于是而不迁之意。至善:则事理当然之极。言明明德、新民,皆当止于至善之地而不迁。盖必其有以尽夫天理之极,而无一毫人欲之私。此三者,《大学》之纲领。
[5] 知止:止者,所当止之地,即至善之所在。知之,则志有定向。
[6] 静:心不妄动。
[7] 安:所处而安。
[8] 虑:处事精详。
[9] 得:得其所止。
[10] 明德为本,新民为末。知止为始,能得为终。本、始,所先;末、终,所后,此结上文两节之意。
[11] 明明德于天下者,使天下之人皆有以明其明德也。心者:身之所主。诚:实。意者:心之所发。实其心之所发,欲其一于善而无自欺。致:推极。知:犹识。推极吾之知识,欲其所知无不尽。格:至。物:犹事。穷至事物之理,欲其极处无不到。此八者,《大学》之条目。

物格而后知至[1],知至而后意诚[2],意诚而后心正[3],心正而后身修,身修而后家齐,家齐而后国治[4],国治而后天下平[5]。自天子以至于庶人,壹是[6]皆以修身为本[7]。其本[8]乱,而末治者否矣。其所厚[9]者薄,而其所薄者厚,未之有也。

【注释】

[1] 物格:物理之极处无不到。知至:吾心之所知无不尽。

[2] 知至而后意诚:知既尽,则意可得而实矣。

[3] 意诚而后心正:意既实,则心可得而正矣。

[4] 治:去声。

[5] "修身"以上,明明德之事。"齐家"以下,新民之事。物格知至,则知所止矣。"意诚"以下,则皆得所止之序。

[6] 一是:一切。

[7] "正心"以上,皆所以修身。"齐家"以下,则举此而错之耳。

[8] 本:谓身。

[9] 所厚:谓家。

《康诰》[1]曰:"克[2]明德。"《大甲》[3]曰:"顾是天之明命[4]。"《帝典》[5]曰:"克明峻[6]德。"皆自明也[7]。

【注释】

[1] 《康诰》:周书。

[2] 克:能。

[3] 《大甲》:商书。大(太音)。

[4] 顾:谓常目在之。是,意为此,或曰审。天之明命,即天之所以与我,而我之所以为德者。常目在之,则无时不明矣。

[5] 《帝典》:《尧典》,虞书。

[6] 峻:《书》作俊。大。

[7] 皆自明也:均言自明己德之意。

汤之盘铭[1]曰:"苟[2]日新,日日新,又日新[3]。"《康诰》曰:"作新民[4]。"《诗》[5]曰:"周虽旧邦,其命维新[6]。"是故君子无所不用其极。

【注释】

[1] 盘:沐浴之盘。铭:名其器以自警之辞。

[2] 苟:诚。

[3] 日日新,又日新:汤以人之洗濯其心以去恶,如沐浴其身以去垢。故铭其盘,言诚能一日有以涤其旧

染之污而自新,则当因其已新者而日日新之,又日新之,不可略有间断。

[4] 鼓之舞之之谓作。言振起其自新之民。

[5]《诗》:《大雅·文王》之篇。

[6] 周虽旧邦,其命维新:言周国虽旧,至于文王,能新其德以及于民,而始受天命也。

《诗》[1]云:"邦畿[2]千里,惟民所止[3]。"《诗》[4]云:"缗蛮[5]黄鸟,止于丘隅[6]。"子曰:"于止,知其所止,可以人而不如鸟乎[7]!"《诗》[8]云:"穆穆[9]文王,於缉熙敬止[10]!"为人君,止于仁;为人臣,止于敬;为人子,止于孝;为人父,止于慈;与国人交,止于信[11]。

【注释】

[1]《诗》:《商颂·玄鸟》之篇。

[2] 邦畿:王者之都。

[3] 止:居也,言物各有所当止之处。

[4]《诗》:《小雅·缗蛮》之篇。

[5] 缗:《诗》作绵。缗蛮,鸟声。

[6] 丘隅:岑蔚之处。

[7] "子曰"以下:孔子说《诗》之辞。言人当知所当止之处。

[8]《诗》:《文王》之篇。

[9] 穆穆:深远。

[10] 於缉熙敬止:於:叹美辞。缉:继续也。熙:光明。敬止:言其无不敬而安所止。引止而言圣人之止无非至善。

[11] 五者乃其目之大者也。学者于此究其精微之蕴,而又推类以尽其余,则于天下之事,皆有以知其所止而无疑矣。

《诗》[1]云:"瞻彼淇澳[2],菉竹猗猗[3]。有斐[4]君子,如切如磋,如琢如磨[5]。瑟[6]兮僩[7]兮,赫兮喧[8]兮。有斐君子,终不可喧兮!"如切如磋者,道学[9]也;如琢如磨"者,自修[10]也;瑟兮僩兮者,恂慄[11]也,赫兮喧兮者,威仪[12]也;有斐君子,终不可諠兮者,道盛德至善,民之不能忘也[13]。《诗》[14]云:"於戏[15]!前王[16]不忘。"君子[17]贤其贤而亲其亲,小人[18]乐[19]其乐而利其利,此以没世不忘也[20]。

【注释】

[1]《诗》:《卫风·淇澳》之篇。

[2] 淇:水名。澳:隈也,山、水等弯曲的地方。

[3] 猗猗:美盛貌。兴也。

[4] 斐:文貌。

[5] 切以刀锯,琢以椎凿,均裁物使成形质。磋以鑢锡,磨以沙石,均治物使其滑泽。治骨角者,既切而复磋之。治玉石者,既琢而复磨之。皆言其治之有绪,而益致其精。

[6] 瑟:严密之貌。

[7] 僩:武毅之貌。

[8] 喧:忘。赫喧,宣著盛大之貌。

[9] 道:言。学:指讲习讨论之事。

[10] 自修:省察克治之功。

[11] 恂慄:战惧。

[12] 威:可畏。仪,可象。

[13] 引《诗》而释之,以明"明明德"者之"止于至善。"道学、自修,言其所以得之之由。恂栗、威仪,言其德容表里之盛。卒乃指其实而叹美之也。

[14] 《诗》:《周颂·烈文》之篇。

[15] 於戏:音呜呼,叹辞。

[16] 前王:指文、武。

[17] 君子:指其后贤后王。

[18] 小人:指后民。

[19] 乐:音洛。

[20] 此言前王所以新民者,止于至善,能使天下后世无一物不得其所,所以既没世而人思慕之,愈久而不忘。此两节咏叹淫泆,其味深长,当熟玩之。

子曰:"听[1]讼,吾犹人也。必也使无讼乎!"无情者不得尽其辞,大畏[2]民志,此谓知本[3]。此谓知之至也[4]。

【注释】

[1] 听:审理。

[2] 畏:使…畏。

[3] 此谓知本:这就叫做懂得了根本。本:指根本。

[4] 此谓知之至也:这就叫做知识丰富到了极点。

所谓诚其意者:毋自欺也。如恶恶臭,如好好色,此之谓自谦。故君子必慎其独也[1]!小人闲居[2]为不善,无所不至,见君子而后厌然[3],掩其不善,而著其善。人之视己,如见其肺肝然,则何益矣。此谓诚于中,形于外,故君子必慎其独也[4]。曾子曰:"十目所视,十手所指,其严乎[5]!"富润屋,德润身,心广体胖[6]。故君子必诚其意[7]。

【注释】

[1] 诚其意者,自修之首也。毋者,禁止之辞。自欺云者知为善以去恶,而心之所发有未实。恶:好,上字

皆去声。谦：快,足。独者,人所不知而己所独知之地。言欲自修者知为善以去其恶,则当实用其力,而禁止其自欺。使其恶恶则如恶恶臭,好善则如好好色,皆务决去而求必得之,以自快足于己,不可徒苟且以殉外而为人。然其实与不实,盖有他人所不及知而己独知之者,故必谨之于此以审其几焉。

[2] 闲居：独处。

[3] 厌然：消沮闭藏之貌。

[4] 此言小人阴为不善,而阳欲掩之,则是非不知善之当为与恶之当去；但不能实用其力以至此耳。然欲掩其恶而卒不可掩,欲诈为善而卒不可诈,则亦何益之有哉！此君子所以重以为戒,而必谨其独也。

[5] 引此以明上文之意。言虽幽独之中,而其善恶之不可揜如此,可畏之甚。

[6] 胖：安舒。

[7] 言富则能润屋矣,德则能润身矣,故心无愧怍,则广大宽平,而体常舒泰,德之润身者然也。盖善之实于中而形于外者如此,故又言此以结之。

所谓修身在正其心者,身有[1]所忿懥[2],则不得其正；有所恐惧,则不得其正；有所好乐[3],则不得其正；有所忧患,则不得其正[4]。心不在焉,视而不见,听而不闻,食而不知其味[5]。此谓修身在正其心。

【注释】

[1] 身有：程子曰："'身有'之身当作心"。

[2] 忿懥：怒。

[3] 好、乐：并去声。

[4] 盖是四者,皆心之用,而人所不能无者。然一有之而不能察,则欲动情胜,而其用之所行,或不能不失其正矣。

[5] 心有不存,则无以检其身,是以君子必察乎此而敬以直之,然后此心常存而身无不修也。

【导读】

《大学》原为《礼记》第四十二篇。宋代理学家"二程"兄弟把它抽出来,编次章句。南宋朱熹将《大学》与《中庸》、《论语》、《孟子》合编注释,称为"四书",成为后世传诵的儒家经典。关于《大学》的作者,"二程"认为是"孔氏之遗言也"。朱熹把《大学》重新整理编排,分"经"一章,是孔子的原话,由学生曾子记录下来；"传"十章,是曾子解释"经"的话,由曾子的学生记录下来。"大学"是相对"小学"而言,就是说它不是古代学者初级阶段讲"详训诂,明句读(逗)",如《三字经》等,而是讲治国安邦的大道理,为成年学者的道德、志向和实现宏伟目标的正确途径。《大学》为"初学入德之门也"。"经"一章提出了明明德、亲民、止于至善三条人生伦理纲领,又提出了格物、致知、诚意、正心、修身、齐家、治国、平天下八个有效途径。其中修身是最根本的一条,并贯穿人生始终。《大学》的版本主要有两个体系,其中朱熹整理的"经传"式《大学章句》流传最广,影响最大。

【类文链接】

[1]《论语》

[2]《中庸》

[3]《孟子》

子鱼论战

《左 传》

楚人伐宋以救郑。宋公[1]将战。大司马固谏曰:"天之弃商久矣,君将兴之,弗可赦也已。"弗听。冬十一月已巳朔,宋公及楚人战于泓。宋人既[2]成列,楚人未既济[3]。司马[4]曰:"彼众我寡,及其未既济也,请击之。"公曰:"不可。"既济而未成列,又以告。公曰:"未可。"既陈[5]而后击之,宋师败绩。公伤股[6],门官[7]歼焉。

国人皆咎公。公曰:"君子不重[8]伤,不禽二毛[9]。古之为军也,不以阻隘也。寡人虽亡国之余[10],不鼓[11]不成列。"子鱼曰:"君未知战。勍[12]敌之人,隘[13]而不列,天赞[14]我也。阻而鼓之,不亦可乎?犹有惧焉!且今之勍者,皆我敌也。虽及胡耇[15],获则取之,何有于二毛[16]?明耻教战,求杀敌也。伤未及死,如何勿重?若爱重伤,则如勿伤;爱其二毛,则如服[17]焉。三军[18]以利用[19]也,金鼓[20]以声气[21]也。利而用之,阻隘可也;声盛致志,鼓儳[22]可也。"

【注释】

[1] 宋公:宋襄公,名兹父。前638年,宋伐楚,楚救郑,这年冬天宋、楚两军交战于泓。泓:泓水,在今河南省柘(zhè)城县西。

[2] 既:尽。

[3] 济:渡过。

[4] 司马:统帅军队的高级长官。此指子鱼。

[5] 陈:通"阵",这里作动词,即摆好阵势。

[6] 股:大腿。

[7] 门官:国君的卫士。

[8] 重(chóng):再次。

[9] 禽:通"擒",俘虏。二毛:头发斑白,指代老人。

[10] 寡人:国君自称。亡国之余:亡国者的后代。宋襄公是商朝的后代,商亡于周。

[11] 鼓:击鼓(进军),名词作动词。

[12] 勍(qíng)敌:强敌。勍:强而有力。

[13] 隘:这里作动词,处在险隘之地。

价值篇

［14］赞：助。

［15］胡耇(gǒu)：年纪很大的人。胡：年老。

［16］何有于二毛：还管什么头发花白的敌人。

［17］服：（对敌人）屈服。

［18］三军：春秋时，诸侯大国有三军，即上军，中军，下军。这里泛指军队。

［19］用：施用，这里指作战。

［20］金鼓：古时作战，击鼓进兵，鸣金收兵。金：金属响器。

［21］声气：振作士气。

［22］儳(chán)：不整齐。此指不成阵势的军队。

【导读】

本文选自《十三经注疏》本《左传》。公元前638年，宋、楚两国为争夺中原霸权，在泓水边发生战争。当时郑国亲近楚国，宋襄公为了削弱楚国，出兵攻打郑国。楚国出兵攻宋救郑，就爆发了这次战争。当时的形势是楚强宋弱。战争开始时，形势对宋军有利，可宋襄公死抱住所谓君子"不乘人之危"的迂腐教条不放，拒绝接受子鱼的正确意见，以致贻误战机，惨遭失败。子鱼的观点和宋襄公的迂执形成鲜明对比。子鱼主张抓住战机，攻其不备，先发制人，彻底消灭敌人的有生力量，这样才能夺取战争的胜利。

文章前半部分叙述战争经过及宋襄公惨败的结局，后半部分写子鱼驳斥宋襄公的迂腐论调：总的先说"君未知战"，后分驳"不以阻隘"、"不鼓不成列"，再驳"不禽二毛"、"不重伤"，最后指出正确的做法。寥寥数语，正面反面的议论都说得十分透辟。

另外应该指出，对于宋襄公发动的这场战争及宋襄公的自我标榜，在先秦及西汉颇有影响的《公羊春秋》曾给予很高的评价："君子大其不鼓不成列，临大事而不忘大礼，有君而无臣。虽文王之战，亦不过此也。"

【类文链接】

［1］《郑伯克段于鄢》

［2］《烛之武退秦师》

［3］《叔向贺贫》

《论语》十则

一

子曰[1]:"学而时习之[2],不亦说乎[3]?有朋自远方来[4],不亦乐乎[5]?人不知[6]而不愠[7],不亦君子乎[8]?"

【注释】

[1] 子:中国古代对于有学问、有道德、有地位的男子的尊称。《论语》各章中"子曰"的子,均指孔子。

[2] 学:此处指学习西周的礼、乐、诗、书等传统文化典籍。时习:按时诵习。时,按时,一说"时常";习,演习礼、乐和温习诗、书。

[3] 说:通"悦",愉快、高兴。

[4] 有朋:一本作"友朋"。旧注:"同门曰朋,同志为友。"即同在一老师门下学习的称朋,也就是志同道合的人。

[5] 乐:与"悦"的意思相近但稍有不同。旧注:悦在内心,乐则见于外。

[6] 人不知:别人不了解自己。

[7] 愠:恼怒,怨恨。

[8] 君子:此处指人格高尚的人。

二

曾子[1]曰:"吾日三省吾身[2]。为人谋而不忠乎[3]?与朋友交而不信[4]乎?传不习[5]乎?"

【注释】

[1] 曾子:名参,字子舆,孔子学生。

[2] 三省:多次地反省。"三"、"九"等字,一般表示次数多,不是实数。

[3] 谋:谋事,办事。忠:旧注:"尽己之谓忠"。此处指替别人办事应当尽心竭力。

[4] 信:诚实。

[5] 传不习:传,旧注:"受之于师谓之传"。习,与"学而时习之"的"习"同义。

三

子曰:"君子食无求饱,居无求安,敏于事而慎于言[1],就有道而正焉[2],可谓好学也已。"

【注释】

[1] 敏：敏捷。慎：谨慎、小心。
[2] 就：靠近、看齐。有道：指有道德的人。正：匡正、端正。

四

子曰："默而识[1]之，学而不厌[2]，诲[3]人不倦，何有于我哉[4]？"

【注释】

[1] 识：记住。
[2] 厌：满足。
[3] 诲：教诲。
[4] 何有于我哉：对我有什么难呢？

五

子曰："君子不器[1]。"

【注释】

[1] 器：器具。在先秦诸子中，庄子、墨子等人还是比较推崇像庖丁这样的术业有专攻的匠人的。孔子作为教育家，认为我们要培养的是济世经邦的杰出人才，这样的人才应当是博览群书、学贯古今，具备多种才能、掌握多种技艺的通才。有学问、有修养的人不应该仅仅只是一种可供使用的器具。

六

子贡问君子。子曰："先行[1]其言而后从之。"

【注释】

[1] 行：实行。孔子认为，对于品德高尚的人来说，重要的是实践，是行动。

七

子曰："君子周而不比[1]，小人[2]比而不周。"

【注释】

[1] 周：合群，此处指以道义团结人。比：勾结。
[2] 小人：鄙俗、没有道德修养的人。

八

子贡问曰:"有一言而可以终身行之者乎?"子曰:"其恕[1]乎!己所不欲,勿施于人。"

【注释】

[1]恕:宽宥、体谅。即推己及人,以自己的心推想别人的心。"恕"是孔子仁学思想体系里的一个重要范畴。"仁"是"爱人","恕"是推己及人,以自己的仁心和善心去推度别人的感受与心思,去处理人与人之间的情感关系和物质利益关系。

九

孔子曰:"益者三友,损者三友。友直,友谅[1],友多闻,益矣。友便辟[2],友善柔[3],友便佞[4],损矣。"

【注释】

[1]谅:诚信。
[2]便辟:指脾气暴躁。
[3]善柔:指优柔寡断。
[4]便佞:善于逢迎谄媚。

十

孔子曰:"君子有三戒:少之时,血气未定[1],戒之在色[2];及其壮也,血气方刚,戒之在斗[3];及其老也,血气既衰,戒之在得[4]。"

【注释】

[1]定:稳定,成熟。
[2]色:女色。
[3]斗:打斗,争斗。
[4]得:贪得,贪得之心。

【导读】

《论语》是记载孔子及其弟子言行的一部书,成书于春秋战国之际,由孔子的弟子及其再传弟子记录编纂而成。《论语》涉及哲学、政治、经济、教育、文艺等诸多方面,博大精深,比较集中地反映了孔子的思想,是著名的儒家学说经典。《论语》语言精炼而形象生动,是语录体散文的典范。孔子,儒家学派创始人,中国古代著名思想家、政治家、教育家,对中国思想文化的发展有极其深远的影响。

本文中第一则提出以学习为乐事,做到人不知而不愠,反映出孔子学而不厌、诲人不倦、注重修养、严格要求自己的主张;第二则曾子认为,一个人道德上的自我完善,是在全面、深刻的自我认识的基础上实现的。只有不断地反躬自省,我们才能发现对人对己可能偏离了我们所恪守的道德操守,从而及时予以修正,以使我们最终达到至善的境地;在第三则中孔子认为,好学之士在生活上应克勤克俭,为人处世应保持低调,并向道德高尚的人看齐;第四则里,所谓默而识之,是讲学习方法。只有在深入领悟所学知识的前提下博闻强识,才能真正有所收获。学而不厌则是讲学习态度,诲人不倦则是讲为人师者所应具有的职责;第七则中孔子认为,一个品德高尚的人,是在道义上合群,决不会为了一己私利而与他人联手或做交易。鄙俗之辈则反之;孔子在第九则提出了一个择友、交友的基本原则,即只与正直、诚信、博学多识的人为友,而对所谓"损友"如好谀恶直、表里不一、华而不实之辈,则应慎交。在最后一则,孔子讲养生之道,即在不同的人生阶段,人们所应具有的涵养功夫。人性的弱点,在青年、壮年及老年时期各有不同表现,并分别构成了人生不同阶段的难关。智者如孔子对此深有认识,他提出戒色、戒斗、戒得的主张,警醒人们只知有所为而不知有所不为,一味任性使气而不有所忌惮,就难有健全的体魄与人格。

【类文链接】

十 三 经

《十三经》是儒家文化的基本著作。就传统观念而言,《易》、《诗》、《书》、《礼》、《春秋》谓之"经",《左传》、《公羊传》、《穀梁传》属于《春秋经》之"传",《礼记》、《孝经》、《论语》、《孟子》均为"记",《尔雅》则是汉代经师德训诂之作。这十三种文献,当以"经"的地位最高,"传"、"记"次之,《尔雅》又次之。十三种儒家文献取得"经"的地位,经过了一个相当长的时期。

《孟子》二章

庄暴见孟子

庄暴[1]见孟子,曰:"暴见于王,王语暴以好乐[2],暴未有以对也。"曰:"好乐何如?"

孟子曰:"王之好乐甚,则齐国其庶几[3]乎。"

他日,见于王曰:"王尝语庄子以好乐,有诸?"

王变乎色,曰:"寡人非能好先王之乐也,直好世俗之乐耳[4]。"

曰:"王之好乐甚,则齐其庶几乎!今之乐犹古之乐也。"

曰:"可得闻与?"

曰:"独乐乐,与人乐乐,孰乐?"

曰:"不若与人。"

曰:"与少乐乐,与众乐乐,孰乐?"

曰:"不若与众。"

"臣请为王言乐。今王鼓乐于此,百姓闻王钟鼓之声,管籥之音,举疾首蹙頞[5]而相告曰:'吾王之好鼓乐,夫何使我至于此极也?父子不相见,兄弟妻子离散。'今王田猎于此,百姓闻王车马之音,见羽旄之美[6],举疾首蹙頞而相告曰:'吾王之好田猎,夫何使我至于此极也?父子不相见,兄弟妻子离散。'此无他,不与民同乐也。

"今王鼓乐于此,百姓闻王钟鼓之声,管籥之音,举欣欣然有喜色而相告曰:'吾王庶几无疾病与,何以能鼓乐也?'今王田猎于此,百姓闻王车马之音,见羽旄之美,举欣欣然有喜色而相告曰:'吾王庶几无疾病与,何以能田猎也?'此无他,与民同乐也。今王与百姓同乐,则王矣。"

【注释】

[1] 庄暴:人名,齐国的大臣。

[2] 乐:音乐。

[3] 庶几:差不多。

[4] 耳:语气词,可译为"罢了"。

[5] 蹙頞:蹙,缩紧、皱。頞,鼻梁子。意思是头痛皱眉头。

[6] 羽旄(máo)之美:羽旄,装饰羽毛的旗帜。这里指仪仗的华丽。

性无善无不善

公都子曰:"告子曰:'性无善无不善也。'或曰:'性可以为善,可以为不善;是故文武兴,则民好善;幽厉兴,则民好暴。'或曰:'有性善,有性不善;是故以尧为君而有象;以瞽瞍为父而有舜;以纣为兄之子,且以为君,而有微子启、王子比干。'今曰'性善',然则彼皆非与?"

孟子曰:"乃若其情,则可以为善矣,乃所谓善也。若夫为不善,非才之罪也。

恻隐之心,人皆有之;羞恶之心,人皆有之;恭敬之心,人皆有之;是非之心,人皆有之。恻隐之心,仁也;羞恶之心,义也;恭敬之心,礼也;是非之心,智也。仁义礼智,非由外铄[1]我也,我固有之也,弗思耳矣。故曰,'求则得之,舍则失之。'或相倍蓰而无算者,不能尽其才者也。《诗》曰:'天生蒸民,有物有则。民之秉彝[2],好是懿德[3]。'孔子曰:'为此诗者,其知道乎! 故有物必有则;民之秉彝也,故好是懿德。'"

【注释】

[1]铄:原义是熔化金属,这里引申为授予、赋予。
[2]秉彝:秉,执持。彝,常、规律。
[3]懿德:美德。懿,美。

【导读】

　　孟子(前372—前289),战国中期鲁国邹城人,名轲,字子舆。孟子三岁丧父,在《三字经》中"母三迁"、"断机杼"都是孟母辛勤抚养他成人的千古美谈。孟子是中国古代伟大的思想家、教育家,战国时代儒家代表之一。著《孟子》等书,属语录体散文集,由孟子及其弟子们共同编成。孟子师承孔子之孙——孔伋,继承并发扬孔子的思想,成为仅次于孔子的一代儒家宗师。其学说出发点为性善论,提出"仁政"、"王道",主张德治。南宋朱熹将《孟子》与《论语》、《大学》、《中庸》合称"四书"。从此至清末,"四书"一直为科举必考内容。其"民为贵,社稷次之,君为轻"的民本思想与"亲亲"、"长长"的仁政学说,是把伦理与政治紧密结合,强调道德修养是搞好政治的根本。他说"天下之本在国,国之本在家,家之本在身",影响到后来的《大学》中"修齐治平"的产生。孟子《鱼我所欲也章》既主张名利兼得,又倡导在二者不可兼得时,重名轻利或舍利,甚至舍生取义。清朝林则徐于1842年在《赴戍登程口占示家人》一文中提出"苟利国家生死以,岂因祸福趋避之"就是脉承这种人伦理学的。

【类文链接】

[1]《孟子·梁惠王上》
[2]《鱼我所欲也章》
[3]《荀子》

《老子》二章

上 善 若 水

上善[1]若水。水善利万物而不争[2],处众人之所恶[3],故几于道[4]。居[5],善地[6];心[7],善渊[8];与[9],善仁[10];言[11],善信[12];正[13],善治[14];事[15],善能[16];动[17],善时[18]。夫唯不争,故无尤[19]。

【注释】

[1] 上善:最高的道德境界。上,最的意思;善,德行,善行。
[2] 善:善于,长于。争:相争。
[3] 所恶:所厌恶的地方,即众人所不愿去的地方。
[4] 几:接近。道:老子哲学的核心范畴,指天地万物所遵循的自然法则。
[5] 居:居住。这里指处世。
[6] 地:卑下。
[7] 心:存心。
[8] 渊:沉静,深沉。
[9] 与:相与,交往。
[10] 仁:仁义,仁爱。
[11] 言:说话。
[12] 信:信用,真诚。
[13] 正:通"政",行政。
[14] 治:治理。
[15] 事:办事。
[16] 能:灵活。
[17] 动:行动。
[18] 时:时机。
[19] 尤:过错。

【导读】

《老子》一书为春秋末周守藏室史老子所著。传说老子去国西游,函谷关令尹喜请为著书五千言,即此书。东汉时成书的《老子河上公章句》将其分为八十一章,前三十七章为"道经",后四十四章为"德经",故又名《道德经》。

老子认为,水德最近于道。水避高趋低、自甘卑下,水胸怀博大而能容物,水只知奉献而不问回报,水为潮汐亦必守信践约。水是一面镜子,可以照见人们自身的道德缺憾。而最高的德行正如水一样,泽被万物而又能与物无争。一个人能达到这种境界,也就近乎道了。

知 人 者 智

知人者智[1],自知者明[2]。胜人者有力,自胜者强[3]。知足者富,强行[4]者有志。不失其所[5]者久,死而不亡[6]者寿。

【注释】

[1]知:知道,了解。智:智慧。
[2]明:聪明,高明。
[3]强:意志坚强。
[4]强行:努力不懈。
[5]所:所在。含有根基的意思。
[6]死而不亡:身死而精神长存。

【导读】

我们真正不了解的人可能是我们自己,所以老子认为人有自知之明,实属难能可贵;而我们最不易战胜的对手可能也是我们自己,所以老子认为能自胜者必是强者。从主观方面来说,对于我们个人的自我发展产生不利影响的往往是我们个性中的那些难以觉察的弱点。因此,发现这些弱点需要我们心有明镜。而面对我们自身的弱点,要坚决予以克服,则需要强大的自制力,这往往是常人难以做到的。

一个人如果容易满足,而不是贪婪成性,他不仅不会失去得到的一切,还可能会有更多的收获,拥有更多的财富;一个人如果有所坚持,身体力行,永不言弃,那他一定是志存高远的人,他一定会成功;一个人如果不迷失其本性,他的生命力一定是坚韧的;一个真正拥有精神财富的人,虽身死而精神能长存。这就是老子的人生观、幸福观。

【类文链接】

[1]《道,可道,非恒道》
[2]《天下皆知美之为美》

庖丁解牛

《庄　子》

　　庖丁为文惠君解牛[1]，手之所触，肩之所倚，足之所履，膝之所踦[2]，砉[3]然向然，奏刀騞[4]然，莫不中音。合于桑林[5]之舞，乃中经首[6]之会。

　　文惠君曰："嘻[7]，善哉！技盖[8]至此乎？"

　　庖丁释刀对曰："臣之所好者道也，进[9]乎技矣。始臣之解牛之时，所见无非牛者。三年之后，未尝见全牛也。方今之时，臣以神遇而不以目视，官知止而神欲行[10]。依乎天理[11]，批[12]大郤，道大窾[13]，因其固然[14]。技经肯綮之未尝[15]，而况大軱乎[16]！良庖岁更刀，割也[17]；族庖月更刀，折也[19]。今臣之刀十九年矣，所解数千牛矣，而刀刃若新发于硎[20]。彼节者有间[21]，而刀刃者无厚；以无厚入有间，恢恢乎其于游刃必有余地矣[22]，是以十九年而刀刃若新发于硎。虽然，每至于族[23]，吾见其难为，怵然[24]为戒，视为止，行为迟。动刀甚微，謋然[25]已解，如土委地[26]。提刀而立，为之四顾，为之踌躇满志，善[27]刀而藏之。"

　　文惠君曰："善哉，吾闻庖丁之言，得养生[28]焉。"

【注释】

　　[1] 庖(páo)丁：名丁的厨工。先秦古书往往以职业放在人名前。文惠君：即梁惠王。解牛：宰牛，这里指把整个牛体开剥分剖。

　　[2] 踦(yǐ)：指用一条腿的膝盖顶住。

　　[3] 砉(huà)然：象声词，形容皮骨相离声。

　　[4] 騞(huō)然：象声词，形容比砉然更大的进刀解牛声。

　　[5] 桑林：传说中商汤王的乐曲名。

　　[6] 经首：传说中尧乐曲《咸池》中的一章。会：音节。以上两句互文，即"乃合于桑林、经首之舞之会"之意。

　　[7] 嘻：赞叹声。

　　[8] 盖：同"盍"；亦即"何"。

　　[9] 进：超过。

　　[10] 官知：这里指视觉。神欲：指精神活动。

　　[11] 天理：指牛体的自然的肌理结构。

　　[12] 批：击，劈开。

　　[13] 道：同"导"，顺着。窾(kuǎn)：骨节空穴处。

　　[14] 因：依。固然：指牛体本来的结构。

　　[15] 技经：犹言经络。技，据清俞樾考证，当是"枝"字之误，指支脉。经，经脉。肯：紧附在骨上的肉。綮(qìng)：筋肉聚结处。技经肯綮之未尝，即"未尝技经肯綮"的宾语前置。

[16] 骹(gū)：股部的大骨。

[17] 割：这里指生割硬砍。

[18] 族：众，指一般的。

[19] 折：用刀折骨。

[20] 发：出。硎(xíng)：磨刀石。

[21] 节：骨节。间：间隙。

[22] 恢恢乎：宽绰的样子。

[23] 族：指筋骨交错聚结处。

[24] 怵(chù)然：警惧的样子。

[25] 謋(huò)然：形容牛体骨肉分离。

[26] 委地：散落在地上。

[27] 善：拭。

[28] 养生：指养生之道。

【导读】

庄子(约前369—前286)，名周，字子休(一说子沐)，后人称之为"南华真人"，战国时宋国蒙(今安徽省蒙城县)人，我国先秦时期著名思想家、哲学家、文学家，是老子哲学思想的继承者和发展者，老子之后道家的主要代表，后世将他与老子并称为"老庄"，他们的哲学称为"老庄哲学"。庄子愤世嫉俗，蔑视权贵，鄙薄利禄，自甘贫困，任性放达。他主张"天人合一"和"清静无为"，顺应自然，返璞归真，无为而治。《庄子》是庄周及其后学的著作集，道家经典之一。共三十三篇(内篇七、外篇十五、杂篇十一)。本文选自王先谦《庄子集解》本。

庄子的思想包含着朴素辩证法因素，主要思想为"天道无为"，认为一切事物都在变化，他认为"道"是"先天生地"的，从"道未始有封"(即"道"是无界限差别的)，属主观唯心主义体系。主张"无为"，放弃一切妄为。又认为一切事物都是相对的，因此他否定知识，否定一切事物的本质区别，极力否定现实，幻想一种"天地与我并生，万物与我为一"的主观精神境界，安时处顺，逍遥自得，倒向了相对主义和宿命论。在政治上主张"无为而治"，反对一切社会制度，摈弃一切文化知识。

本文中牛无疑是很复杂的，庖丁解牛，为什么能一刀下去，刀刀到位，轻松自如？是因为庖丁掌握了它的机理。牛与牛当然各不相同，但不管是什么牛，它们的机理都是一致的；每个人的生活各有各的面貌，其基本原理也是近似的。庖丁因为熟悉了牛的机理，自然懂得从何处下刀。

解牛如此，人生也是如此。我们必须经过反复实践，掌握事物的客观规律，透解并领悟生活的道理，就能和庖丁一样，做到目中有牛又无牛，化繁为简，做事才能得心应手，运用自如，真正获得轻松。为人处世不仅要掌握规律，还要保持一种谨慎小心的态度,收敛锋芒,并且在懂得规律的同时,更要去反复实践,向庖丁"所解数千牛矣"一样,不停地重复,终究会悟出事物的真理所在。要想达到庖丁解牛那种驾驭能力,并非一朝一夕所能至,是要付出辛勤的汗水的。牛如社会,现实中要想成功,就必须学会适应社会,遵循社会发展的规律,才能很好地实现自己的人生价值和社会价值。

【类文链接】

[1]《逍遥游》:主旨是追求一种不受任何时空限制的超然物外的绝对自由,表现了庄子哲学思想和人生观的一个侧面。但作者对这一主旨不作抽象的诠释,而是借助想象虚构出神奇的景象、迷人的寓言,使哲理论文充满了浪漫主义文学色彩。文章主要阐述了庄子的"无所待"的思想。他认为天地万物都有它所依赖的对立面,即"有所待",从高飞九万里的大鹏,飞翔于蓬蒿之间的鸴雀,以至浮游的尘埃、御风的列子,都没有达到突破时空限制、不受万物羁缚的逍遥游、"无所待",即"乘天地之正,御六气之辩,以游无穷者"。为了达到"无所待",庄子主张"无己"、"无功"、"无名",摈弃一切欲念和追求,不求对社会有用,消除物我的界限,摆脱一切条件的束困,这样才能在"无何有之乡"获得绝对自由,可以保全自身,达到"逍遥游"的境界。这种绝对自由,事实上不过是庄子心造的幻影,是他不满现实而又力求超脱、苟全性命于乱世的人生观的反映。

[2]《齐物论》

[3]《秋水》

与 妻 书

林觉民

意映卿卿如晤:

吾今以此书与汝永别矣!吾作此书时,尚是世中一人;汝看此书时,吾已成为阴间一鬼。吾作此书,泪珠和笔墨齐下,不能竟书而欲搁笔,又恐汝不察吾衷,谓吾忍舍汝而死,谓吾不知汝之不欲吾死也,故遂忍悲为汝言之。

吾至爱汝,即此爱汝一念,使吾勇于就死也。吾自遇汝以来,常愿天下有情人都成眷属;然遍地腥云,满街狼犬,称心快意,几家能彀?司马春衫,吾不能学太上之忘情也。语云:仁者"老吾老,以及人之老;幼吾幼,以及人之幼"。吾充吾爱汝之心,助天下人爱其所爱,所以敢先汝而死,不顾汝也。汝体吾此心,于啼泣之余,亦以天下人为念,当亦乐牺牲吾身与汝身之福利,为天下人谋永福也。汝其勿悲!

汝忆否？四五年前某夕，吾尝语曰："与使吾先死也，无宁汝先吾而死。"汝初闻言而怒，后经吾婉解，虽不谓吾言为是，而亦无词相答。吾之意盖谓以汝之弱，必不能禁失吾之悲，吾先死留苦与汝，吾心不忍，故宁请汝先死，吾担悲也。嗟夫！谁知吾卒先汝而死乎？吾真真不能忘汝也！回忆后街之屋，入门穿廊，过前后厅，又三四折，有小厅，厅旁一室，为吾与汝双栖之所。初婚三四个月，适冬之望日前后，窗外疏梅筛月影，依稀掩映；吾与（汝）并肩携手，低低切切，何事不语？何情不诉？及今思之，空余泪痕。又回忆六七年前，吾之逃家复归也，汝泣告我："望今后有远行，必以告妾，妾愿随君行。"吾亦既许汝矣。前十余日回家，即欲乘便以此行之事语汝，及与汝相对，又不能启口，且以汝之有身也，更恐不胜悲，故惟日日呼酒买醉。嗟夫！当时余心之悲，盖不能以寸管形容之。

吾诚愿与汝相守以死，第以今日事势观之，天灾可以死，盗贼可以死，瓜分之日可以死，奸官污吏虐民可以死，吾辈处今日之中国，国中无地无时不可以死，到那时使吾眼睁睁看汝死，或使汝眼睁睁看吾死，吾能之乎？抑汝能之乎？即可不死，而离散不相见，徒使两地眼成穿而骨化石，试问古来几曾见破镜能重圆？则较死为苦也，将奈之何？今日吾与汝幸双健。天下人不当死而死与不愿离而离者，不可数计，钟情如吾辈者，能忍之乎？此吾所以敢率性就死不顾汝也。吾今死无余憾，国事成不成自有同志者在。依新已五岁，转眼成人，汝其善抚之，使之肖我。汝腹中之物，吾疑其女也，女必像汝，吾心甚慰。或又是男，则亦教其以父志为志，则吾死后尚有二意洞在也。甚幸，甚幸！吾家后日当甚贫，贫无所苦，清静过日而已。

吾今与汝无言矣。吾居九泉之下遥闻汝哭声，当哭相和也。吾平日不信有鬼，今则又望其真有。今人又言心电感应有道，吾亦望其言是实，则吾之死，吾灵尚依依旁汝也，汝不必以无侣悲。

吾平生未尝以吾所志语汝，是吾不是处；然语之，又恐汝日日为吾担忧。吾牺牲百死而不辞，而使汝担忧，的的非吾所忍。吾爱汝至，所以为汝谋者惟恐未尽。汝幸而偶我，又何不幸而生今日之中国！吾幸而得汝，又何不幸而生今日之中国！卒不忍独善其身。嗟夫！巾短情长，所未尽者，尚有万千，汝可以模拟得之。吾今不能见汝矣！汝不能舍吾，其时时于梦中得我乎！一恸！辛未三月廿六夜四鼓，意洞手书。

家中诸母皆通文，有不解处，望请其指教，当尽吾意为幸。

【导读】

选自《广州三月二十九革命史》（民智书局1926年版）。林觉民（1887—1911），字意洞，号抖风，又号天外生，福建省闽侯（现在福州）人，黄花岗七十二烈士之一，就义时年仅 24 岁。

　　林觉民的信,不仅是一个革命者的遗书,更有一种超越具体事件本身、超越时代限制的人性的光芒,在林觉民的时代,他所从事的革命就是推翻落后的旧制度,他的理想就是建立民主的新制度,在这场革命中,人的解放,人性的解放是重要的目标,而从林觉民的遗书中可以看到,他是多么热情地执著地投入到这场革命中,而他本身又在身体力行地实践他的理想,他的信表达了对妻子的浓情爱意,从中我们看到的是一种平等、真诚的爱情,这在如今也许不算什么,但是在那个封建的旧时代,这却是另类和反叛。另一方面,他最终战胜死亡的恐惧和对爱情的眷恋,为了理想英勇赴死,这是一种英雄的人格,不管时隔多久,都会激荡在人们心中。

【类文链接】

　　[1] 鲁迅:《〈呐喊〉自序》
　　[2] 胡适:《容忍与自由》
　　[3] 刘墉:《用时间与用金钱》

无价之人

韩少功

　　耻言赚钱,是中国文士们的遗传病。所谓君子忧道不忧贫。所谓小人重利君子重义。这些潇洒而且卫生过分的语录,多是吃朝廷俸禄或祖宗田产的旧文人茶余饭后制定出来的。我们这些君子不起来的人姑妄听之。其实君子也言利。我读李叔同先生的书信集,对先生的俊逸孤高确实景仰。先生才具超凡,终弃绝繁华遁入空门,可算现代文化史上一大豪举,非我等凡胎所能踪随。然书信集中,企盼好友施助钱财以资治经访道的话,也不少见。读后便窃以为,雅士的伟业很多时候还需要俗人掏钱赞助,若无施主们的俗钱,先生如何雅得下去?如何空得下去?这一点心得,想叔同先生也不会见责。

　　作家们关注赚钱,其实是个迟到的话题。不能赚钱,当儿女当父母的资格都没有,不具人籍,何言作家。以前有国产的大锅饭可吃,作家可风光得有模有样,读者围,记者追,更有旅游笔会的大宴小宴,政协人大之类会议上的阔论高谈。作家们一踏上红地毯就差不多最爱谈改革。很多人不明白,正是他们所渴望所呼吁所誓死捍卫的改革,即将砸破他们赖以风光的大锅饭,把他们抛入动荡而严峻的商品经济初级阶段,尝一尝稻粱谋的艰辛,尝一尝斯文扫地的味道。求仁得仁,好龙龙至,何怨乎哉。

价值篇

中国要强民富国,至少还缺乏上亿的赚钱能手,现在不是多了,而是少了。曾经略嫌拥挤的文坛,如果有潜伏多时的实业英才,不妨扬长避短去挑战商场,实业生财也是篇难做的大文章。能养活自己便不错,至少除却了寄生者的卑琐。说不定到时候还捐出个医院或体育馆什么的,兼济天下,功德彪炳。就算不捐,一个人吃喝玩乐花光了,也能促进消费,繁荣市场,我们读了点经济学对此想得通。至少已经面临生活困难的人,更要早打主意早动手,补上谋生这一课,不可三心二意犹豫不决,不要期待救世主,不要以为改革是天上落下来的馅饼。这是好心的大实话。

当然,赚钱者或准备赚钱者,不必从此便以钱眼看人。很多人当不了实业巨子,若执著与学问或艺术,将来基本上免不了相对清贫,这也是一种选择,没什么关系。穷人也是人,无须一见到有钱人的别墅、轿车、"大哥大"之类就自惭形秽自叹衰老,正如面对穷乡僻壤的瘦弱饥民时,不必自觉优越和自诩年轻。穷人也可以爱好文学,就像有权爱好喝酒或钓鱼。世界上从来就有人比作家阔绰,但并没有因此而消亡文学。世界上也从没有文人赚钱就必先崇拜金钱甚至不容许旁人斗胆继续淡泊金钱的规则。赚钱就赚钱,改行就改行,作家改行当老师当木匠当部长当足球中锋都正常得足以理直气壮,但改行并不是晋升提拔。离开文学或准备离开文学,不意味着从此便无端拥有更多对文学的鄙弃资格和教导权,也不意味着因此就有了富人俱乐部的优先入场券。

我们的建设还在打基础和起步的阶段,还没达到值得大惊小怪的程度,多一些灯红酒绿的歌舞厅也乏善可陈。要说折腾钱,我们在老牌欧美发达国家面前还只是低年级新生。但当年活在欧美的大多数作家,并没有什么衰老感,也没有刮青自己的脸皮往实业家堆里钻,没去工商界奉领改革文学的指示。巴尔扎克喜欢钱,宣言要赚完资本主义最后一个铜币,但他的作品是资本社会贪婪、奸诈、虚伪的揭露大全。福克纳身处赚钱高手云集的美国,但也并没有愧疚自己对故园乡土的痴迷,并没有后悔自己曾失足文学,声称自己一辈子就是写"家乡那邮票大的一块地方",平静的目光投注于某位贫贱保姆或某位弱智少年,监测人性的荒寂和美丽。

我们的经济发展也远没有赶上亚洲"四小龙",但金钱与文学并不绝对同步,并不是直线函数。"四小龙"的文学记录基本上没法让人喝彩,即便在资本主义世界里,这也是羞耻而不是光荣,是外激型现代化常见的先天不足症候之一。可以谈一谈的是多年前的日本人川端康成。川端在创作后期以东方文化传统为依托,着力追求和表现静美,与东山魁夷等艺术家的画风一脉相接。甚至还有怀疑和反感现代化的诸多言词,颇有落伍时代之嫌。但正是他本身成为了日本精神现代化的一部分,成为了现代日本国民的骄傲。要是没有他的《雪国》、《伊豆的舞女》、《千只

鹤》，我们会不会为日本感到遗憾？

有钱是好事，这句话只对不为钱累不为钱役的人才是真理。如果以为哪儿钱多哪儿才有美，才有时代特色，才有自我价值，才有文学的灵感和素材，那么鲁迅和沈从文当年就得去上海滩十里洋场办公司，那么现在所有偏远地域的作家就得统统进大都市住豪华宾馆，否则就别活了。这当然是拜金者的无知。文学从来不是富豪的支票。相反，在很多时候，文学恰恰需要作家的自甘清贫，自甘寂寞——如果这是超越功利审视社会人生的必要代价的话，如果这是作家维护心灵自由和人格独立的必要代价的话。优秀的文学，从来就是一些不曾富贵或不恋富贵的忘（亡）命之徒们干出来的。轻度贫困是盛产精神的沃土。

商品化的文学正在滚滚而来，甜腻的贺卡式诗歌热潮行将过去，宾馆加美女加改革者深刻面孔的影视风尚也行将过去，可能老板文学的呼声又将饰以"改革"、"时代感"之类的油彩而登场。这种呼声貌似洋货，其实并非法国技术丹麦设备美国口味。这种呼声常常在有了些钱的地方(比方说不是纽约也不是巴黎甚至香港)不绝于耳，当然也很正常，不是坏事。我们并不会因为历史上没有好的老板文学就说现在也行不通，我们也不会因为过去反对粉饰官场而现在就必定反对粉饰官场。我们拥护一切创新的人，等待他们或迟或早地下笔，写出新作。

其实，我们最反对的只是光说不干。

金钱也能生出一种专制主义，绝不会比政治专制主义宽厚和温柔。这种专制主义可以轻而易举地统制舆论和习俗，给不太贫困者强加贫困感，给不太迷财者强加发财欲，使一切有头脑的人放弃自己的思想去大街上瞎起哄，使一切有尊严的人贱卖自己的人格去摧眉折腰。中国文人曾经在政治专制面前纷纷趴下，但愿今后能稳稳地站住。

站立才是改革的姿态，才是现代人的姿态。站立者才能理解人的价值，包括对一切物质世界创造者保持真正的敬重。卓越的实业家们，以其勃勃生力合独特风采，给作家们的创作输入新的变因。他们的荣辱苦乐，必然受到作家的关注。够格的实业家们也必然与够格的作家们一样，对历史有冷静的远瞩，对人生有清明的内省。因为他们知道，世界上最灿烂的光辉，能够燃烧起情感和生命的光辉，不是来自金币而是源自人心。不管身居朱户还是柴门，人是最可宝贵的。人是我们的朋友和邻居，是我们的情侣，是我们的兄弟姐妹，是我们垂垂老迈的父母和嗷嗷待哺的儿女。人无论有多少缺陷，仍是我们这颗星球无价的尊严和慰藉。

这是一个永远不会陈旧的话题，而且卑之无甚高论。

【导读】

韩少功，男，汉族，1953年出生于湖南省。1968年初中毕业后赴湖南省汨罗县插队务农,1974年调该县文化馆工作,1978年就读湖南师范大学中文系。先后任《主人翁》杂志编辑、副主编,湖南省作家协会专业作家(1985年),《海南纪实》杂志主编(1988年),《天涯》杂志社长(1995年),海南省作协主席(1996年),海南省文联主席(2000年)等职。主要文学作品有短篇小说《西望茅草地》、《归去来》等,中篇小说《爸爸爸》、《鞋癖》等,散文《世界》、《完美的假定》等,长篇小说《马桥词典》与长篇笔记小说《暗示》等。另有译作《生命中不能承受之轻》、《惶然录》等。曾获中国内地、台湾、法国等多种奖项。作品有英、法、荷、意、韩、西等多种外文译本在境外出版。

每一个作家都有着自己的精神家园。莫言徜徉于高密乡,张炜沉浸于葡萄园,张承志皈依于西海崮。韩少功则找寻到了他的马桥世界。从20世纪80年代的《爸爸爸》和《女女女》,一直到90年代的《马桥词典》,他似乎一直在寻找着这个精神家园。重视寻求理想的过程,甚至重于理想本身。这种潜在的动力,成了韩少功奔走异乡的精神路标。也许他认为,人生的道路本就是过程,他在其中汲取着美丽,寻求着慰藉。

这篇文章谈论的是选择文学为职业的依据。其实也适合于作为其他人生选择的参考。市场经济正在成为我们的基本环境,耻于言利成了过时的保守观念。但是,这并不意味着拜金主义的胜利。大可不必对金钱趋之若鹜。金钱常常发挥着重要作用,但金钱不是衡量一切的首要尺度。作者认为,人是最可宝贵的。虽然"无价之人"不难理解,但是,人无论在何时,无论有多少缺陷,仍应保留"无价的尊严和慰藉"。

【类文链接】

[1] 韩少功:《性而上的迷失》
[2] 梁启超:《论毅力》
[3] 钱钟书:《论快乐》

我为什么而活着

[英] 罗 素

三种单纯然而极其强烈的激情支配着我的一生,那就是对于爱情的渴望,对于知识的寻求,以及对于人类苦难痛彻肺腑的怜悯。这些激情犹如狂风,把我伸展到绝望边缘深深的苦海上东抛西掷,使我的生活没有定向。我追求爱情,首先因为它叫我销魂,爱情令人销魂的魅力使我常常乐意为了几小时这样的快乐而牺牲生活

中的其他一切。我追求爱情,又因为它减轻孤独感——那种一个颤抖的灵魂望着世界边缘之外冰冷而无生命的无底深渊时所感到的可怕的孤独。

我追求爱情,还因为爱的结合使我在一种神秘的缩影中提前看到了圣者和诗人曾经想象过的天堂。这就是我所追求的,尽管人的生活似乎还不配享有它,但它毕竟是我终于找到的东西。

我以同样的热情追求知识。我想理解人类的心灵。我想了解星辰为何灿烂。我还试图弄懂毕达哥拉斯学说的力量,是这种力量使我在无常之上高踞主宰地位。我在这方面略有成就,但不多。

爱情和知识只要存在,总是向上导往天堂。但是,怜悯又总是把我带回人间。痛苦的呼喊在我心中反响、回荡。孩子们受饥荒煎熬,无辜者被压迫者折磨,孤弱无助的老人在自己的儿子眼中变成可恶的累赘,以及世上触目皆是的孤独、贫困和痛苦——这些都是对人类应该过的生活的嘲弄。我渴望能减少罪恶,可我做不到,于是我也感到痛苦。

这就是我的一生。我觉得这一生是值得活的。如果真有可能再给我一次机会,我将欣然重活一次。

【导读】

伯特兰·亚瑟·威廉·罗素(1872—1970),英国哲学家、作家、数理逻辑学家,分析学的主要创始人,世界和平运动的倡导者和组织者。四岁父母双亡,在祖母和家庭教师抚养教育下长大。1890 年考入三一学院并取得数学奖学金,后转学哲学。1950 年因作品《婚姻与道德》而荣获诺贝尔文学奖。20 世纪 50 年代他积极从事于世界和平运动,反对核战争,获得过世界和平奖,1964 年创立了罗素和平基金会。1970 年 2 月 2 日在威尔士去世。

罗素学识渊博,在哲学、数学、教育学、社会学、政治学等众多领域都颇有建树。他是一个人道主义者、和平主义者,热切地参与社会各种活动,生活态度积极向上,充满正义和良知,又不乏睿智和温情。

罗素的一生是轰轰烈烈,不断追求的一生。他满怀着对他人和社会的无限关爱,成功地扮演了多种角色。在这篇简短精悍的随笔里,他开门见山地说明了自己生活的三大支柱——对爱情的渴望、对知识的追求和对人类苦难痛彻肺腑的怜悯。他克服了纯粹的物质贪欲和利己主义的局限,将个人生命的意义和价值与永恒的主题相联系,对他人怀有关爱之心。这是现代人尤其是青年人应该具有的生活态度。

价值篇

【类文链接】

罗素:《幸福之路》、《自由之路》、《中国问题》

我的世界观[1]

[德] 阿尔伯特·爱因斯坦

我们这些总有一死的凡人是多么的奇怪！我们每一个人都只是这个世界的匆匆过客。人为什么要到这个世界上来呢？谁也说不清楚,虽然有时若有所感。然而,无需深思,人们从日常的生活就可以明白：人是为他人而活着的。首先是为那些给我们带来幸福的人而活着的,有了他们的健康与欢笑,我们才拥有幸福；其次是为凭借同情的纽带与我们联系在一起的人而活着,尽管我们并不知道他们是谁。我每天反复地提醒自己：无论在物质生活还是精神生活上,你都有赖于他人——这些人有的已告别人世,有的依然活着；我已经领受并至今还在领受着他人给予的许多东西,我应当对此作出同样的回报。我热切地向往着一种俭朴的生活,并时时为过多地占用了同胞的劳动而忐忑不安。我相信,俭朴的生活对每一个人都是有益无害的,无论在肉体上还是精神上。

我根本不相信现实生活中的人会有哲学意义上的绝对自由[2]。每一个人的行为既受制于外部世界,又受制于他的内部世界。叔本华[3]说："人可以做他想做的事,但不能要他想要的东西。"这句名言从青年时代就给了我有益的启示。每当我和别人在生活上遭遇困难的时候,它使我心境平和,宽容为怀,从而免于怨天尤人,丧失心志,也不至于对己对人过于苛求。它赋予我的生活以幽默感。

我总觉得,追究一个人与一切生命存在的意义,不免有些荒唐可笑。然而,每个人又总是受理想的鼓舞才去作某方面的不懈努力。正是在这种意义上,我从来不把安逸与享乐作为生活的目标——我将其称之为猪圈里的理想。真、善、美一直是我崇尚的理想,它们照亮了我前进的道路,而且时时给我勇气与力量,使我乐观地面对生活。要是感受不到同志的亲情,要是不能全神贯注于连科学与艺术也难以穷尽的客观世界,那么,生活对于我将毫无意义。我总觉得,那些追求庸俗的生活目标,一个劲地积聚财富、图慕虚荣、奢侈享乐的人是可怜又可悲的。

我有强烈的正义感和社会责任感,但我又明显地缺乏与他人和社会直接接触的要求,这两者总是奇怪地形成对照。我实在可谓是一个"独行者"。我未曾全心全意地去关心我的国家、我的家庭、我的朋友甚至我最亲近的人。在所有这些关系面前,我总感觉到要保持一定的距离,要有某种程度的孤独,而且,这种感觉与需要正与日俱增。在一些人的心目中,人与人之间的理解与和谐是有限度的,而且也无需因此感到惋惜。无疑,这样的人在一定程度上会失去常人的欢乐,但另一方面,他们又常常能不人云亦云、随波逐流,不至于使自己的内心平衡建立在外界的不可靠的基础上。

我崇尚民主政治,主张让每个人都成为受尊重的个体,又不让任何一个人成为崇拜的偶像。我本人一直过多地受到了同时代人的赞扬与尊敬,这不是我的过错,也不是因为我真有多大功劳因而该受如此厚遇,只不过是命运的摆布。要说有什么真正的原因,那大概是,人们有一种愿望,想理解有关世界的某些观念,他们没有如愿以偿,而我则凭借自己微薄之力作不懈的奋斗,最终达到了目的。我懂得,一个群体若想实现它的目的,需要有一个人去思考、去领导,并全面地为这个群体担负起责任来。但是,那些被领导的人不应受到压迫,他们必须有选择领导人的权利。在我看来,有压迫的专制制度将会快速走向衰败,因为,暴力所收罗的往往是那些品质低劣的人,而且我相信,天才的暴君总是为无赖所继承,这是一条亘古不变的规律。

奥秘,它是人生最美的体验,它是真正的艺术与科学赖以产生的原初的情感。谁要是无视它的存在,对它不再有好奇心,不再有惊喜,谁就是有眼无珠,就无异于行尸走肉。宗教[4]也是在这种体验奥秘并掺杂着恐惧的情感的基础上产生的。我们都知道,世界上有某种人所难以洞察的东西存在着,但我无法想象存在着这样一个上帝:它会赏罚自己的造物,会有人所体验到的那种意志。我无法想象也不愿去想象人在肉体死亡后还会有一个灵魂继续活着。让那些心志脆弱的人因为恐惧和自私把这种荒唐的观念当法宝吧。我则满足于体悟生命存在的永恒奥秘,满足于洞察现实世界之奇妙结构,哪怕只把握其一鳞半爪,并借此通过自己真诚的努力去领悟由自然界显现出来的理性的一部分。倘能如此,我就心满意足了。

【注释】

[1] 本文最初题为《我的信仰》,是爱因斯坦于1930年发表的。

[2] 哲学意义上的绝对自由:有些哲学家认为,哲学意义上的自由,与"必然"相对,组成辩证法的一对范畴。"必然"指客观事物的规律,自由指人们对必然的认识和对客观世界的改造。人们未认识客观规律时,处于盲目受它支配的地位,没有真正的自由。自由与必然是辨证的统一。

[3] 叔本华:(1788—1860),德国哲学家,唯意志论者。曾在柏林大学任教。致力柏拉图、康德哲学的研究。认为意志是宇宙的本质。

[4] 宗教:爱因斯坦对宗教所表明的并不是一般意义上的宗教感情,而是深刻关怀人类福祉的那种挚爱之情。

【导读】

阿尔伯特·爱因斯坦(1879—1955),生于德国乌尔姆市。德国物理学家,是20世纪最伟大的科学家,生前就被公认为人类历史上最具创造性才智的人物之一。1921年获诺贝尔物理学奖。1933年希特勒上台后,他反对法西斯专制统治,放弃了德国国籍赴美国继续任教、研究,多年逃生于欧美各国之间。20世纪初的15年中,他提出了一系列的科学理论,断言物质和能量的相对性,给空间、时间和引力都赋予了完整的新概念,因而名闻天下。相对论成为现代物理学的理论基础之一,他的质能方程表明物质粒子可以转变为巨大的能量,已由原子弹、氢弹的威力得到确证。爱因斯坦成为人类历史上一位杰出的科学家、创新天才,不仅在于他杰出的科学成就,更在于他恢弘的胸襟和崇高的人格。热爱真理,追求正义,深切关怀社会进步,是他无穷探索、一生奋斗的精神动力。除科学研究外,他还留下许多对政治、社会、人生的感悟,同样给世人以巨大而深刻的影响。

【类文链接】

[1] 奥斯特洛夫斯基:《钢铁是怎样炼成的》

[2] 胡适:《赠与今年的大学毕业生》

[3] 蔡元培:《就任北京大学校长之演说》

方案一:东、西方价值观现实解困之我见辩论赛方案

一、活动主题

通过学习《价值观》内容,面对当今世界政治、军事、经济、科技等领域呈现多种格局,社会矛盾和生态环境有恶化态势,你认为在未来一段时期内,要迅速有效地解决这些问题,应该是用东方价值观呢?还是用西方价值观呢?

二、活动目的

让大学生深刻认识东、西方价值观各自特点、作用、优劣。在辩论中培养口才、思维等能力,评出高手。

三、双方的论点

甲方:用东方价值观,才能有效解决当今这些问题。

乙方：用西方价值观，才能有效解决当今这些问题。

四、活动要求

双方的论点必须鲜明，辩论中要有理论依据，有实例说明，小组内应互相补充和团结协作，不要有重复性内容。

五、注意事项

1. 评委和教师在每一轮辩论后，对双方辩论的内容、方法、语言、效果等作评价和纠正，并引导下一轮辩论。

2. 大学生在相互批驳过程中，应当尊重对方人格和观点的存在，不可有不文明行为语言。

六、活动操作细则

第一步：教师出示上面的讨论题目、活动方案、双方论点，提出活动要求。（4分钟）

第二步：分组准备，思考论点、论据、论证策略，讨论。（5分钟）

第三步：正式辩论。

第一轮共10分钟，"各说其是"。首先，甲方、乙方各派出1号辩手，各方用3分钟解释己方价值观的含义、特点、作用等知识理论；然后各派2号辩手用1分钟补充说明；必要时可以加一位后援团3号辩手补充发言半分钟。评委及教师用2分钟小结。

第二轮共10分钟，"各抒己见"。首先双方各派出4号辩手各用3分钟，举例说明、论证己方价值观的正确性、优越性，并肯定己方论点。然后各方派出5号辩手用1分钟补充论证，必要时可加一位后援团6号辩手补充论证半分钟。评委及教师用2分钟小结。

第三轮共10分钟，"各为己利，攻其弱点"。共10分钟，双方派出7号辩手各用3分钟，指出对方在前面辩论中出现的错误，包括理论、知识、观点、语言、态度、证据等。再次简要阐明己方观点。评委和教师用4分钟小结。

第四步：6分钟，"伯仲分明"。由评委和任课教师作总结性发言，必须简要归纳东、西方价值观的主要特点、作用、优劣。应该明确地评判出辩论出色的小组为"辩论高手"。

七、课后作业：

要求选取一两个方面写出一篇800字左右的比赛感受。

方案二：走进平凡之人——随州杰出人物专访方案

一、活动主题

（一）让大学生走访随州附近地区的杰出人物，了解不同岗位中的平凡事业，树立真、善、美的共产主义人生观，确立为人类服务的价值观。

（二）要求大学生把看到、听到的平凡岗位中杰出人物的思想、事迹，与自身经历进行比较、区别、分析，从思想上碰撞出理想火花，写出一篇近2 000字的论文。

二、活动意义

（一）开放性活动的形式包括走访、调查、记录、拍摄等，主动性、交流性比较强，能够更好地锻炼大学生的活动能力，如交际能力、学习能力等。

（二）使大学生感悟人生的真谛是投身社会平凡岗位，明白人生价值并不是以占有和消费金钱的多少来衡量的，而是要不断地适应社会需要，主动地为人类服务。

三、活动细则

（一）以学生干部为代表，分成若干小组，每组至少三个人，观察和走访教授、中小学及幼儿园教师、环卫工人、公司、企业各层人士、警察、保安、劳动模范、司机、售票员、医生、酒店及旅游风景区管理人员等。记录谈话内容。

（二）走访的焦点问题

1. 您觉得干这项工作辛苦吗？您以前也干这行吗？您打算怎样把工作和生活规划得更好一点呢？

2. 您干这项工作后悔吗？您觉得这行有什么样的辉煌前程吗？你干这一行开心吗？

3. 请您简要介绍一下这项工作的重要性和注意事项好吗？您在工作中遇到过哪些麻烦事呢？如果钱太少或不景气，您会坚持做这项工作吗？

（三）交谈时要注意的问题

1. 尽量不要妨碍走访对象的正常工作和休息。

2. 衣着整齐，礼貌待人，使用普通话，一次限问三个问题，每一次回答之后，才能问下一个问题。交谈时间不可超过一小时。

四、活动论文

（一）要求格式完整，其中包括论题、走访对象、时间、地点、谈话摘要、自我感想等。

（二）参考题目

1. 大学毕业生的岗位一定是当"官"吗？

2. 我的大学应该这样去"读"
3. 金钱不是我唯一的梦想
4. 劳动和服务才是我的事业
5. 各种岗位都要人,就看我适合干什么
6. 即使没有很多钱,我还能活得被人尊重和热爱
7. 当代大学生该如何把握现在,将来立足社会
8. 人生的正确价值是不断追求真善美
9. 就算下岗了,我还能干另一类工作

文苑篇

 概观

我国自古是一个诗的国度,从诗经到楚辞,从建安七子到陶渊明,从唐诗到宋词,几千年的文明一路走来,摇曳多姿,辉煌巍峨,浸润和滋养着中华民族。祖先留下的千古名篇,更是字字珠玑,篇篇锦绣,是中华文明的浓缩版、精华篇。捧读它,欣赏它,人们清晰地感觉到了先贤哲人的深邃博大,志士仁人的报国壮志,游子商旅的亲情乡愁,痴男怨女的追求呐喊。品读不同的诗词,会各有一番滋味在心头。描述春花秋月、儿女情意的好似一位清丽秀逸的女子,轻愁淡恨,浅吟低唱;抒发壮志热忱、家国情怀的又似一位纵横洒脱的英雄,激昂悲壮,长歌浩叹。

不同时代的诗歌,不仅在内容和形式上有所差异,在艺术风格上也各有特点。豪迈奔放和含蓄委婉,作为不同的两种艺术风格,在诗词中长期双峰争峙,相互辉映。

豪迈奔放唱响华夏英杰凌云壮志

所谓豪,乃豪杰与豪迈之豪;所谓放,乃放怀与奔放之放。豪放,作为诗评用语,始于司空图的《二十四诗品》之十二《豪放》:"观花匪禁,吞吐大荒。由道反气,虚得以狂。天风浪浪,海山苍苍。真力弥满,万象在旁。前招三辰,后引凤凰。晓策六鳌,濯足扶桑。"在司空图看来,豪放的气势是狂放的,豪放的气象是壮阔的,豪放的气派是洒脱的。豪放就是以超强的真力表现自然万象,以悟道的狂气去消纳大荒风月。

豪迈奔放的作品往往气势磅礴,感情奔放,意境雄浑,格调高昂,它是博大胸襟与洒脱、酣畅言辞的融合,是豪语、豪气、豪情、豪境的结合。豪迈奔放的作品是"骏马秋风冀北",是奇情壮采的千古壮景,是激越雄浑的金石之声,它带给人的是一种阳刚美。李白的"君不见黄河之水天上来,奔流到海不复回"(《将进酒》);岑参的

"君不见走马川,雪海边,平沙莽莽黄入天"(《走马川奉送出师西征》);苏轼的"大江东去,浪淘尽,千古风流人物"(《念奴娇·赤壁怀古》);辛弃疾的"想当年,金戈铁马,气吞万里如虎"(《永遇乐·京口北固亭怀古》)等诗词,大声铿锵,需要铜琵琶、铁绰板来伴唱。都表现出豪迈奔放的真趣。

打开照耀千古的诗词长卷,豪迈奔放的雄阔壮景犹如绵延的群山,在唐宋时期奇峰突起,形成唐诗、宋词中的两座高峰,风光卓绝。豪迈奔放的高亢音符,弹奏出盛唐之音,宋词别调的不同音部,形成荡气回肠的千古绝唱,响彻历史的天空,直到今天,依然回荡在人们的耳畔。豪迈奔放的名篇佳作,更是灿如星辰,越发闪耀着亘古不变的光辉,陶冶着人们的情操,给人们带来很高的艺术享受。

(一)唐音高振,气势轩昂

如果我们把唐诗比作是生机勃勃的青春期,那么《诗经》则是天真稚拙的萌芽期,两汉乐府和文人五言诗则是潜滋暗长的幼年期,整个魏晋南北朝,文学进入了一个"自觉的时代",为唐诗的全面繁荣准备了丰厚的条件,可以目之为羽毛渐丰的少年期。这样一直到唐朝。唐朝经济繁荣,国力鼎盛,政治开明,思想活跃,中外交流空前频繁,出现了所谓"万国来廷"、"华夷大同"的盛况。面对当时国势强大、经济文化繁荣的局面,唐代诗人胸襟开阔,意气昂扬,希冀建功立业,形成了一种昂扬奋发的精神状态与气质风貌,他们继承、丰富并创新了前代的创作艺术,使得大气磅礴、变化万千,豪气干云的唐诗,内容更为精确,情感更充沛,词句更富文采,古典诗歌终于发展到了它的最高峰。

唐诗中,俯仰天地气吞环宇的大气,边关征战勇于献身的豪气,张扬个性傲视王侯的英气,构成了唐代豪迈奔放诗歌的特点,充实了唐诗。博大,雄浑,深远,超逸,充沛的活力,浓郁的激情,不息的生命力,崭新的生活体验,以壮阔为美的审美情趣,积极进取的人生态度——这一切合起来就成为唐代诗歌与其他朝代诗歌相区别的特色。

1. 俯仰天地气吞环宇的大气。刘熙载《诗概》中说李白:"言在口头想出天外。"又说杜甫:"高、大、深俱不可及。"杜甫也赞叹李白说:"笔落惊风雨,诗成泣鬼神。"李白自己也说过:"兴酣落笔摇五岳,诗成笑傲凌沧洲。"李白的"吾将囊括大块,浩然与溟涬同科"(《日出入行》);"黄河落天走东海,万里写入胸怀间"(《赠裴十四》)。眼光简直可以说是凌驾于寰宇之上的,他的心胸能容纳整个宇宙,并且以这种气魄看待社会与人生。李白的这种俯仰天地、气吞环宇的慷慨大气与他独有的抒情方式有密切联系。

洒脱不羁的气质、傲世独立的人格、易于触动而又暴发强烈的感情,形成了李白诗歌抒情方式的鲜明特点。一旦感情兴发,就毫无节制地奔涌而出,宛若天际的狂飙和喷溢的火山。南宋著名文学评论家严羽说："一往豪情,使人不能句字赏摘。盖他人作诗用笔想,太白但用胸口一喷即是,此其所长。"说别人写诗是用笔一句一句写下来,李白则只要把心里那股气一张口喷出来就行了,"君不见黄河之水天上来,奔流到海不复回。君不见高堂明镜悲白发,朝如青丝暮成雪。"(《将进酒》)两个"君不见"排比而出,如挟天风海雨呼啸而来,其情其声悲壮感人。"人生得意须尽欢,莫使金樽空对月。"生命的渺小、短促似乎是个无法挽救的悲剧,不要愤怒了,也不要伤心了,能够解忧的唯有金樽美酒。喝酒吧,过去的就让它过去吧,把忧愁和烦恼丢到脑后吧。喝酒!这便是李白式的悲哀:悲而能壮,哀而不伤,极愤慨而又极豪放。"天生我材必有用,千金散尽还复来。"我坚信,苍天给予我的雄才伟略总有一天会有用武之地。"千金散尽"有什么关系,亦会有失而复得的一天,来,喝酒!诗人对生命价值的实现是如此的自信。此诗笔酣墨饱,情极悲愤而作狂放,语极豪纵而又沉着,具有震动古今的气势与力量。《唐诗别裁》说:"读李诗者于雄快之中,得其深远宕逸之神,才是谪仙人面目。"此篇正是。历代文人借酒浇愁虽然屡见不鲜,但表现得这样旷达,这样豪放,却很少见。诗人一方面感到青春易逝,功业未成,因而自悲自叹;一方面又觉得来日方长,此生大有可为,故又自慰自解。于是诗中就出现了明暗交织、悲欢杂糅的调子。全篇饱含一种深广的忧愤和对自我的信念,悲而能壮,哀而不伤,极愤慨而又极豪放,即根源于此。

在《行路难》中李白再一次感到人生道路的艰难,然而诗人进退失据却不甘自弃。"长风破浪会有时,直挂云帆济沧海。"他相信尽管前路障碍重重,但仍将会有一天,乘长风破万里浪,挂上云帆,横渡沧海,到达理想的彼岸。这表现出一种积极向上、乐观自信和顽强坚持理想的品格。悲吟和叹息中充盈着美妙的幻想与豪迈。

当平常的语言不足以表达其激情时,诗人就用大胆的夸张;当现实生活中的事物不足以形容、比喻、象征其思想愿望时,诗人就展开天马行空式的想象和幻想,以气骋词,来实现艺术的真实,它使形象突破常规而染上了奇幻的色彩,壮阔奇丽、声色俱佳。如《陪侍郎叔游洞庭醉后三首》(其三):"划却君山好,平铺湘水流。巴陵无限酒,醉杀洞庭秋。"诗人醉后竟想把君山削去,好让湘水一无遮拦地流泻,借以发挥他奔放的豪情。《望天门山》:"天门中断楚江开,碧水东流至此回。两岸青山相对出,孤帆一片日边来。"天门两峰横夹楚江,而楚江激流穿越天门。诗中的山水密切相关,互映互衬,展现出了极为宏阔壮观的景象。此外如写庐山瀑布的"初惊河汉落,半洒云天里……海风吹不断,明月照还空"(《望庐山瀑布》之一),"飞流直下三千尺,疑是银河落九天"(同题之二),想落天外,惊人魂魄。他的《庐山谣》也是历来传诵的名作,诗中写他在庐山顶上望大江的景色:"登高壮观天地间,大江茫茫去不还。黄云万里动风色,白波九道流雪山。"诗人大胆超越真实空间的感觉,完全凭借着异乎寻常的想象,以艺术的真实再现出山川壮美的风貌,展示了诗人壮阔的胸怀。

名作《蜀道难》:"噫吁嚱!危乎高哉!蜀道之难难于上青天!蚕丛及鱼凫,开国何茫然!尔来四万八千岁,不与秦塞通人烟。西当太白有鸟道,可以横绝峨眉巅。地崩山摧壮士死,然后天梯石栈相钩连。上有六龙回日之高标,下有冲波逆折之回川。黄鹤之飞尚不得过,猿猱欲度愁攀援。青泥何盘盘,百步九折萦岩峦。扪参历井仰胁息,以手抚膺坐长叹……"诗歌描写了大自然动人心魄的奇险与壮伟,给人以回肠荡气之感。诸多的画面此隐彼现,无论是山之高,水之急,河山之改观,林木之荒寂,连峰绝壁之险峻,皆有逼人之势,其气象之宏伟,其境界之阔大,确非他人可及。从总体来看,其变化极速,愈变愈奇,又往往出人意料,使人目不暇接。正如清代诗评家沈德潜所盛称:"笔势纵横,如虬飞蠖动,起雷霆于指顾之间。"

在《宣州谢朓楼饯别校书叔云》中,诗人豪饮高歌:"俱怀逸兴壮思飞,欲上青天揽明月。"诗境开朗壮阔、自由驰骋,使人感到一种心、境契合的舒畅。这种博大壮阔的情怀可以说是唐代诗歌的基调。庄子所言"天地有大美而不言",以盛大为美似乎已成为唐代诗人创作精神中的支柱。

李白的《将进酒》、《行路难》、《宣州谢朓楼饯别校书叔云》等这一类作品虽然表达的是人生失意的烦忧之情,但并无萎缩之状,消极之态。恰恰相反,长歌当哭,浩叹开怀,一篇读罢即令人痛快淋漓、回肠荡气,获得一种特殊的情感满足和审美享受。这其中重要的原因就在于李白豪放豁达、自信乐观的个性,而且在于他表情达意所特有的这种纵横恣肆,"自有天马行空不可羁勒之势。"(赵翼《瓯北诗话》)因而李白成为盛唐之音的杰出代表,从而出色地完成了初唐以来诗歌革新的历史使命。

杜甫给人们印象多是悲愁叹老、感时伤怀、嗟病怨苦、忧国忧民,你很难想象杜甫也有轻狂得意、壮志凌云的时候。不过杜甫将近四分之三的时间是在盛唐度过的。盛唐既是出狂人的时代,他又和李白、高适和岑参这样的狂人交往,也就不可能不染上几分狂气。年轻的杜甫很狂傲、很自信,如《奉赠韦左丞丈二十二韵》:"……甫昔少年日,早充观国宾。读书破万卷,下笔如有神。赋料扬雄敌,诗看子建亲。李邕求识面,王翰愿卜邻。自谓颇挺出,立登要路津。致君尧舜上,再使风俗淳……"杜甫说,自己年轻的时候就关心国家大事,"读书破万卷,下笔如有神。"自己读过的书超过万卷,写文章时下笔如有神助,自己的赋写得好,只有汉朝那个大辞赋家扬雄可以相比;自己的诗写得好,大概当年"才高八斗"的曹子建可以和我相提并论!"李邕求识面,王翰愿卜邻。"李邕、王翰都是当时的大诗人,你别看我年轻,那个李邕他想见我一面都不容易;写下"葡萄美酒夜光杯,欲饮琵琶马上催"的大诗人王翰,都想和我做邻居。"自谓颇挺出,立登要路津。"我认为我是天下最突出的人,可以马上步入仕途,担当重任。"致君尧舜上,再使风俗淳。"如果自己得到重用的话,可以辅佐皇帝实现超过尧舜的业绩,使已经败坏的社会风俗再恢复到上古那样淳朴敦厚。这是当时儒者的最高政治理想。诗人高视阔步,意气风发,大有踌躇满志、睥睨一切的气概。

"会当凌绝顶,一览众山小。"(《望岳》)一定要登上泰山的最高峰,才能遍看群山的矮小。写的是登泰山,实际上是说,等我登上最高峰的时候,其他都不在话下了。早年的这些诗句,展示出他不平凡的气度,表明他内心充满着盛唐的浪漫精神。

安史之乱后杜甫的作品仍然具有大气象,如:"无边落木萧萧下,不尽长江滚滚来。"(《登高》)无边无际的树木萧萧地飘下落叶,望不到头的长江水滚滚奔腾而来。诗句景象高阔苍茫,气势雄放磅礴,并运用对偶的修辞手法,一句写山,一句写水,再加上巧妙地使用叠字,读来顺口,听来悦耳,成为千古传诵的名句,曾被后人誉为"古今独步"的"句中化境"。

"落日心犹壮,秋风病欲苏。"(《江汉》)虽是落日、暮年、秋风的伤感,但不是"夕阳无限好,只是近黄昏"的慨叹,而是"烈士暮年,壮心不已"的坚忍不拔精神。字里行间洋溢着一股昂扬奋发、积极进取的激情,给人以老当益壮,穷且益坚之感。

所以尽管杜甫的总体诗风与盛唐大不相同,但与大历时期的诗人也并不同调,没有那种走投无路的失落感和叹老嗟卑的衰飒气象。正因为这样,所以他始终保持着正视现实的热情和投入时代的勇气。

李杜二人如此,大唐诸多名家一般也大体具有这些特色。如陈子昂的千古绝唱《登幽州台歌》:"前不见古人,后不见来者。念天地之悠悠,独怆然而涕下!"悲壮的歌声,从历史的深处奔腾而出。在这里我们看到了一个孤高一世、上下求索的独行者,也看到了一个百感交集、心事茫茫的感伤者。这位感觉到新时代的脉搏,急切想有所作为的青年诗人,深深感到英雄无用武之地和时不我待的巨大悲哀,也深深体会到古往今来有志之士身处逆境时激愤不平的崇高而痛苦的感情。这种痛苦和悲哀,这种激愤与不平融汇成不可遏止的情感激流喷薄而出,形成了震烁千古的《登幽州台歌》。诗中辽阔苍茫的时空境界,慨然独立的主体形象,高亢悲壮的情感格调,在后人心中引起强烈的共鸣。

登岳阳楼望洞庭湖的诗,历代颇多佳作。孟浩然是:"气蒸云梦泽,波撼岳阳城。"(《望洞庭湖赠张丞相》)写洞庭湖的云雾迷蒙,波涛浩渺,写得雄浑壮阔,充满活力,充分展示了盛唐气象。杜甫是:"吴楚东南坼,乾坤日夜浮。"(《登岳阳楼》),诗人以如椽大笔,通过大地裂开、日月浮荡,描写了洞庭湖浩瀚无际的巨大形象,诗句意境阔大,景色宏伟奇丽。写出了洞庭湖恢弘的气象和诗人博大的胸襟。后人推为千古绝唱。孟诗读之则空阔无际,气象不凡,如在眼前;而杜诗则境界深沉宽大,胸中能吞万物。

"自古逢秋悲寂寥,我言秋日胜春朝。晴空一鹤排云上,便引诗情到碧霄。"(《秋词》其一)悲秋,似乎是诗人的职业病,刘禹锡却偏要反其道而行之,认为天高气爽的秋天使人心胸开阔,更有诗意。表现出一种激越向上的诗情。它给予读者的不仅仅是秋天的生机和素色,更多的是一种高扬的气概和高尚的情操。

由于胸襟开阔,杜牧写的山水风景诗,也显得特别高朗爽健。人们喜欢的《山行》:"远上寒山石径斜,白云生处有人家。停车坐爱枫林晚,霜叶红于二月花。"诗写秋景却一点不衰飒,还这么神气高扬,这是很少见的。"霜叶红于二月花",枫叶流丹,层林尽染,秋天像春天一样的生命力,使秋天的山林呈现一种热烈的、生机勃勃的景象。这个包含哲理的诗句,尤其受人赏爱。

人际交往送亲别友的浪漫爽朗也体现出唐诗的大气和豪迈。初唐四杰中的王勃,在长安送友人杜少府入川赴任时,写下了一首著名的送别诗《送杜少府之任蜀州》:"城阙辅三秦,风烟望五津。与君离别意,同是宦游人。海内存知己,天涯若比邻。无为在歧路,儿女共沾巾。"诗歌意境开阔,风格刚健爽朗,一洗悲酸之态。诗中的"海内存知己,天涯若比邻",表现出了豁达爽朗的胸襟和豪迈昂扬的气概,表达了人类普遍的愿望,因而流传千古,成了随时被引用的名句。

李白的《黄鹤楼送孟浩然之广陵》:"故人西辞黄鹤楼,烟花三月下扬州。孤帆远影碧空尽,唯见长江天际流。"这首送别诗表现出一种充满诗意的离别。因为这次离别跟一个繁华的时代、繁华的季节、繁华的地区相联系,在愉快的分手中还带着诗人李白的向往,这就使得这次离别有着无比的诗意。诗人的一颗诗心似乎也随着江水荡漾,流向天际。

高适的送别诗则充满了慷慨激昂、豪迈悲壮、明朗乐观的色彩。如《别董大》:"千里黄云白日曛,北风吹雁雪纷纷。莫愁前路无知己,天下谁人不识君。"诗歌笔力雄健,气势奔放,内蕴丰富,境界高远,洋溢着盛唐时期所特有的奋发进取、蓬勃向上的时代精神。"莫愁前路无知己,天下谁人不识君。"诗句一扫离愁别恨,语豪气壮,于慰藉中充满着信心和力量,激励朋友抖擞精神去奋斗、去拼搏,表现出诗人对友人的深情厚谊和开阔达观的情怀,显示出盛唐人开阔的胸襟气度。与王勃的"海内存知己,天涯若比邻"相比更多出几分豪迈,多出几分自信,表现出一种豪杰的离别。高适的这种慷慨悲歌、出自肺腑的诗作,以它的真诚情谊,坚强信念,旷达胸襟,豪迈情怀,为灞桥柳色与渭城风雨涂上了豪放健美的色彩。

那些容易写得悲切的送别诗,岑参也同样写得豪壮,如:"醉后未能别,待醒方送君。看君走马去,直上天山云。"(《醉里送裴子赴镇西》)作者借助时间和空间的距离,制造一种空阔、旷达的氛围,给人以雄浑、豪壮的感受,丝毫没有低沉哀婉的情绪。

在一般读者的心目中,王维是山水田园派的代表人物。他的诗喜欢描写自然环境中静美的一面,描物精细,状写传神,情景交融,色彩鲜明。诗歌是诗情、画意、乐感和禅趣的高度统一。苏轼曾评论说:"味摩诘之诗,诗中有画;观摩诘之画,画中有诗。"(《东坡志林》)如:"明月松间照,清泉石上流"(《山居秋暝》)。"人闲桂花落,夜静春山空。月出惊山鸟,时鸣春涧中"(《鸟鸣涧》)。"空山不见人,但闻人语响。返景入深林,复照青苔上"(《鹿柴》)。清新、宁静、淡远,显示出王维诗歌的主导风格。然而,这不是王维诗歌的全部风格。王维年轻的时候,和盛唐时期的其他诗人一样,浪漫、洒脱、豪放,颇有侠士之风。例如,他的《少年行》:"新丰美酒斗十千,咸阳游侠多少年。相逢意气为君饮,系马高楼垂柳边。"诗中写他邀约长安少年游侠高楼饮酒的情形,慷慨豪迈,英气逼人。那"斗酒十千"的洒脱,那"相逢意气"的豪迈,那"同上高楼"的情义,那"系马柳边"的爽快,多么具有英雄的气质,正是盛唐那种蓬勃向上,富有生气的时代风貌在诗人身上的表现。

唐诗的这种俯仰天地气吞环宇的大气,是刚性之气与韧性之精神相结合,也是初唐百年徘徊时期的孕育和发展。初唐时期,作家一般都具有高度的自信,乐观进取,不甘心于埋头案牍,而乐道于建功立业。如杨炯的《从军行》:"宁为百夫长,胜作一书生。"祖咏的《望蓟门》:"少小虽非投笔吏,论功还欲请长缨。"这都反映出诗人们开阔的胸襟,自信的豪情。

2. 边关征战勇于献身的豪气。中华文化汇入唐朝,达到了前所未有的高度。国力的强盛,同时又带来了战事不断,边患无穷。而唐帝国慷慨激昂的时代精神,又大大鼓舞了壮士文人的豪情。骚人墨客心仪金戈铁马、情系壮美军旅,纷纷走出书斋,奔赴边关,去感受刀光剑影、血火硝烟;去感受澎湃的诗意,获得创造的激情。由此唐代的边塞诗在战火中蓬勃发展起来。盛唐的边塞诗意境高远,格调悲壮,是雄浑的军号,是悲壮的画卷,是浪漫的歌唱,是盛唐时代的最强音,它反映了边塞战争生活的艰苦和军旅生活的种种体验,以及征人、思妇的离愁别绪;抒发了为国立功的豪情壮志和不满现实的情绪;描写了边塞奇异的风光、异域瑰丽的风情。千载之下,犹可感受到诗人们那极度的洒脱,苍凉的诗意,漫天的豪气!

盛唐边塞诗派的代表作家是高适、岑参,还有王昌龄、李颀、王之涣、崔颢、王翰等众多作家。盛唐的边塞诗人视野开阔,胸怀激荡,充满了磅礴的浪漫气质和一往无前的英雄主义精神。他们是盛唐的仪仗队,显示着盛唐的国威。他们是盛唐的歌手,唱出了时代的最强音,充分体现了盛唐精神,是古代诗坛上绝无仅有的奇葩。

在边塞诗人中,当时的风云人物首推高适和岑参。高适的边塞诗风格雄浑悲壮,笔力矫健顿挫,气势奔放畅达。如他的名篇《燕歌行》把雄奇的边塞风光与将士的征战生活写得苍凉悲壮。诗中英雄气概与征战之苦、士兵的浴血与将军的作乐、征人的辛苦与思妇的思念交织在一起,既有昂扬的格调,也有悲凉的情怀。"汉家烟尘在东北,汉将辞家破残贼。男儿本自重横行,天子非常赐颜色。"诗人以矫健的笔力极力铺写唐军出征的雄壮气势,"大漠穷秋塞草腓,孤城落日斗兵稀。"诗人把战争场面和边塞景色表现得大气磅礴,生动形象。"相看白刃血纷纷,死节从来岂顾勋?"士兵们与敌人短兵相接,浴血奋战,那种视死如归的精神,岂是为了取得个人的功勋!他们是何等质朴、善良,何等勇敢,然而又是何等可悲呵!全诗气势畅达,笔力矫健,风格雄浑悲壮,感情真挚深沉,是唐代边塞诗中一首千古传颂的杰作。

　　岑参是盛唐最典型的边塞诗人,与高适并称"高岑"。岑参的诗歌风格与高适接近,都有悲壮的色彩,正如宋严羽所说"高、岑之诗悲壮"(《沧浪诗话》)。岑参的诗热情奔放、雄奇瑰丽、飘逸峭拔,富有浪漫色彩。岑参往往用绮丽的笔调来凸显西北地区冰天、雪地、火山、热海的异域风光,歌颂保卫边疆的战争,歌颂将士们不屈不挠,立功报国的豪情壮志,有一种感人的奇情异彩。如:"一川碎石大如斗,随风满地石乱走。"(《走马川行奉送封大夫出师西征》)那个地方的风真是大,斗大的石头也被风吹得满地乱飞走。恶劣的景象在诗人的笔下却显得雄奇豪壮,气势磅礴。诗句渲染出军队出征时所面临的恶劣气候,突出了守边将士为了国家不畏艰险,勇于牺牲的精神。字里行间洋溢着一种自豪的感情,洋溢着对将士们赴死报国的赞叹之情,表现出了一种勃勃向上的盛唐精神。"功名只向马上取,真是英雄一丈夫。"(《送李副使赴碛西官军》)诗句直抒胸襟,气贯长虹,功名请向戎马沙场上求取,这才是一个真正的大丈夫。语气恭敬而坚决。这既是岑参对李氏的勉励,又是自己的理想和壮志。这两句所表现出来的英雄豪气使后世多少读者为之激动振奋。

　　岑参的诗歌充满生活的激情,再苦、再累的经历,他写来都富有热情和豪情,再荒凉、再冷寂的事物,在他的笔下都显得如此的壮美和充满生机。比如他的《白雪歌送武判官归京》:"北风卷地白草折,胡天八月即飞雪。忽如一夜春风来,千树万树梨花开。"忽然好像一夜春风吹来,千树万树洁白的梨花斗艳盛开,描绘出一幅充满生机与活力、令人神往与陶醉的奇美景象,给萧条寒冷的边塞平添了无限的温暖与希望。把冬天当春天,以梨花喻冬雪,新颖别致。这个比喻含有广阔而美丽的想象,创造了一个瑰丽的、富有诗意的、春意融融的境界,奇幻而浪漫,充分展示了作者乐观、开朗的情怀。这两句也成为千古名句。

　　"七绝圣手"王昌龄善于描写边塞的战争和景色,他的边塞诗大部分是用乐府旧体抒写战士爱国立功和思念家乡的心情。他的边塞诗独特的地方,不在对征战生活和边塞风光的描绘上,而在记写将士的思想感情上。既形象又含蓄,极富有感染力。如他的《从军行》:"青海长云暗雪山,孤城遥望玉门关。黄沙百战穿金甲,不破楼兰终不还。"这是守边将士的豪言壮语,更是一首英雄的赞歌。诗歌风格雄浑,意境开阔,感情壮烈。"不破楼兰终不还",以身许国的豪迈誓言在艰苦环境的反衬下,更显得崇高、悲壮。他的《出塞》组诗更能代表他的边塞诗风格和七绝的成就。其中之一的"秦时明月汉时关"是古今传诵的名篇,被誉为唐诗中的神品,诗曰:"秦时明月汉时关,万里长征人未还。但使龙城飞将在,不教胡马度阴山。"短短二十八个字,有对关塞悠久的时间追溯,有广袤辽阔的空间展示,有征人的边愁、思妇的悬念,有对戍卒的同情和歌颂,有对边将无能的不满,有对英才良将的怀念与企盼,也有诗人自身跃跃欲试、横槊卫边的渴望……言少意多,内蕴丰富。诗歌风格雄浑悲壮,充满了强烈的爱国精神和豪迈的英雄气概。这首诗不愧为唐人七绝的压卷之作。

王翰的"醉卧沙场君莫笑,古来征战几人回"(《凉州词》),壮怀激烈,情调豪放。这种笑傲疆场,慷慨赴死的勇气,体现了唐代军人视死如归、勇于为国捐躯的英雄气概。

王维的"孰知不向边庭苦,纵死犹闻侠骨香"(《少年行》其二),谁知道此番出征会不会死在边疆呢?纵然死在边疆,为国捐躯,流芳千古,虽死犹荣!为国献身的崇高愿望、昂扬斗志和牺牲精神,我们今天读了,仍受感动和鼓舞。

边塞诗最能体现国运兴衰,盛唐的边塞诗诗情豪迈,勇敢,一往无前!即使是艰苦战争,也壮丽无比;即使是出征远戍,也爽朗明快;即使是壮烈牺牲,也死而无悔。这是盛唐精神的最好反映。

中唐诗人戴叔伦的《塞上曲》中的:"汉家旌帜满阴山,不遣胡儿匹马还。愿将此身长报国,何须生入玉门关。"破空而出,气势非凡,是盛唐以后少有的边塞诗力作。诗用乐府旧题借汉咏唐,抒写了戍边将士抗击外敌入侵,不畏牺牲,以身许国的豪迈气概。诗歌语言朴实,风格豪健,精神勃发,是一首鼓舞斗志的战歌。

李贺的《雁门太守行》:"报君黄金台上意,提携玉龙为君死。"黄金台是战国时燕昭王在易水东南修筑的,传说他曾把大量黄金放在台上,表示不惜以重金招揽天下士。诗人引用这个故事,抒写出将士们不惜为国捐躯的崇高精神,也反映了青年诗人报效国家的豪情壮志。

大历十才子之一的李益过了十年戎马生涯,所写边塞诗广泛流传,乐工常常被诸管弦。李益的边塞诗最值得重视的是,在思想内容上热烈赞颂边塞将士的英雄气概,表现将士的英雄主义精神,豪放遒劲。如写部队凯旋的场面,《度破讷沙》(其二):"破讷沙头雁正飞,鹏鹈泉上战初归。平明日出东南地,满碛寒光生铁衣。"首句由惊起雁飞暗示战场归人,末句使全诗灿然生辉,甲胄在朝阳下闪闪发光,与砂砾的反光交相辉映,象征战士们威武豪壮的英雄气概和满怀胜利的喜悦心情。《塞下曲》(其二):"伏波唯愿裹尸还,定远何须生入关。莫遣只轮归海窟,仍留一箭定天山。"诗以汉代的马援和班超互相比较,表现了将士的爱国主义精神,反映了将士为国立功的强烈愿望和必胜信念。诗歌豪气干云。《塞下曲》(其一):"蕃州部落能结束,朝暮驰猎黄河曲。燕歌未断塞鸿飞,牧马群嘶边草绿。"诗人用流畅明快的笔调,描写战士们的纵马驰骋和放怀高歌。由意气风发显示其骁勇善战,由广阔草原展示其生龙活虎,笔端倾注了诗人的热烈情感。这几首诗都没有正面描写战争场面,士兵的豪迈忠勇是从战场和练兵这两个侧面加以表现的。角度新颖别致,风格雄健激越,成为盛唐高唱的余响。

中晚唐,虽然诗人们也仍保持着昂扬向上的基调,但国势渐衰,边塞诗不免夹杂了多少悲壮,多少惋伤。如陈陶的《陇西行》:"誓扫匈奴不顾身,五千貂锦丧胡尘。可怜无定河边骨,犹是春闺梦里人。"唐军将士人人宣誓要横扫匈奴,个个奋不顾身一马当先;五千身穿锦袍的精锐部队,全部战死在北国的疆场上。可怜呵,将士们的白骨堆积在无定河边,而他们远方的妻子,则深信丈夫还活着,依然在梦中深情地呼唤着他们,盼望着有朝一日与他们相见。灾难和不幸降临到身上,不但毫不觉察,反而满怀着热切美好的希望,这才是真正的悲哀。诗歌赞美了前线将士英勇无畏的爱国精神,揭示了唐代长期征战给人民带来的痛苦和灾难,对深闺少妇的遭遇给予了深切地同情。

3. 张扬个性傲视王侯的英气。李白是盛唐文化孕育出来的天才诗人,盛唐诗歌的气、情、神在李白的诗歌中发挥得淋漓尽致。李白个性张扬,具有强烈的自我意识。他的诗歌创作,处处留下浓厚的自我表现的主观色彩。李白多次以大鹏自比,"大鹏一日同风起,扶摇直上九万里。"(《上李邕》)他要入京求官,就宣称:"仰天大笑出门去,我辈岂是蓬蒿人!"政治失意了,就大呼:"大道如青天,我独不得出!"他要控诉自己的冤屈,就说:"我欲攀龙见明主,雷公砰訇震天鼓。"他想念长安,就是:"狂风吹我心,西挂咸阳树。"他登上太白峰,就让"太白与我语,为我开天关"。他要求仙,就有:"仙人抚我顶,结发受长生。"他要饮酒,就有洛阳董糟丘"为余天津桥南造酒楼"。这种强烈的自我表现的主观色彩,使李白的诗歌个性张扬,充满勃勃英气。从艺术效果来说,则使诗歌增加了一种排山倒海而来的气势,先声夺人的力量。

在李白的笔下,无论是高山大川,还是清风明月,无不打上诗人的个性烙印,崎岖险峻的蜀道,从天而降的黄河,龙啸虎吟的天姥山,这些崇高壮美的山川景物,正是李白傲岸不屈、豪迈飘逸人格的映衬。不仅如此,就是在一些看上去十分宁静闲淡的作品中仍然带有诗人孤傲绝俗的个性色彩。在诗歌形式上,他尤其喜欢用古乐府歌行体这类自由的形式,以便更自由地表达自己的思想情感。"乍向草中耿介死,不求黄金笼下生"(《设辟邪伎鼓吹雉子斑曲辞》)。这些诗句都是诗人心迹的自我表白。

李白又是个极为狂傲,敢于傲视王侯的诗人,自称:"我本楚狂人,凤歌笑孔丘。"(《庐山谣寄卢侍御虚舟》)狂,是自信的外现,是对人格尊严的充分肯定,是对束缚人的社会势力的蔑视,他大声疾呼:"黄金白璧买歌笑,一醉累月轻王侯。"(《忆旧游寄谯君元参军》)他昂首天外,根本不屑以世俗的价值为标准,"昔在长安醉花柳,五侯七贵同杯酒。气岸遥凌豪士前,风流肯落他人后。"(《流夜郎赠辛判官》)他狂傲不羁:"钟鼓馔玉不足贵,但愿长醉不复醒。"(《将进酒》)他是那样的不可一世,最可贵的,是他用时代的最强音,惊天地、泣鬼神的吼出了一声:"安能摧眉折腰事权贵,使我不得开心颜!"(《梦游天姥吟留别》)这一声呐喊,使千百年来被封建制度压的喘不过气来的人,不愿被踩进泥坑去做无力抗争,敢悄悄的直一直腰,在心灵深处扶起最后的一丝人格尊严,在无可奈何中聊堪自慰,找到一点心理平衡。

那种傲视王侯的英气和追求自由的浪漫情怀是唐代所特有的,只有那样的时代才会有那样的人,那样的诗。李白一生不以功名显,却自高期许,个性张扬,以布衣之身而藐视权贵,笑傲王侯,肆无忌惮地嘲笑以政治权力为中心的等级秩序,批判腐败的政治现象,以大胆反抗的姿态,推进了盛唐文化中的英雄主义精神。

李白对后世的影响,首先,是从他诗歌中表现出来的独立人格和非凡自信,狂放不拘的个性风采,以及那种天马行空、纵横恣肆的自由意志,那种与自然冥合为一的潇洒风神。其次,是他诗歌的豪放飘逸、变化莫测的魅力,具有丰富而奇特想象力,超凡卓特的创造精神。除了最完美的浪漫主义诗篇外,就是其人格魅力。杨义《李白的醉态诗学》:"李白是中国最深入人心的伟大诗人之一。他最让人诗兴焕发,才华灵动,神气飘逸,心胸俊爽。这对于行为拘谨、思想沉重、顾虑重重的中国人,永远具有精神启蒙、净化和提升的价值。从这种意象上说,中国有李白,是中国文化的大幸。"

伟大的诗人李白和杜甫,他们是唐代诗人的杰出代表,他们是中华民族的文化名片。但是李白、杜甫之后,唐代社会急剧衰落,诗人们再也唱不出那昂扬、豪迈、狂放、雄壮的声音了。于是诗人们转向精巧。他们延续了盛唐的艺术传统,创造了许多精美的、韵味无穷的篇章。正像欧阳修在《六一诗话》中所说:"唐之晚年,诗人无复李杜豪放之格。然亦务以精意相高。"

（二）宋调别弹，豪迈向上

词是宋代文学中成就最高的一种文学形式，与楚辞、汉赋、六朝骈文、唐诗、元曲、明清小说同为中国文学史上的奇葩。词兴起于晚唐，发展于五代，繁荣于两宋。从词的兴起到北宋末年，大约在两个世纪之中，词作为一种民间爱好，文人竞写的文学作品，已经达到它的黄金时代。以后，即在南宋时期，尽管派别滋生，作者增加，但就总的质量而论，已不如南宋以前的作品。但是从五代到北宋这一词的黄金时代中，虽然名家辈出，作品如云蒸霞蔚，却从来没有人把他们分派别，定名号。后来，也许为了讨论方便，人们提出了"花间派"这个名称，即用西蜀赵崇祚编的《花间集》的名称来定派别，但此集所选的温庭筠、韦庄和李珣的作品特点大不相同，因此在北宋文人看来，《花间集》是当时这一文学新体裁的总集与范本，是填词家的标准与正宗。

从五代南唐著名的词人、千古词帝李煜的《破阵子》（"四十年来家国，三千里地山河"）开始，词真正走出了闺房，由"伶工之词"转变为"士大夫之词"。这个转变，真正把词的地位提高了，实际上渐渐为后来的苏辛豪放派打下了基础。李白的《忆秦娥》末二句"西风残照，汉家陵阙"，王国维以为"寥寥八字，遂关千古登临之口"，被称为前期豪放风格的杰作。

明确提出词分婉约、豪放者，一般认为是明人张綖。张綖在《诗余图谱》一书中写到："词体大略有二，一体婉约，一体豪放。婉约者欲其词情蕴藉；豪放者欲其象恢宏。"第一个用"豪放"评词的是苏轼（《答陈季常书》）。据南宋俞文豹《吹剑续录》载："东坡在玉堂，有幕士善讴，因问：'我词比柳词何如？'对曰：'柳郎中词，只好十七八女孩儿，执红牙拍板，唱杨柳岸晓风残月。学士词，须关西大汉，执铁板，唱大江东去。'公为之绝倒。"这则故事，表明两种不同词风的对比。

豪放派是后人评价词体的专用词语。它是对金戈铁马、气势恢宏、奋发扬厉的词风的概括，用以区隔以绮罗香泽、儿女柔情为特色的婉约词风。

范仲淹写《渔家傲·塞下秋来风景异》，发豪放词之先声。苏轼大力提倡写壮词，开拓豪放词风。南宋词论家王灼说苏轼作词"指出上天一路，新天下耳目，弄笔者始知自振"。苏轼之后，经贺铸中传，加上靖康事变的引发，豪放词派获得迅猛发展，辛弃疾则成为创作豪放词的一代巨擘和领袖。南渡之后，由于时代巨变，悲壮慷慨的高亢之调应运发展，陈与义、叶梦得、朱敦儒、张孝祥、张元幹、陈亮、刘过等人承流接响，蔚然成风。豪放词派不但"屹然别立一宗"（《四库全书总目》），震烁宋代词坛，而且广泛地沾溉词林后学，从宋、金直到清代，历来都有标举豪放旗帜，大力学习苏、辛的词人。

豪放派词在唐诗和前期风格豪放的词的基础上，经过苏轼、辛弃疾等人的开拓创新,大力创作,形成了自己的特点。

1. "塞外"、"江天",题材广阔。在苏轼之前,诗庄词媚,词为艳科,在相当长的历史时期中成为人们的传统观念。这种观念在很大程度上束缚了人们的思想,认为词只宜写男欢女爱、离愁别恨,只宜写得缠绵婉媚,"香而软",认为这才是词的正宗。而苏轼登上词坛后,他以其超拔的才气,在文坛的地位和影响,打破了词为艳科的藩篱,把凡是诗所能表现的题材(山川景物、记游咏物、农舍风光以及吊古感旧、说理抒怀等)和主题,都在词里表现,正如刘熙载所说的,达到"颇似老杜诗,以其无意不可入,无事不可言"(《艺概》卷四)的程度,使词走出了樽前花间、深闺小楼,进入社会民生的广阔天地中。这就大大地扩展了词的表现功能,起到"指出向上一路,新天下耳目"(王灼《碧鸡漫志》)的作用。如《念奴娇》("大江东去")和《水调歌头》("明月几时有"),就是最能体现这一特色的不朽名作。词风上,苏轼突破以往婉约词一统天下的局面,开创了豪放词风,这对宋词的繁荣昌盛产生了深远的积极影响。豪放词到南宋辛弃疾,又有了新的发展。辛弃疾继承了苏轼的豪放词风及南宋初期爱国词人的战斗传统,进一步扩大词的题材,几乎达到了无事无意不可以入词的地步。

2. 不为形羁,汪洋恣意。婉约派词人一般都注重词的形式和音律上的规则,豪放派则放笔挥洒,不受拘囿,充分调动形式为表现内容服务。最突出的是苏轼。为了反映广阔的生活,在词调上,苏轼引进了不少慷慨豪放的曲调,如《沁园春》、《永遇乐》、《水调歌头》、《念奴娇》、《贺新郎》等。在词律上,苏轼也大胆突破,他打破了"词必协律"的陈套,解除了词为音乐附庸的束缚。苏轼并不是完全不顾或不懂音律,而是由于他"横放杰出,自是曲子中缚不住者"(见《复斋漫录》引晁补之语),又"豪放不喜剪裁以就声律"(见《历代诗余》引陆游语)。苏轼充分发挥词这种独特语言文学样式的长处,利用长短句的错落形式,造成节奏的舒卷变化,用词造句也力求铿锵响亮,从而达到了形式、内容、情感和谐统一的艺术境界。陆游是南宋杰出的诗人,精通音律,诗词俱佳,他曾"试取东坡诸词歌之,曲终觉天风海雨逼人"(见《历代诗余》引陆游语),足以证明苏轼的成功。

语言上,苏轼也有创新。他多方面吸收陶渊明、李白、杜甫、韩愈等人的诗句入词,偶尔也运用口语,只要是能恰当的表达他的思想感情,任何词语他都敢用,从而形成了一种体现苏轼个性的清新朴素、明快畅达的语言风格。如"明月几时有?把酒问青天,"(《水调歌头》)"墙里秋千墙外道,墙外行人,墙里佳人笑"(《蝶恋花》)等等,都明白如话,自然清新,生动准确。可以说,正是因了苏轼的大胆革新,才使词脱离了音乐的羽翼而成为一种独立的文学样式。

辛弃疾在继承苏轼"以诗为词"的革新精神的基础上,为了充分发挥词的抒情、状物、记事、议论的各种功能,他采用"以文为词"的手法,创造性地融会了诗歌、散文、辞赋等各种文艺形式的优长,丰富了词的表现手法与语言技巧,使词的艺术形式更加解放,更加丰富多彩,从而形成辛词独特的风格,"能于剪红刻翠之外,屹然别立一宗"(《四库提要》)。

3. 雄浑壮阔,格调豪迈。豪放派写景恢宏磅礴,抒情刚健豪迈,议论深刻超拔,结构纵横潇洒,形成一种雄浑宏大的艺术境界,格调显得豪迈奔放。

《江城子·密州出猎》是苏轼的第一首豪放词代表作。它既写"老夫聊发少年狂"的豪荡之情,亦抒发"会挽雕弓如满月,西北望,射天狼"的报国壮志,还描绘出"锦帽貂裘,千骑卷平冈。为报倾城随太守,亲射虎,看孙郎"的马嘶箭鸣,气势雄盛的出猎场面。全词抒写出胸中雄健豪放的一腔磊落之气。壮阔的境界、奔放的激情,雄浑的气势,铿锵的音调,形成一种粗犷豪迈的风格,充分显示出豪放词的阳刚美。此词"一洗绮罗香泽之态,摆脱绸缪宛转之度",拓宽了词的境界,树起了词风词格的别一旗帜。这与当时笼罩词坛的柳永词的婉约词风形成鲜明的对照。苏轼对自己的这种词风也相当自豪,他在《与鲜于子骏书》中说:"近却颇作小词,虽无柳七郎风味,亦自是一家,呵呵。数日前猎于郊外,所获颇多。作得一阕,令东州壮士抵掌顿足而歌之,吹笛击鼓以为节,颇壮观也。"

《水调歌头》是苏轼另一首豪放旷达名作。"明月几时有?把酒问青天。不知天上宫阙,今夕是何年。我欲乘风归去,又恐琼楼玉宇,高处不胜寒。起舞弄清影,何似在人间!"境界阔大雄奇。上自天上宫阙、琼楼玉宇,下自朱阁绮户、悲欢人间,无不海涵。而且结构大开大阖,情绪上大起大落。如下片:"转朱阁,低绮户,照无眠。不应有恨,何事长向别时圆?人有悲欢离合,月有阴晴圆缺,此事古难全。但愿人长久,千里共婵娟。"先写"照无眠"、"何事长向别时圆"的离愁别恨,愁之深,恨也深,却以"此事古难全"一语解过,并以"千里共婵娟"写"但愿人长久"的期冀,表现出词人洒脱旷达的情怀。正如王闿运所评:"'人有'三句,大开大阖之笔,他人所不能。"(《湘绮楼词选》)

《念奴娇·赤壁怀古》更是力透纸背的传世经典。起调"大江东去,浪淘尽、千古风流人物",劈空写来,江山人物,气势雄浑。"乱石穿空,惊涛拍岸,卷起千堆雪。"写景大笔淋漓,令人目眩神摇,创造了奇伟磅礴的境界。"遥想公瑾当年,小乔初嫁了,雄姿英发。羽扇纶巾,谈笑间,樯橹灰飞烟灭。"年轻的周瑜何等的英姿潇洒,意气风发。全词犹如一首激越雄浑的英雄交响曲,气势磅礴,境界阔大,字字声声都是对锦绣河山的赞美,对历史豪杰的钦佩和报国壮志的抒发。历史与今天、江山与英雄,洋溢着高亢的抒情格调,真是须"关西大汉"高唱入云。虽有壮志未酬之叹,也透出不甘寂寞之志,但主调仍是积极向上,豪迈奔放的,不愧为"古今绝唱"

（胡仔《苕溪渔隐丛话前集》卷五十九）。此词一出，便以它遒劲的笔力、高唱入云的声韵，以及"一洗万古凡马空"的气象，在盛行缠绵悱恻之风的北宋词坛，引起强烈轰动。

此外，《浣溪沙·有赠》抒写了"上殿云宵生羽翼，论兵齿颊带风霜"报国立功的豪迈之情；《水调歌头·昵昵儿女语》抒写了"忽变轩昂勇士，一鼓填然作气，千里不留行"的壮志情怀；《定风波·莫听穿林打叶声》中"莫听穿林打叶声，何妨吟啸且徐行"，"一蓑烟雨任平生"，"也无风雨也无晴"写出了其不怕风雨，在逆境中怡然自得的那种"任凭艰难险阻万千重，我自岿然不动的气度"（萧士杰《唐宋词导读》）和听任自然的人生态度；《浣溪沙·山下兰芽短浸溪》中"谁道人生无再少？门前流水尚能西。休将白发唱黄鸡"，表现出老当益壮，积极进取的乐观态度。《水调歌头·黄州快哉亭赠张偓佺》中的"一点浩然气，千里快哉风"，以浩然气与友人共勉，表现出逆境中的坦荡胸怀。

郭沫若曾题写一副对联："铁板铜琶继东坡高唱大江东去；美芹悲黍冀南宋莫随鸿雁南飞。"上联说辛弃疾词风豪放。北宋苏轼开创了"豪放"词风，辛弃疾则用自己的爱国情怀和英雄气概，继承并发展了这一词风。"铁板铜琶"一词，本是前人评价苏轼词风的话，而继承苏轼把词的豪放风格发扬光大，使它蔚然成为一大宗派的是辛弃疾。辛弃疾创作了大量的"英雄语"、"豪杰词"，至此豪放风格才蔚为大观，正式成派，辛弃疾的创作也成为这一派的代表。正像刘克庄所评："公所作大声鞳鞳，小声铿鍧，横绝六合，扫空万古，自有苍生以来所无"（《辛稼轩集序》）。"婉约以易安为宗，豪放唯幼安称首"（《花草蒙拾》）。"慷慨纵横，有不可一世之概。"（《四库全书》总目提要）下联的内涵主要是说辛弃疾的黍离之悲和他的爱国情怀、爱国抱负，这也是他的词豪迈风格形成的首要原因。辛词大多意象开阔宏大，气势雄壮，风格慷慨豪迈，充满阳刚之美；感情浓烈，或慷慨悲凉，或低沉落寞，或热情激昂，其力量皆不可抵挡，震撼人心。

登临赤壁，赤壁的惊涛骇浪曾勾起了苏轼无限遐想，与雄姿英发、少年得志的周瑜相比，年近半百的东坡生发"多情应笑我，早生华发"的感慨，那是文人的伤感。而登上京口北固亭的辛弃疾，向往的是"金戈铁马，气吞万里如虎"的英雄气概，感叹的是"凭谁问，廉颇老矣，尚能饭否"则显露出英雄壮士的本色。

辛弃疾以他抗金英雄的气质和词坛巨匠的才能，发而为词，把坚定的抗战决心，炽热的爱国热情，顽强的斗争精神，豪迈的英雄气概，熔铸在宏大的意境中，构成了他豪迈词最突出的基调。如辛弃疾写给陈亮的《破阵子》词，就在宏大的意境中显示出不可阻挡的声势。其声——"梦回吹角连营"，号角嘹亮雄壮，"弓如霹雳弦惊"，万箭响如"霹雳"，"五十弦翻塞外声"，战歌高亢激越，一支壮烈激越的战斗交响曲令人侧耳可闻。其势——"沙场秋点兵",威武雄壮。英雄的理想——"了却君王天下事,赢得生前身后名",坚定豪迈。全词真正是磅礴雄壮,气吞山河,威势凛然,具有力度美和崇高美,充满了英雄主义色彩。辛弃疾的这种慷慨豪迈的词风,一扫剪红刻翠、烟水迷离的柔弱境界,代之以金戈铁马、千岩万壑的刚健气势,将苏轼以来的豪放词风推向了高峰。

　　辛弃疾为了表达理想与现实的矛盾,常常借助奇特的想象、大胆的夸张、丰富的幻想,以特殊的精神和性格,寄托自己雄伟壮美的理想,表现自己豪迈悲壮的情怀。如他写长剑是"倚天万里",写长桥是"千丈晴虹"(《沁园春·再到期思卜筑》),写山是"叠嶂西驰,万马回旋"(《沁园春·灵山齐庵赋时筑偃湖未成》),甚至写水仙花的盆景也是"汤沐烟波万顷"(《贺新郎·赋水仙》)。他词里不仅出现"红旗清夜,千骑月临关"(《水调歌头·三山用赵丞相韵》)、"汉家组练十万,列舰耸高楼"(《水调歌头·舟次扬州和杨济翁、周显先韵》)等战斗场景,就是对着水边的鸥鸟,眼前的酒杯,拦路的松树,也会发出军令似的约束;看到红红白白的花朵,也会想起吴宫的训练女兵,"对花何似,似吴宫初教,翠围红阵"(《念奴娇·赋白牡丹和范廓之韵》);在幽静的小窗里听到外面的棋声,也会想起重重围城的被突破,"小窗人静,棋声似解重围"(《新荷叶·再和前韵》)。这些生动而夸张的描绘与想象,构成辛词豪放风格的显著特征。比之苏轼,辛词是更生动、更突兀,有时笔酣墨饱,气势飞舞,那是苏词里所没有的意境。

　　辛弃疾词对南宋词坛产生了巨大影响。清人陈洵《海绡说词》便曾言:"南宋诸家鲜不为稼轩牢笼者。"在其同时或稍后,出现了不少与他有着相同或相近创作倾向的词人,文学史上把他们称为辛派词人,主要人物有陈亮、刘过、刘克庄等。

　　苏轼、辛弃疾同为宋代豪放词派的杰出代表,人们往往"苏辛"并称。他们的词作都具有题材广泛,感情充沛,意境宏阔,气势磅礴,格调豪迈奔放的特点,为宋词境界的扩大和词体的发展做出了创造性的贡献。但是由于时代、际遇和性格的不同,两人的词作也各有自己鲜明的特色:苏词有诗化的倾向,使词的审美价值上升到崇高的境界;辛词有散文化的意境,慷慨纵横是其情绪的主流。苏轼的豪放是达观者的风采,轻松而迷人;辛弃疾的豪放是壮志难酬的悲壮之音,沉郁而震撼人心。正如王国维所评:"东坡之词旷,稼轩之词豪。"苏词豪旷、超逸,有哲人的通透、达观;辛词豪壮、沉郁,有英雄的激愤、雄傲。"东坡词极名士之雅,稼轩词极英雄之气,千古并称,而稼轩更胜。"(陈廷焯《白雨斋词话》)

　　自苏轼、辛弃疾大放异彩,豪放词便成了词坛上最积极并富有生气、表现力与创新性的流派。它一脉相承,生生不息,至今仍具活力与表现力。

文苑篇

含蓄委婉道尽人间儿女似水柔情

含蓄委婉与豪迈奔放其实就是优美与壮美在文学作品中的另一种表达方式。含蓄委婉是审美范畴、艺术方法，也是艺术风格。作为风格，它是阴柔美的又一重要类型。含蓄与直露相反，它是含而不露，主体情思精神寓于审美意象之中。含蓄委婉即婉约。其风格的基本特征主要有二：一是婉，即委婉柔丽之意；约，即精练清简之意。此词始见于先秦，魏晋六朝人已用它形容文学辞章，如陈琳《为袁绍与公孙瓒书》："得足下书，辞意婉约。"陆机《文赋》："或清虚以婉约。"可见在词史上婉转柔美的风调相沿成习，由来已久。含蓄风格不求主体情思的直接流淌，而追慕思想情感表达的委婉曲折。含蓄风格通常是作家借助于比喻、象征、典故的运用等曲折手法来表情达意而实现的，作品往往呈现出意象浓郁而不见情思。《二十四诗品》论含蓄云："不著一字，尽得风流。语不涉己，若不堪忧。是有真宰，与之沉浮。"含蓄风格不粘著文字，而是意象丰足，主体情思通过审美意象而流露出来。由于含蓄风格努力追求情意表达的委婉曲折，因而，它虽"不著一字"，却能"尽得风流"，主体情思尽在审美意象之中。二是深，含蓄风格包蕴着深隽丰厚的情思意蕴，含蓄是情思意蕴含而不露，只有情思意蕴深厚丰足，才能构成含蓄风格。否则，意浅情薄，思淡味寡，谈不上含蓄。正如清人刘大櫆在其《论文偶记》中指出："文贵远，远必含蓄，或句上有句，或句下有句，或句中有句，或句外有句，说出者少，不说出者多，乃可为远……昔人谓意尽而言止者，天下之至言也。然言止而意不尽者尤佳。意至处言不到，言尽出意不尽……"

诗歌是我国最古老的文学形式之一，占据着文坛的主导地位。其发展可以追溯到诗经、楚辞和汉乐府，经历魏晋南北朝文学的乐府和建安文学的发展，到唐代达到鼎盛。在文学作品中，诗词是抒情的个性化的文学。中国古代诗歌蕴涵丰富，魅力无限，积累了丰富的艺术表现手法和技巧，语言凝练，内涵丰富，具有浓厚的耐人寻味的含蓄美。中国古代文化具有"隐"的特征，表现在以"隐"为思维表达方式，只将感受、体会简要说出，点到为止，让读者自己去领悟其中奥妙，而诗歌的情感往往蕴含在形象（意象、意境）中。"不著一字，尽得风流。"因而，诗歌中的情感往往是含蓄迂回、深沉不露的。诗之灵魂在于情，情真意切才有诗。而诗贵含蓄，也就是不把意思明白说出来，蕴含在所写的形象里，形成委婉深远的风格。含蓄风格包蕴深厚而又曲折委婉，审美情思隐然潜寓于审美意象之中，因而给我们带来艺术的享受。

含蓄美是中国传统文学艺术美的重要范畴。中国被称为"诗的国度"，从诗经楚辞、汉魏乐府、六朝古诗到唐诗宋词元曲,大半部中国文学史主要是诗史,所以我们谈到中国古代文学,言必称屈、陶、李、杜。人们将中国古代诗歌喻为一条灿烂的银河,这条银河中最灿烂的星群,无疑是唐诗宋词。这些诗词以其凝练的语言、含蓄而丰富的内蕴将我们带入了一个崇高的艺术殿堂,给我们带来了含蓄委婉美的享受。

（一）杏花春雨江南

"文必秦汉,诗必盛唐。"唐朝经济繁荣,政治开明,文人思想极其活跃,也就形成了丰富多变的文风。如大海、如汪洋,气势磅礴,摄人心魄;也如小溪、如细流,宁静婉转,沁人心田。山水田园诗就是这一股涓涓细流。山水田园诗源于东晋的谢灵运和晋代的陶渊明。随着唐诗繁荣局面的到来,山水田园诗出现了丽日经天的壮观。王维与孟浩然等继承了陶渊明、谢灵运山水诗传统,以描写自然风光、乡村景物以及安逸恬淡的隐居生活见长,诗境隽永优美,风格恬静淡雅,语言清丽洗练,多用白描手法,形成了一个与边塞诗派交相辉映的山水田园派。王维的《山居秋暝》:"空山新雨后,天气晚来秋。明月松间照,清泉石上流。竹喧归浣女,莲动下渔舟。随意春芳歇,王孙自可留。"在清新宁静而生机盎然的山水中,感受到万物生生不息的生之乐趣。皎皎明月,纯洁空明,郁郁青松,亭亭净植;幽幽清泉,潺潺流淌;森森翠竹,修直挺拔;卓卓清莲,污而不染;雨后空山,洁净纯美。精神升华到了空明无滞碍的澄清境界,自然的美与心境的美完全融为一体,创造出如水月镜花般不可凑泊的纯美诗境。孟浩然的《夏日南亭怀辛大》:"山光忽西落,池月渐东上。散发乘夕凉,开轩卧闲敞。荷风送香气,竹露滴清响。欲取鸣琴弹,恨无知音赏。感此怀故人,中宵劳梦想。"以山水自适的情怀,融入池月清光、和风暗香和竹露清响的景像中,顿觉清旷爽朗。净化了的情思,用提纯的景物表现,不也有种单纯明净的美么？张志和的《渔歌子》:"西塞山前白鹭飞,桃花流水鳜鱼肥。青箬笠,绿蓑衣,斜风细雨不须归。"描绘出江乡二月桃花汛期间春江水涨、烟雨迷蒙的图景。雨中青山,江上渔舟,天空白鹭,两岸红桃,色彩明丽却又柔和,气氛宁静却又生机盎然。诗人头戴青箬,身披绿蓑,安坐一叶小舟,任自己在斜风细雨中自由徜徉。人和自然是如此的和谐优美、从容而快乐。这不正是天人合一的完美境界吗？

一向豪情纵天的李白,其诗歌的美是多样的,除大气磅礴、雄奇浪漫的壮美风格外,还有自然明快的优美情韵。如《陪族叔刑部侍郎晔及中书贾舍人至游洞庭五首》(其二):"南湖秋水夜无烟,耐可乘流直上天？且就洞庭赊月色,将船买酒白云边。"清秋佳节,月照南湖,湖面清风,湖上明月,水天相连白云处,境界澄澈如画。诗人把水、月、白云连成一体的琉璃世界,和在这个世界里产生的奇妙想象,写得如此明净秀美,如入神仙境界。

诗风一向沉郁顿挫的杜甫也有另一种生命情趣。其《春夜喜雨》:"好雨知时节,当春乃发生。随风潜入夜,润物细无声。野径云俱黑,江船火独明。晓看红湿处,花重锦官城。""知"字用得传神,简直把雨给写活了。"潜"字拟人化,摹春雨来时悄无声息的情态,颇具情趣,诱发人们对春雨的喜爱之情。"润"字传神,准确而生动地写出了春雨滋润万物,静默无声的特点,既绘形,又言情,形情皆备,精深独妙。"黑"与"明"相互映衬,不仅点明了云厚雨足,而且给人以强烈的美感,精妙传神地渲染出春雨迷蒙、色彩迷离的氛围。"重"字准确地写出了经受春雨一夜洗礼滋润之后锦官城花朵红艳欲滴,饱含生机的情态,寄寓了作者对春雨的盛赞之情。全诗没有一个"喜"字,而字里行间却处处渗透"喜"字,真是含蓄有致。

一向重写实的白居易,也有闲逸悠然的情调。其《忆江南》:"江南好,风景旧曾谙。日出江花红胜火,春来江水绿如蓝。能不忆江南?江南忆,最忆是杭州。山寺月中寻桂子,郡亭枕上看潮头。何日更重游?""红胜火"和"绿如蓝",对比强烈,极具力度,可谓摄住了江南之春的魂;"山寺月中寻桂子,郡亭枕上看潮头。"可谓抓住了杭州之秋的灵。

韦应物的《滁州西涧》:"独怜幽草涧边生,上有黄鹂深树鸣。春潮带雨晚来急,野渡无人舟自横。"动静结合,风格深远,如一幅清幽的水墨画。李益《夜上受降城闻笛》:"回乐峰前沙似雪,受降城外月如霜。不知何处吹芦管,一夜征人尽望乡。"抒写边防将士思乡之情。景色、声音、感情三者融为一体,诗情、画意与音乐美熔于一炉,组成了一个完整的艺术整体,意境浑成,简洁空灵,含蕴不尽。柳宗元的绝句《江雪》:"千山鸟飞绝,万径人踪灭。孤舟蓑笠翁,独钓寒江雪。"运用对比、衬托的手法流露诗人的心绪:千山万径之广远衬托孤舟老翁之渺小;鸟绝人灭之阒寂对比老翁垂钓之生趣;画面之安谧冷寂衬托人物心绪之涌动。孤处独立的老翁实际是诗人心情意绪的写照。

晚唐,闺阁情怀在文士精神生活中占有重要地位,诗歌适应时代的变迁,有了新的内容和艺术表现形式。并称"温李"的温庭筠和李商隐,尤其是李商隐,以爱情题材的诗歌和艳丽诗风,在诗苑中开辟出新的境界,深化了诗歌的艺术表现力,卓然成为大家。其《无题》中:"春蚕到死丝方尽,蜡炬成灰泪始干",以蚕丝之"丝"暗喻思念之"思",借助于谐音双关;以烛泪之"泪"来比方愁人之"泪",形神极似。诗人巧妙地运这些高超的修辞手段,写出了人间的千古之情。春蚕吐丝,死后方尽,蜡烛流泪,泪干身灭,这种伴随着生命始终的缠绵之情,这种至死不渝的真诚执著的爱,具有一种震撼人心的巨大力量。整首诗把爱情纯化、升华得如此明净而又缠绵悱恻。

(二)晓风残月丝竹

宋代城市经济的繁荣,带来词的兴盛。词本为合乐而歌,娱宾遣兴,内容不外离愁别绪，闺情绮怨。五代即已形成以《花间集》和李煜词为代表的香软词风。这类作品大多以男女艳情或者离愁别恨为中心，风格婉媚。被誉为花间派鼻祖的温庭筠《梦江南》："千万恨，恨极在天涯。山月不知心里事，水风空落眼前花，摇曳碧云斜。""梳洗罢，独倚望江楼。过尽千帆皆不是，斜晖脉脉水悠悠，肠断白蘋洲。"第一首写思妇深夜不寐，望月怀人。第二首写思妇白日倚楼，愁肠欲断。两首词以不同场景塑造同一类人物。时间上，从早到晚；空间上，从眼前之洲到极目之远帆；情绪上，从希望到失望；程度上，从一帆到千帆，从每一帆之小失望到黄昏之最后之失望，气氛渲染到高潮，然后以旧游之处结束。以女子一日之生活为线索，可想象日日如此，其哀怨可知。刻画人物上，形象、生动、传神，揭示人物心理，细腻、逼真，足见作者技巧纯熟。一个是深夜不寐，一个是晨起登楼，都写得朴素自然，明丽清新，没有刻意求工、雕琢辞句，但却能含思凄婉，臻于妙境。李煜《相见欢》："无言独上西楼，月如钩。寂寞梧桐深院锁清秋。剪不断，理还乱，是离愁。别是一般滋味在心头。"避实就虚，摄尽凄婉之神。又以"剪不断，理还乱"的麻丝喻愁，将无形的愁思具象化，欲言难言，令人肠回心荡。

北宋词家承其余绪，晏殊、欧阳修、柳永、秦观、周邦彦、李清照等，虽在内容上有所开拓，运笔更精妙，并各具风韵，自成一家，但大体上仍未脱离宛转柔美之风。故明人以婉约派来概括这一类型的词风。其特点主要是内容侧重儿女风情，结构深细缜密，音律婉转和谐，语言圆润清丽，有一种柔婉之美。徐师曾在《文体明辨序说》中也指出："至论其词，则有婉约者，有豪放者。婉约者欲其辞情蕴藉，豪放者欲其气象恢弘，盖虽各因其质，而词贵感人，要当以婉约为正。"因此，前人多用"婉美"（《苕溪渔隐丛话》后集）、"软媚"（《词源》）、"绸缪宛转"（《酒边词序》）、"曲折委婉"（《乐府余论》）等语来形容他们作品的风格。

与诗相比，从内容与审美心理上看，词更偏于主情——特别是爱情、乡情以及友情等。宋人在词中着重描写浅斟低唱、儿女柔情等抒发性灵的文字，讲求形式的精致，重视艺术形式的完美，以精丽、隽永、催刚为柔的蕴藉风格为其本色特征，因此就有了"词媚"、"词别是一家"的说法。

以晏殊和欧阳修为代表的因袭派词人，作词主要是继承花间派的词风，强化了温庭筠等花间词人开创、定型的抒情范式，进一步确定了以柔情为主的题材取向和以柔软婉丽为美的审美规范。有"导宋词之先路"的晏殊，其词闲雅而有情思。其《鹊踏枝》："槛菊愁烟兰泣露，罗幕轻寒，燕子双飞去。明月不谙离恨苦，斜光到晓穿朱户。昨夜西风凋碧树，独上高楼，望尽天涯路。欲寄彩笺兼尺素，山长水阔知何处？"词人借闺中人的主观感受和内心世界的活动，深婉而含蓄地表现了自己临秋怀人那种执著而真挚的感情。离恨相思之苦，情景交融，细致入微，感人至深。

在婉约派词人许多伤离怀远之作中,这是一首颇负盛名的词。它不仅具有情致深婉的共同特点,而且具有一般婉约词少见的寥廓高远的特色。它不离婉约词,却又在某些方面超越了婉约词。

文坛领袖的革新人物欧阳修,其词因循中求变。其《蝶恋花》:"庭院深深深几许?杨柳堆烟,帘幕无重数。玉勒雕鞍游冶处,楼高不见章台路。雨横风狂三月暮,门掩黄昏,无计留春住。泪眼问花花不语,乱红飞过秋千去。"以生动的形象、清浅的语言,含著委婉、深沉细腻地表现了闺中思妇复杂的内心感受,是闺怨词中传诵千古的名作。此词首句"深深深"三字,其用叠字之工,致使全词的景写得深,情写得深,由此而生深远之意境。"泪眼问花花不语,乱红飞过秋千去。"是花是人?物我合一,情景交融,含蕴深沉。整首词如泣如诉,凄婉动人,意境浑融,语言清丽。其另一词作《生查子》:"去年元夜时,花市灯如昼。月上柳梢头,人约黄昏后。今年元夜时,月与灯依旧。不见去年人,泪湿春衫袖。"则以昔日幽会的欢愉,反衬今宵的落寞。笔势逆转,清新自然,不愧是白描之妙笔,词中之胜境。

北宋专力写词的第一人,在扩大词境、发展慢词、丰富词作表现手法上都有杰出贡献的柳永,其词作能达到"凡有井水饮处,即能歌柳词"的广度。其《雨霖铃》中:"今宵酒醒何处?杨柳岸,晓风残月。"只见习习晓风吹拂萧萧疏柳,一弯残月高挂杨柳梢头。客情之冷落,风景之清幽,离愁之绵邈,完全凝聚在这画面之中。情景交融,委婉多致。

宋代女词人李清照被尊为婉约宗主。其文词绝妙,鬼斧神工,前无古人,后无来者。其《点绛唇》:"蹴罢秋千,起来慵整纤纤手。露浓花瘦,薄汗轻衣透。见客入来,袜刬金钗溜,和羞走。倚门回首,却把青梅嗅。"描写了一个少女的活泼调皮形象。最妙的是"倚门回首,却把青梅嗅"一句。"倚"、"回"、"嗅"三个动作,就像电影中的特写镜头一样,不仅如画般折射出主人公的动作、神情、姿态,而且以极精湛的笔墨描绘了这位少女怕见又想见、想见又不敢见的微妙心理。加以"回首"一笔,少女窥人之态宛然眼前。把一个情窦初开的少女的复杂情感,十分清楚而委婉、真切而自然、细腻而生动地展现在我们面前,可谓妙笔生花。

词作以典雅著称,又被推为集大成词人的周邦彦《苏幕遮》:"叶上初阳干宿雨,水面清圆,一一风荷举。"及史达祖《双双燕》:"还相雕梁藻井,又软语商量不定。飘然快拂花梢,翠尾分开红影。"皆可谓为尽态极妍、妙到毫巅之作。

宋代豪放词派的苏轼,也有柔肠百结的儿女情长。《江城子·记梦》:"……夜来幽梦忽还乡。小轩窗,正梳妆。相顾无言,惟有泪千行……"阴阳相隔,重逢只能期于梦中,也只有梦没有时空的限制,可以超越一切的界限和有限。朴素真挚的深情,沉痛的生离死别,谁不会为其中的深情所感动?

晏几道《临江仙》："……落花人独立,微雨燕双飞……""落花"、"微雨",本是极清美的景色,却意味着芳春过尽,伤逝之情油然而生。燕子双飞,反衬愁人独立,因而引起了绵长的春恨,以至在梦后酒醒时回忆起来,仍令人惆怅不已,构成一个凄艳绝伦的意境。这种韵外之致,荡气回肠,令人流连忘返。黄庭坚《诉衷情》："小桃灼灼柳鬖鬖,春色满江南。雨晴风暖烟淡,天气正醺酣。山泼黛,水挼蓝,翠相挽。歌楼酒旆,故故招人,权典青衫。"描绘出一幅绝妙的江南春游图。江南春景层层叙写,逐步展现。桃柳、天气、山水、"歌楼酒旆"到结语,层层勾勒,以轻快的笔调写出了江南春天的秀丽风光,清新俊美,富有生活情趣。"山泼黛,水挼蓝,翠相挽",浓笔重描,把春色写满、写足、写活。秦观《踏莎行》："……可堪孤馆闭春寒,杜鹃声里斜阳暮。……郴江幸自绕郴山,为谁流下潇湘去?"整首词借景物委婉曲折、含蓄蕴藉地表达了遭贬谪凄伤幽怨的感情。"可堪孤馆闭春寒,杜鹃声里斜阳暮。"桃源无觅,又谪居远离家乡的郴州的一个湘南小城的客舍里,本就容易产生思乡之情,更何况不是宦游他乡,而是天涯沦落啊。这两句正是意在渲染这个贬所的凄清冷寞。春寒料峭时节,独处客馆,念往事烟霭纷纷,瞻前景不寒而栗。一个"闭"字,锁住了料峭春寒中的馆门,也锁住了那颗欲求拓展的心灵。更有杜鹃声声,催人"不如归去",勾起旅人愁思;斜阳沉沉,正落西山,怎能不触动一腔身世凄凉之感?词人连用"孤馆"、"春寒"、"杜鹃"、"斜阳"等引人感发,令人生悲伤心景物于一境,即把自己的心情融入景物,创造"有我之境"。又以"可堪"二字领起一种强烈的凄冷气氛,好像他整个的身心都被吞噬在这片充斥天宇的惨淡愁云之中。他何尝不欲将心中的悲愤一吐为快?但他忧谗畏讥,不能说透。于是化实为虚,作宕开之笔,借眼前山水作痴痴一问:"郴江幸自绕郴山,为谁流下潇湘去?"无理有情,无理而妙。

和苏轼并称豪放派词人辛弃疾也有隐逸情趣的表现。《西江月·夜行黄沙道中》:"明月别枝惊鹊,清风半夜鸣蝉。稻花香里说丰年,听取蛙声一片。七八个星天外,两三点雨山前。旧时茅店社林边,路转溪桥忽见。"明月清风,疏星稀雨,鹊惊蝉鸣,稻花飘香,蛙声喧闹,从视觉、听觉、嗅觉等多种感官抒写了夏夜的村野风光的幽美。全词笔调灵活生动,亲切轻快,情景交融,优美如画,恬静自然,生动逼真。

贺铸《青玉案》:"……试问闲情都几许?一川烟草,满城风絮,梅子黄时雨。"不仅形象、真切地表现出词人失意、迷茫、凄苦的内心世界,同时也生动、准确地展现了江南暮春时烟雨迷蒙的情景。"一川烟草"以江南景色比喻忧愁的深广,以面积广大喻愁之多;"满城风絮"以整个空间立体地比喻愁之深广和纷烦杂乱;"梅子黄时雨"以连绵不断比喻愁之时间长和难以断绝,"此恨绵绵无绝期"啊。兴中有比,意味深长,被誉为绝唱。

对传统婉约词的表现艺术进行改革,建立起新的审美规范的姜夔,其词境独创一格,艺术思维方式和表现手法也别出心裁。其《扬州慢》:"淳熙丙申至日,予过维扬。夜雪初霁,荠麦弥望。入其城,则四顾萧条,寒水自碧,暮色渐起,戍角悲吟。予怀怆然,感慨今昔,因自度此曲,千岩老人以为有《黍离》之悲也。淮左名都,竹西佳处,解鞍少驻初程。过春风十里,尽荠麦青青。自胡马窥江去后,废池乔木,犹厌言兵。渐黄昏,清角吹寒,都在空城。杜郎俊赏,算而今,重到须惊。纵豆蔻词工,青楼梦好,难赋深情。二十四桥仍在,波心荡,冷月无声。念桥边红药,年年知为谁生。"用虚实交错,明暗相间的手法,形成今与昔的对比,唤起词此人对山河残破的隐痛、对国势衰危的担忧,可为言微旨远,一唱三叹的伤时衰世之音。

黄孝迈《赋梨花》中的"一春花下,幽恨重重,又愁晴,又愁雨,又愁风。"把一段惜花的慧心写得如此缠绵、清丽,令人为之凄断。

张炎《高阳台·西湖春感》:"接叶巢莺,平波卷絮,断桥斜日归船。能几番游,看花又是明年。东风且伴蔷薇住,到蔷薇、春已堪怜。更凄然。万绿西泠,一抹荒烟。当年燕子知何处?但苔深韦曲,草暗斜川。见说新愁,如今也到鸥边。无心再续笙歌梦,掩重门、浅醉闲眠。莫开帘。怕见飞花,怕听啼鹃。"全词表现出了作者惜春、伤春、今昔、家国兴亡的诸多感慨,字里行间流露出一种无可奈何的惆怅和怃然神伤的幽怨。"东风"、"到"、"更",词气三转,愈折愈深,托物比象以寄亡国之悲,字字沉咽,不辨是血泪还是墨痕。飞花、啼鹃,发人哀思,两"怕"字,写尽江山易主、人事全非,目不忍睹、耳不忍闻之痛。全词融情入景,以情入物,情深辞婉,灵动流转,极凄怆缠绵之致。

无论诗,无论词,无论情,无论景,其含蓄,其委婉,其阴柔,总能触动我们某一根神经,总能走进我们心灵深处最柔软的角落。徜徉其中,慢慢领会,细细体味,你会发现,她们犹如"杏花春雨江南",她们犹如"晓风残月丝竹",她们总是很美。

参考文献

1. 郭兴良,周建忠. 中国古代文学. 上、下册. 北京:高等教育出版社,1999
2. 郭兴良,周建忠. 中国古代文学作品选. 上、下册. 高等教育出版社,2000
3. 萧涤非,程千帆等. 唐诗鉴赏辞典. 上海辞书出版社,1983
4. 杨义. 李白的醉态诗学. 杭州师范学院学报,1999(02)
5. 龙益得. 学习豪放旷达的唐诗 培养尚健大气的性格. 天道语文网. 2005
6. 佚名. 秦时明月汉时关——边塞诗鉴赏
7. 周笃文. 豪放词典评. 大连:辽宁教育出版社,2009
8. 唐圭璋. 唐宋词鉴赏辞典. 南京:江苏古籍出版社,1986
9. 佚名. 以具体作品为例,试比较唐诗宋词体制特点及其抒情特点

10. 李小宁. 苏轼与辛弃疾词风比较. 华夏文化,2006(2)
11. 袁行霈. 中国文学史. 北京:高等教育出版社,1999
12. 游国恩等. 中国文学史. 人民文学出版社,2002
13. 周笃文. 婉约词典评. 大连:辽宁教育出版社,2009

送杜少府之任蜀州

[唐] 王 勃

城阙辅三秦[1],风烟望五津。
与君离别意,同是宦游人[2]。
海内存知己[3],天涯若比邻[4]。
无为在歧路[5],儿女共沾巾[6]。

【注释】

[1] 城阙:帝王居住的城,这里指长安。
[2] 宦游:出外做官。
[3] 海内:全国各地。
[4] 比邻:近邻。
[5] 歧路:告别的地方。
[6] 沾巾:挥泪告别。

【导读】

　　王勃(650—675),字子安,绛州龙门(今山西省稷山县一带)人,初唐文学家。他是著名学者王通的孙子。与杨炯、卢照邻、骆宾王以诗文齐名,并称"初唐四杰"。他以才及第,又因文而失意,并累及他的父亲。往海南探父时,因溺水受惊而死。王勃诗文俱佳,不愧为四杰之首,在扭转齐梁余风、开创唐诗上功劳尤大,为后世留下了一些不朽名篇。他的五言律诗《送杜少府之任蜀州》,成为中国诗歌史上的杰作。

　　这首著名的送别诗,是王勃在长安时送友人杜少府入川赴任所作。这首送别诗之所以高人一筹,不仅在于它的艺术性,更在于它的高昂向上的格调和旷达的胸怀及真挚的情感。诗的首联写得很有气势,以想象的笔法,凌空落笔,既写出了长安的形势和四川长江一带的风貌,也点出了送别之地和宦游之处。景象开阔,气势雄伟,也为全诗奠定了昂扬向上的基调。接着,颔联由对仗转用散句,点明送别题意,转入了离别的心境和情绪的描写,但表述得却十分含蓄。颈联又宕开送别话题,凭空挺起,以豪迈的诗情写出了情理交融的精警诗句。此句是化用曹植《赠白马王彪》中"丈夫志四海,万里犹比邻"的诗句,但更为工整而凝练、深沉而精警。尾联又由豪情的抒写转入平和的共勉而作结,这里仍是化用曹植诗句:"忧思成疾疢,毋乃儿女仁。"但诗意显得更为旷达。诗歌意境开阔,风格清新爽朗。此诗一洗齐、梁以来绮丽浮艳之风,也一变已往送别诗伤感低沉的情调,表现出了豁达爽朗的胸襟和豪迈昂扬的气概。

【类文链接】

[1] 高适《别董大》:千里黄云白日曛,北风吹雁雪纷纷。莫愁前路无知己,天下谁人不识君!

[2] 岑参《醉里送裴子赴镇西》:醉后未能别,待醒方送君。看君走马去,直上天山云。

[3] 李白《送孟浩然之广陵》:故人西辞黄鹤楼,烟花三月下扬州。孤帆远影碧空尽,唯见长江天际流。

登 鹳 雀 楼[1]

[唐] 王之涣

白日依山尽[2],黄河入海流。
欲穷千里目[3],更上一层楼[4]。

【注释】

[1] 鹳雀楼:旧址在山西永济县。楼高三层,前对中条山,下临黄河。传说常有鹳雀在此停留,故有此名。
[2] 依:依傍。尽:消失。
[3] 穷:尽,使达到极点。千里目:指尽可能看得远的能力。千里,虚指。
[4] 更:再。

【导读】

王之涣(688—742),字季凌,是盛唐时期的诗人。祖籍晋阳(今山西太原),其高祖迁今山西绛县。王之涣生平豪放不羁,常击剑悲歌,其诗多被当时乐工制曲歌唱。名动一时,常与高适、王昌龄等相唱和,以善于描写边塞风光著称。

《登鹳雀楼》是一首脍炙人口的五言绝句。全诗描述了诗人在夕阳西下登楼远眺所见到的景象。诗的前两句写的是登楼所见,当前景与意中景融为一体,写出了黄昏时高楼周围一片雄浑壮阔的景象,刻画了祖国的壮丽河山;后两句写的是登临时的感受,抒发了诗人奋发向上的情怀,表现了诗人豪迈的胸襟,揭示了"只有站得高,才能看得远"这一生活哲理。诗人的这首诗气势奔放,意境开阔,哲理深刻,语言自然工整,是"唐人留诗"中的不朽之作。

【类文链接】

[1] 王维《使至塞上》:单车欲问边,属国过居延。征蓬出汉塞,归雁入胡天。大漠孤烟直,长河落日圆。萧关逢候骑,都护在燕(yān)然。

[2] 李白《望天门山》:天门中断楚江开,碧水东流至此回。两岸青山相对出,孤帆一片日边来。

[3] 李白《庐山谣寄卢侍御虚舟》:登高壮观天地间,大江茫茫去不还。黄云万里动风色,白波九道流雪山。

出　塞[1]

[唐] 王昌龄

秦时明月汉时关[2],万里长征人未还。
但使龙城飞将在[3],不教胡马度阴山[4]。

【注释】

[1]《出塞》:乐府《横吹曲》旧题。唐代诗人往往用这个题目反映边塞征戍生活。

[2] 秦时明月汉时关:"秦"与"汉","明月"与"关",互文见义,即秦汉时的明月照着秦汉时的关塞。意思是说,从秦到汉,从汉到唐,一直是月照关塞,边患不息。

[3] 龙城:指袭匈奴圣地龙城的名将卫青。飞将:西汉名将李广。他曾任右北平郡太守,屡次打退匈奴的入侵,被称为"飞将军"。

[4] 胡马:指北方少数民族军队。度:越过。阴山:西起河套,绵亘于内蒙古,东与兴安岭相接,为古代抵御北方游牧民族的天然屏障。汉武帝时屯兵驻守,以御匈奴。

【导读】

王昌龄(约698—756),字少伯,京兆长安(今陕西省西安市)人,盛唐时期著名边塞诗人。其诗以七绝最为擅长,有"七绝圣手"、"诗家夫子王江宁"之称。王昌龄的边塞诗气势雄浑,格调高昂。

本诗篇幅虽小,而容量极大。诗人以雄劲的笔触,对当时的边塞战争生活作了高度的艺术概括。他通过对时间和空间的着意经营,把写景、叙事、抒情与议论紧密结合,在四句诗里熔铸了丰富复杂的思想感情,使诗的意境雄浑深远,既激动人心,又耐人寻味。"秦时明月汉时关",诗人从明月照关的现象,想到秦汉以来边地的战争绵延不断,多少人死于征战之中的情景,写出了自古以来戍边征人的悲哀与无奈。诗人在"月"和"关"的前面,用"秦时""汉时"加以修饰,使这幅月临关塞图,变成了时间中的图画,给万里边关赋予了悠久的历史感。这是诗人对长期的边塞战争作了深刻思考而产生的"神来之笔"!"万里长征人未还",一代又一代离家万里远征的将士,至今没有返回家园。"万里"虽属虚指,却突出了空间辽阔。诗从千年以前,万里之外落笔,"发兴高远",感慨深长,眼前的实景包含了具有历史深度的虚景,虚实相生,内涵无比深厚,自然形成了雄浑苍茫的意境。"但使龙城飞将在,不教胡马度阴山。"只要名将卫青和飞将军李广还活着,就一定不会叫胡人的马队越过阴山。这是诗的主旨,告诉人们:如果朝廷能任用有勇有谋、尽忠为国的"龙城飞将",那么敌人是不敢轻举妄动、前来入侵的。这里揭示出边塞不能安宁的原因是将领无能,朝廷用人不当。诗歌风格雄浑悲壮,充满了强烈的爱国精神和豪迈的英雄气概。此诗不愧为唐人七绝的压卷之作。

【类文链接】

[1] 王之涣《凉州词》:黄河远上白云间,一片孤城万仞山。羌笛何须怨杨柳,春风不度玉门关。

[2] 王翰《凉州词》:葡萄美酒夜光杯,欲饮琵琶马上催。醉卧沙场君莫笑,古来征战几人回。

[3] 戴叔伦《塞上曲》:汉家旌帜满阴山,不遣胡儿匹马还。愿将此身长报国,何须生入玉门关。

燕 歌 行[1]

[唐] 高 适

开元二十六年,客有从御史大夫张公出塞而还者,作《燕歌行》以示适,感征戍之事,因而和焉。

汉家烟尘在东北[2],汉将辞家破残贼。
男儿本自重横行[3],天子非常赐颜色[4]。

摐金伐鼓下榆关[5]，旌旆逶迤碣石间[6]。
校尉羽书飞瀚海[7]，单于猎火照狼山[8]。
山川萧条极边土[9]，胡骑凭陵杂风雨[10]。
战士军前半死生[11]，美人帐下犹歌舞[12]！
大漠穷秋塞草腓[13]，孤城落日斗兵稀[14]。
身当恩遇恒轻敌[15]，力尽关山未解围。
铁衣远戍辛勤久[16]，玉箸应啼别离后[17]。
少妇城南欲断肠，征人蓟北空回首[18]。
边庭飘飖那可度[19]，绝域苍茫更何有！
杀气三时作阵云[20]，寒声一夜传刁斗。
相看白刃血纷纷，死节从来岂顾勋[21]？
君不见沙场征战苦，至今犹忆李将军[22]！

【注释】

[1] 燕歌行：乐府旧题。诗前有作者原序："开元二十六年，客有从御史大夫张公出塞而还者，作《燕歌行》以示适。感征戍之事，因而和焉。"张公，指幽州节度使张守珪，曾拜辅国大将军、右羽林大将军，兼御史大夫。一般以为本诗所讽刺的是开元二十六年，张守珪部将赵堪等矫命，逼平卢军使击契丹余部，先胜后败，守珪隐败状而妄奏功。这种看法并不很准确。

[2] 汉家：汉朝，唐诗中经常借汉说唐。烟尘：战地的烽烟和尘土，这里指敌人入侵挑起的战事。

[3] 重：看重。横行：纵横驰骋，冲锋陷阵。

[4] 非常：不平常，例外，特地。颜色：脸面，荣誉。

[5] 摐：撞击，敲打。金：指钲一类铜制打击乐器。伐：敲击。榆关：山海关，通往东北的要隘。

[6] 旌旆：旌是竿头饰羽的旗。旆是末端状如燕尾的旗。这里都是泛指各种旗帜。逶迤：蜿蜒曲折。碣石：山名。在今河北省昌黎县，这里泛指东北滨海地带。

[7] 校尉：次于将军的武官。羽书：紧急文书。瀚海：指大沙漠。

[8] 单于：匈奴首领称号，也泛指北方少数民族首领。这里指契丹首领。猎火：打猎时点燃的火光。古代游牧民族出征前，常举行大规模校猎，作为军事性的演习。狼山：又称狼居胥山，在今内蒙古自治区克什克腾旗西北。一说狼山又名郎山，在今河北易县境内。此处"瀚海"、"狼山"等地名，未必是实指。

[9] 极：穷尽。

[10] 凭陵：仗势侵凌。杂风雨：喻敌骑进攻犹如狂风挟雨而至。

[11] 半死生：死生各半，形容伤亡惨重。

[12] 帐下：将帅的营帐中。

[13] 穷秋：深秋。塞草：边境上的草。腓：病，引申为枯萎，凋零。

[14] 斗兵稀：作战的士兵越打越少了。

[15] 身当恩遇：指主将受朝廷的恩惠和重用。

[16] 铁衣：铁甲，这里指代战士。辛勤：辛苦。

[17] 玉箸：喻思妇的眼泪。
[18] 蓟北：唐朝的蓟州在今天津市以北一带。
[19] 度：越过相隔的路程，回归。
[20] 三时：多时。阵云：战场上象征杀气的云。
[21] 死节：指为国捐躯。节：气节。
[22] 李将军：指汉朝名将李广，他能战胜强敌，爱惜士卒，匈奴称他为汉之飞将军。

【导读】

高适（约702—765），字达夫，沧州渤海（今河北沧县）人，是唐代著名的边塞诗人。高适与岑参并称"高岑"，其诗作笔力雄健，气势奔放，洋溢着盛唐时期所特有的奋发进取、蓬勃向上的时代精神。

《燕歌行》是高适边塞诗中最杰出的作品。此诗作于开元二十六年（738），诗前的小序说明了作者的写作缘起，是因"感征戍之事"而作。诗歌具有丰富的思想内涵，概括了开元年间唐军将士戍边生活的多个方面。诗歌揭露了军中官兵的苦乐悬殊，尖锐批评了将帅的轻敌骄奢、不恤士卒，赞颂了战士们英勇杀敌，舍身报国。对广大士兵久戍边疆、苦战沙场的遭遇表示了深切的同情，表达了期望出现李广式英勇善战、爱惜士兵的将领的美好愿望。全诗可分为四层：第一层的八句，写出征。作者以矫健的笔力极力铺写唐军出征的雄壮气势，但实际上是讽刺君宠将骄，为被围兵败设下伏笔。第二层的八句，写战败被围。山川萧条、大漠穷秋、孤城落日的景物描写，大气磅礴，生动形象，淋漓尽致地渲染了悲凉的气氛。"战士军前半死生，美人帐下犹歌舞"运用强烈的对比，赞扬了战士们不顾生死、英勇杀敌的爱国精神，抨击了将领们的骄奢淫逸、腐败无能。语言精练传神，描写生动形象，感情激昂强烈。千百年来，流传甚广。第三层的八句，写征人的悲苦和浴血奋战。描写了战士白日的苦斗和夜晚的凄寒。第四层的四句，以直接议论作结，诗人的感情包含着悲悯和礼赞，强化了思想与主题的深刻性。诗歌风格雄浑悲壮，笔力矫健顿挫，气势壮阔畅达，感情真挚深沉。此诗是唐代边塞诗中一首千古传颂的杰作。

【类文链接】

[1] 高适《塞下曲》：结束浮云骏，翩翩出从戎。且凭天子怒，复倚将军雄。万鼓雷殷地，千旗火生风。日轮驻霜戈，月魄悬雕弓。青海阵云匝，黑山兵气冲。战酣太白高，战罢旄头空。万里不惜死，一朝得成功。画图麒麟阁，入朝明光宫。大笑向文士，一经何足穷。古人昧此道，往往成老翁。

[2] 高适《睢阳酬别畅大判官》：吾友遇知己，策名逢圣朝。高才擅白雪，逸翰怀青霄。承诏选嘉宾，慨然即驰轺。清昼下公馆，尺书忽相邀。留欢惜别离，毕景

驻行镳。言及沙漠事,益令胡马骄。丈夫拔东蕃,声冠霍嫖姚。兜鍪冲矢石,铁甲生风飙。诸将出冷陉,连营济石桥。酋豪尽俘馘,子弟输征徭。边庭绝刁斗,战地成渔樵。榆关夜不扃,塞口长萧萧。降胡满蓟门,一一能射雕。军中多宴乐,马上何轻趫。戎狄本无厌,羁縻非一朝。饥附诚足用,饱飞安可招。李牧制儋蓝,遗风岂寂寥。君还谢幕府,慎勿轻刍荛。

轮台歌奉送封大夫出师西征

[唐] 岑 参

轮台城头夜吹角,轮台城北旄头落[1]。
羽书昨夜过渠黎[2],单于已在金山西。
戍楼西望烟尘黑[3],汉兵屯在轮台北[4]。
上将拥旄西出征[5],平明吹笛大军行。
四边伐鼓雪海涌,三军大呼阴山动[6]。
虏塞兵气连云屯[7],战场白骨缠草根。
剑河风急云片阔[8],沙口石冻马蹄脱[9]。
亚相勤王甘苦辛[10],誓将报主静边尘。
古来青史谁不见,今见功名胜古人。

【注释】

[1]旄头:即"髦头",也即是二十八宿中的昴宿,旧时以为"胡星"。旄头落:意谓胡人败亡之兆。

[2]渠黎:地名,汉时西域国名。

[3]戍楼:驻防的城楼。

[4]汉兵:指唐军。唐诗中多以汉代唐。

[5]旄:古代出征的大将或出使的使臣,都以旄节为凭信,为皇帝所赐。旄节用金属或竹子做成,而以牦牛尾装饰在端部,称旄。

[6]阴山:地名,在今内蒙古自治区境内,泛指边城。

[7]虏塞:敌方要塞。

[8]剑河:唐时西域一河名,此处泛指。阔:大。

[9]沙口:唐时西域一地名,此处泛指。

[10]亚相:封常清于天宝十三年以节度使摄御史大夫,御史大夫在汉时位次宰相,故诗中美称"亚相"。

【导读】

岑参(715—770),原籍南阳(今属河南新野),后迁居江陵(今属湖北),是唐代著名的边塞诗人。他的诗气势雄伟,想象丰富,色彩瑰丽,热情奔放,富有浪漫主义的特色。

《轮台歌奉送封大夫出师西征》是一首写送行祝捷的边塞诗,是诗人在唐玄宗天宝十三年(754)冬天,送安西、北庭节度使封常清领兵西征时所作。诗歌以激越雄浑的笔调,生动地描绘了当时严重的敌情,艰苦的战斗环境,以及唐军高昂的士气,成功地表现了三军将士慷慨赴敌、建功报国的英勇气概。诗歌起首六句先写战前两军对垒的紧张状态。紧接四句写白昼出师与接仗,然后写奇寒与牺牲,讴歌将士抗敌奋不顾身。末四句照应题目,预祝奏凯,以颂扬作结。在写作上,有描写,有烘托,有想象,有夸张,手法多样,情韵灵活。特别是渲染大军声威,形成极为宏伟壮阔的画面,充满着独特的边塞气息和浓重的浪漫主义色彩,并且情调激越,风格豪放,焕发出盛唐时特有的魅力。此诗是边塞诗中比较典型的一首。

【类文链接】

[1] 岑参《送李副使赴碛西官军》:火山六月应更热,赤亭道口行人绝。知君惯度祁连城,岂能愁见轮台月。脱鞍暂入酒家垆,送君万里西击胡。功名只向马上取,真是英雄一丈夫。

[2] 岑参《白雪歌送武判官归京》:北风卷地白草折,胡天八月即飞雪。忽如一夜春风来,千树万树梨花开。散入珠帘湿罗幕,狐裘不暖锦衾薄。将军角弓不得控,都护铁衣冷难着。瀚海阑干百丈冰,愁云惨淡万里凝。中军置酒饮归客,胡琴琵琶与羌笛。纷纷暮雪下辕门,风掣红旗冻不翻。轮台东门送君去,去时雪满天山路。山回路转不见君,雪上空留马行处。

[3] 岑参《献封大夫破播仙凯歌六首》(之三):汉将承恩西破戎,捷书先奏未央宫。太子预开麟阁待,只今谁数贰师功。官军西出过楼兰,营幕傍临月窟寒。蒲海晓霜凝马尾,葱山夜雪扑旌竿。鸣笳叠鼓拥回军,破国平蕃昔未闻。丈夫鹊印摇边月,大将龙旗掣海云。日落辕门鼓角鸣,千群面缚出蕃城。洗兵鱼海云迎阵,秣马龙堆月照营。蕃军遥见汉家营,满谷连山遍哭声。万箭千刀一夜杀,平明流血浸空城。暮雨旌旗湿未干,胡烟白草日光寒。昨夜将军连晓战,蕃军只见马空鞍。

宣州谢朓楼饯别校书叔云[1]

[唐] 李 白

弃我去者,昨日之日不可留,
乱我心者,今日之日多烦忧。

长风万里送秋雁,对此可以酣高楼[2]。
蓬莱文章建安骨[3],中间小谢又清发[4]。
俱怀逸兴壮思飞[5],欲上青天揽明月。
抽刀断水水更流,举杯消愁愁更愁。
人生在世不称意,明朝散发弄扁舟[6]。

【注释】

[1]谢朓楼:又称谢公楼或北楼,唐末改名叠嶂楼,南齐诗人谢朓任宣城太守时所建,在今安徽省宣州市。校书:指秘书省校书郎。云:李云,李白族叔。

[2]酣高楼:在酒楼上尽情畅饮。

[3]蓬莱:海上神山。传说仙府的珍秘经典收藏于此,这里借指当时的秘书省。李云曾任秘书省校书郎,所以李白称他的文章为蓬莱文章。东汉时藏书的东观。建安骨:汉献帝年间,曹操父子和"建安七子"的作品风格刚健清新,被后世称为"建安风骨"。

[4]小谢:指谢朓。清发:清新秀发,指谢朓的诗风。这一句是李白说自己的诗歌像谢朓一样清新秀发。

[5]逸兴:超脱豪放的兴致。壮思:豪壮的情思。

[6]散发:古代做官都把头发挽起,散发表示弃官的狂放。扁舟:小船。这一句是说,社会人生不能称心如意,不如散发乘舟浪迹江湖。

【导读】

李白(701—762),字太白,是唐代伟大的浪漫主义诗人,被后人尊称为"诗仙",与杜甫并称为"李杜"。李白的诗想象丰富,构思奇特,语言流转自然,音律和谐多变,气势雄浑瑰丽,风格豪放飘逸,烙印着盛唐时代的乐观自信、豪迈昂扬的民族气魄和时代精神。韩愈云:"李杜文章在,光焰万丈长。"(《调张籍》)

这首诗是天宝末年李白在宣城期间与秘书省校书郎(李白的族叔李云)送别时之作。题为"饯别",实则"抒怀",不仅抒写了对族叔李云的饯别之情,而且抒发了自己怀才不遇的抑郁苦闷和对当时社会不满的情绪,是诗人的代表作之一。诗的开头两句,如黄河落天,风雨骤至,突如其来地用复沓重迭的语言,长达十一字的散文句式,倾诉出心头无穷无尽的忧郁烦恼:"弃我去者,昨日之日不可留,乱我心者,今日之日多烦忧。"以前的日子弃我而去已不能挽留,现在的日子只能使我心中充满烦恼忧愁,诗句将我们带入波涛汹涌的情感激流中。接下来,诗人笔锋一转展现出另一番天地。"长风万里送秋雁,对此可以酣高楼。"秋季天高气爽,万里长风中雁群高飞,面对着这样开阔的景致,正可以在高楼上把盏痛饮。仿佛在劝李云抬头放眼,莫为眼前分别心碎。这两句从极端苦闷转到开朗壮阔、自由驰骋的境界,使人感到一种心、境契合的舒畅。"蓬莱文章建安骨,中间小谢又清发。"你校书蓬莱官,文有建安风骨,我好比谢朓,诗歌亦清发隽秀。写酣饮后的思想情绪。蓬莱本是传说中的仙山,多藏宝典秘录。东汉时人们称国家藏书处为蓬莱山,这里是用蓬莱文章代指汉代的文章。为把谢朓和谢灵运区分开来,称谢灵运为大谢,谢朓为小谢。谢朓诗风清新秀丽,深为李白所喜爱。酒酣之后,李白思路大开,他想到了汉代文章的宏伟,建安诗歌的刚健。身在谢朓楼,当然更想到在汉、唐之间出现的小谢的诗歌了。他对这些文化传统很仰慕,所以自负地用汉文、魏诗和小谢的成就来比较并称许李云和自己。想到这里,诗人的情感越发激动、高昂,于是就发出了"俱怀逸兴壮思飞,欲上青天揽明月"的呼喊。我们都胸怀壮志豪情,我们要飘然远翥到天上去摘取明月。当然,上青天揽明月只是一种要求解除烦忧,追寻自由的幻想,这在现实世界中是做不到的。最终他还是跌落到现实的土地上来了!"抽刀断水水更流,举杯消愁愁更愁。"这里用了一个比喻来抒发心中的苦闷,就好比用刀切水流一样,结果,水反而流得更急了,用饮酒取醉的办法去解除忧愁也是不可能的,因为酒醉后反更引发了内心的愁苦、愤懑。结尾两句是说在这个社会里理想不能实现,就只有等待有一天能够抽簪散发驾着一叶小舟驶向远方了。诗人将解除烦忧,获取自由的希望寄托在明朝,这虽然也是一个渺茫的幻想,但却表现了他那不甘沉沦、豁达乐观的精神。诗歌的跳跃性极强,往往一波未平,一波又起,在开阖动荡中坦露变幻无常的感情活动。贯穿在这些飞跃之中的,不是生活的逻辑,而是情感的踪迹。

【类文链接】

[1] 李白《将进酒》:君不见黄河之水天上来,奔流到海不复回。君不见高堂明镜悲白发,朝如青丝暮成雪。人生得意须尽欢,莫使金樽空对月。天生我材必有用,千金散尽还复来。烹羊宰牛且为乐,会须一饮三百杯。岑夫子,丹丘生,将进酒,杯莫停。与君歌一曲,请君为我侧耳听。钟鼓馔玉不足贵,但愿长醉不复醒。古来圣贤皆寂寞,惟有饮者留其名。陈王昔时宴平乐,斗酒十千恣欢谑。主人何为言少钱,径须沽取对君酌。五花马,千金裘,呼儿将出换美酒,与尔同销万古愁。

[2] 李白《行路难》:金樽清酒斗十千,玉盘珍羞直万钱。停杯投箸不能食,拔剑四顾心茫然。欲渡黄河冰塞川,将登太行雪满山。闲来垂钓碧溪上,忽复乘舟梦日边。行路难,行路难,多歧路,今安在?长风破浪会有时,直挂云帆济沧海。

[3] 李白《梦游天姥吟留别》。

渔家傲[1]

[宋] 范仲淹

塞下秋来风景异[2],衡阳雁去无留意[3]。四面边声连角起[4]。千嶂里[5],长烟落日孤城闭[6]。

浊酒一杯家万里,燕然未勒归无计[7]。羌管悠悠霜满地[8]。人不寐,将军白发征夫泪。

【注释】

[1] 此词为北宋年间流行歌曲,始见于北宋晏殊,因词中有"神仙一曲渔家傲"句,便取"渔家傲"三字作词名。双调六十二字,上下片各四个七字句,一个三字句,每句用韵,声律谐婉。

[2] 塞下:边地。风景异:指景物与江南一带不同。

[3] 衡阳雁去:即"雁去衡阳"的倒文。指大雁离开这里飞往衡阳。

[4] 边声:马嘶风号之类的边地荒寒肃杀之声。角:军中的号角。

[5] 嶂:像屏障一样并列的山峰。

[6] 长烟:荒漠上的烟。

[7] 燕然:山名,即今蒙古境内的杭爱山。勒:刻石记功。东汉窦宪追击北匈奴,出塞三千余里,至燕然山刻石记功而还。燕然未勒:指边患未平、功业未成。

[8] 羌管:羌笛。霜满地:喻夜深寒重。

【导读】

范仲淹(989—1052),字希文,吴县(今江苏苏州)人。为北宋名臣,政治家,文学家,谥号"文正"。他在诗词文章方面都有名篇传诵于世。曾守卫西北边疆多年,政治上主张革新,他的词风格明健,对苏轼、辛弃疾豪放词派的形成有很大影响。有《范文正公集》传世。

《渔家傲》上片着重写景,而景中有情;下片着重抒情,而情中有景。词人浓墨重彩地描绘了边地生活的艰苦,久戍边地的士兵们思乡的苦闷,以及词人自己内心难以排解的矛盾,表现了词人抵御外患、报国立功的壮烈情怀,整首词显得苍凉悲壮。更令人称道的是范仲淹以其守边的实际经历首创边塞词,一变花间派委婉绮丽之风为慷慨豪放之调,被后人认为是北宋词风转变的开端,为苏辛豪放词派的先驱。

【类文链接】

[1] 李白《忆秦娥》:箫声咽,秦娥梦断秦楼月。秦楼月,年年柳色,灞陵伤别。

乐游原上清秋节,咸阳古道音尘绝。音尘绝,西风残照,汉家陵阙。

[2]王安石《桂枝香》:登临送目。正故国晚秋,天气初肃。千里澄江似练,翠峰如簇。征帆去棹残阳里,背西风、酒旗斜矗。彩舟云淡,星河鹭起,画图难足。念往昔,繁华竞逐。叹门外楼头,悲恨相续。千古凭高对此,漫嗟荣辱。六朝旧事随流水,但寒烟、芳草凝绿。至今商女,时时犹唱,《后庭》遗曲。

念奴娇[1]·赤壁怀古[2]

[宋]苏 轼

　　大江东去,浪淘尽、千古风流人物[3]。故垒西边[4],人道是、三国周郎赤壁[5]。乱石穿空,惊涛拍岸,卷起千堆雪。江山如画,一时多少豪杰!

　　遥想公瑾当年,小乔初嫁了,雄姿英发。羽扇纶巾[6],谈笑间,樯橹灰飞烟灭[7]。故国神游[8],多情应笑我,早生华发[9]。人间如梦,一樽还酹江月[10]。

【注释】

[1]念奴娇:词牌名。
[2]赤壁怀古:词题。赤壁:在今湖北黄冈市。
[3]风流人物:指杰出的历史名人。
[4]故垒:过去年代遗留的营垒。
[5]周郎:周瑜,字公瑾,为吴中郎将时年仅24岁,吴中称他为"周郎"。
[6]羽扇纶巾:手摇羽扇,头戴纶巾。这是古代儒将的装束,词中形容周瑜从容娴雅。纶巾:古代配有青丝带的头巾。
[7]樯橹:船上的桅杆和橹。这里代指曹操的水军战船。
[8]故国:这里指旧地,当年的赤壁战场。
[9]华发:花白的头发。
[10]樽:酒杯。酹:以酒洒地,表示祭奠。这里指洒酒酬月,寄托自己的感情。

【导读】

　　苏轼(1037—1101),字子瞻,又字和仲,号"东坡居士",世人称其为"苏东坡"。眉州(今四川眉山,北宋时为眉山城)人。北宋著名文学家、书画家、词人、诗人,唐宋八大家之一,豪放派词人代表。其诗、词、赋、散文,均成就极高,且善书法和绘画,是中国文学艺术史上罕见的全才,也是中国数千年历史上被公认文学艺术造诣最杰出的大家之一。其散文与欧阳修并称"欧苏";诗与黄庭坚并称"苏黄";词与辛弃疾并称"苏辛";书法名列"苏、黄、米、蔡"北宋四大书法家之一;其画则开创了湖州画派。

宋神宗元丰三年,苏轼因"乌台诗案"被贬黄州充团练副使。元丰五年(1082)七月,四十五岁的他在游赤壁时,吊古抒怀,写下了豪放词名篇《念奴娇·赤壁怀古》。词人以豪放的笔调,壮阔的意境,通过对雄奇壮丽的三国古战场的描写,对赤壁之战的英雄周瑜的缅怀,抒发了对英雄业绩的向往和自己年近半百功业未成的感慨。全词笔力雄健,豪放与旷达兼而有之,历来被看做苏轼豪放词的代表作。

起调"大江东去,浪淘尽、千古风流人物"三句为千古名句,景象开阔、辽远、雄伟。大江滚滚东流去,千百年来,淹没了多少才华横溢的英雄豪杰。英雄逝去,令人伤感;长江奔腾不息,令人振奋。沉郁愤懑之中激荡的是豪迈雄壮之气。古人不见了,但古人的遗迹犹存。"故垒西边,人道是、三国周郎赤壁。"那西边的旧营垒,人们说是三国时周郎大破曹兵的赤壁战场。一面是流淌着的现实:"乱石穿空,惊涛拍岸,卷起千堆雪。"陡峭不平的石壁插入天空,惊人的巨浪拍打着江岸,卷起千堆雪似的层层浪花。不由得激起了词人的赞美:"江山如画,一时多少豪杰!"祖国的江山啊,壮丽如画,那一时期集中了多少英雄豪杰!一面是逝去的历史:烽烟滚滚,战旗猎猎,曹操、周瑜、诸葛亮,一一从眼前闪过。"遥想公瑾当年,小乔初嫁了,雄姿英发。羽扇纶巾,谈笑间,樯橹灰飞烟灭。"遥想周公瑾当年,国色天香的小乔刚刚嫁了过来,英姿潇洒,意气风发。手执羽扇,头戴纶巾,谈笑之间,曹操的无数战船在浓烟烈火中烧成灰烬。"故国神游,多情应笑我,早生华发。"词人仿佛进入了那个战火纷飞的三国时代,周瑜少年得志,功成名就,而自己年长十多岁,却贬谪在此,一事无成,相形之下,是多么的不同啊。如果周瑜看到了自己,大概会笑我太爱激动,太爱动感情,以致过早地生出白发吧!江山依旧,人事已非,自己沦落无聊,一事无成,词人不禁发出了"人生如梦,一樽还酹江月"的感慨。人生多么像一场短暂的梦啊,既然功业无法建立,头发斑白,那么就不要多想了,还是把一杯酒献给江上的明月,和我同饮共醉吧!

这首词犹如激越雄浑的英雄交响曲,气势磅礴,境界阔大,字字声声,都是对锦绣河山的赞美,对历史豪杰的钦佩和报国壮志的抒发,真是"关西大汉"高唱入云。虽有壮志未酬之叹,也透出不甘寂寞之志,主调仍是积极向上,豪迈奔放的。不愧为"古今绝唱"(胡仔《苕溪渔隐丛话前集》卷五九)。此词一出,便以它遒劲的笔力、高唱入云的声韵,以及"一洗万古凡马空"的气象,在盛行缠绵悱恻之风的北宋词坛,引起强烈轰动。

【类文链接】

[1]苏轼《江城子·密州出猎》:老夫聊发少年狂。左牵黄,右擎苍。锦帽貂裘,千骑卷平冈。为报倾城随太守,亲射虎,看孙郎。　　酒酣胸胆尚开张,鬓微

霜,又何妨?持节云中,何日遣冯唐?会挽雕弓如满月,西北望,射天狼。

[2]苏轼《定风波》:莫听穿林打叶声,何妨吟啸且徐行。竹杖芒鞋轻胜马,谁怕?一蓑烟雨任平生。　料峭春风吹酒醒,微冷。山头斜照却相迎。回首向来萧瑟处,归去,也无风雨也无晴。

[3]苏轼《水调歌头·黄州快哉亭赠张偓佺》:落日绣帘卷,亭下水连空。知君为我新作,窗户湿青红。长记平山堂上,欹枕江南烟雨,渺渺没孤鸿。认得醉翁语,山色有无中。　一千顷,都镜净,倒碧峰。忽然浪起,掀舞一叶白头翁。堪笑兰台公子,未解庄生天籁,刚道有雌雄。一点浩然气,千里快哉风。

破阵子·为陈同甫赋壮词以寄之[1]

[宋] 辛弃疾

醉里挑灯看剑[2],梦回吹角连营。八百里分麾下炙[3],五十弦翻塞外声[4]。沙场秋点兵。

马作的卢飞快[5],弓如霹雳弦惊。了却君王天下事[6],赢得生前身后名。可怜白发生!

【注释】

[1]破阵子:词牌。为陈同甫赋壮词以寄之:词题。陈同甫:即陈亮,作者的好友。

[2]挑灯:把灯拨亮。

[3]八百里:原指牛,《世说新语·汰侈》载:晋王恺有良牛,名"八百里驳",后人用"八百里"指大牛。这里语意双关,兼指抗金义军的营寨分布之广。麾:古代指挥军队的旗帜。麾下:部下。炙:烤肉。

[4]"五十弦"句:各种乐器演奏出高亢激越的边塞战歌。

[5]的卢:一种烈性的快马。相传刘备在荆州遇险时曾骑的卢烈马越过三丈宽的檀溪而脱险。

[6]了却:完成。天下事:指收复中原。

【导读】

辛弃疾(1140—1207),原字坦夫,改字幼安,中年名所居曰稼轩,因此自号"稼轩居士",历城(今山东省济南市历城区遥墙镇四风闸村)人,南宋爱国词人。辛弃疾存词600多首,强烈的爱国主义思想和战斗精神是辛词的基本思想内容。他是我国历史上伟大的豪放派词人、爱国者、军事家和政治家。

本篇是辛弃疾寄给陈亮的一首词。陈亮是一位爱国志士,一生坚持抗金的主张,他是辛弃疾政治上、学术上的好友。这首词写军中生活,也可以说是写想象中的抗金军队中的生活。气势豪壮,意境阔大,具有力度美和崇高美,充满了英雄主义色彩。矢志报国而又壮志难酬,是词人内心世界的最大冲突。深夜酒醉之时,词人拿出一柄寒光四射的利剑,在灯下看了又看;睡梦中绵延的军营里响起了一片嘹亮的号角声,将士们分享着大块的烤肉,军乐队奏着高亢激越的边塞战歌,秋风猎猎,草黄马肥,正是战场上检阅军队的好时机。将士们骑马飞奔,快如"的卢";万箭齐发,响如"霹雳"。敌人崩溃了,彻底失败了。他率领将士们终于完成了收复中原、统一祖国的伟业,赢得了生前死后不朽的英名。叱咤风云,虎啸风生,何等波澜壮阔,何等酣畅淋漓。那昂扬的斗志,豪壮的情怀,矫健的身姿……历历在目,难以忘怀。腐朽的王朝无情地粉碎了他的英雄畅想,一句"可怜白发生"悲愤幽咽,遗响千古。全词音调铿锵,气势如剑。雄壮中有悲凉,是英雄之悲壮也。

【类文链接】

[1] 辛弃疾《永遇乐·京口北固亭怀古》：千古江山,英雄无觅,孙仲谋处。舞榭歌台,风流总被,雨打风吹去。斜阳草树,寻常巷陌,人道寄奴曾住。想当年,金戈铁马,气吞万里如虎。　　元嘉草草,封狼居胥,赢得仓皇北顾。四十三年,望中犹记,烽火扬州路。可堪回首,佛狸祠下,一片神鸦社鼓。凭谁问,廉颇老矣,尚能饭否?

[2] 辛弃疾《鹧鸪天》(有客慨然谈功名,因追忆少年时事,戏作)：壮岁旌旗拥万夫,锦襜突骑渡江初。燕兵夜娖银胡䩮,汉箭朝飞金仆姑。　　追往事,叹今吾,春风不染白髭须。却将万字平戎策,换得东家种树书。

[3] 辛弃疾《南乡子·登京口北固亭有怀》：何处望神州?满眼风光北固楼。千古兴亡多少事?悠悠,不尽长江滚滚流。　　年少万兜鍪,坐断东南战未休。天下英雄谁敌手?曹刘。生子当如孙仲谋。

水调歌头·送章德茂大卿使虏[1]

[宋]陈　亮

不见南师久[2],漫说北群空[3]。当场只手[4],毕竟还我万夫雄[5]。自笑堂堂汉使,得似洋洋河水,依旧只流东[6]!且复穹庐拜,会向藁街逢[7]。

尧之都,舜之壤,禹之封[8],于中应有,一个半个耻臣戎[9]。万里腥膻如许[10],千古英灵安在?磅礴几时通[11]?胡运何须问,赫日自当中[12]!

【注释】

[1] 章德茂:章森,字德茂。这首词是陈亮淳熙十二年(1185年)十一月写的。

[2] 南师:指南宋的军队。

[3] 漫说北群空:莫要说北方没有豪杰。韩愈《送温处士赴河阳序》:"伯乐一过冀北之野,而马群遂空。"意谓伯乐到处,良马皆被选出来。良马比喻良才。

[4] 当场只手:犹言独当一面。当场,主持大事。只手,独立支撑的巨手。

[5] 万夫雄:万人之中的杰出英雄。

[6] 自笑三句:意谓汉民族的使节怎能像河水东流一样,年年去朝拜金人。得似:怎能像。

[7] 且复二句:意谓姑且再向金人朝拜一次,总有一天会把他们的首领悬首示众。穹庐:北方游牧民族所住的圆形帐篷。此处指金朝廷。藁街,汉代长安城内街道名,当时为少数民族及各国使臣居住之所。

[8] 尧之都三句:谓中原地区是尧、舜、禹传下来的神圣疆土,不容侵犯。

[9] 耻臣戎:以向金人称臣为耻的人。

[10] 腥膻:牛、羊的腥臊气味,喻指金人。

[11] 磅礴:浩大的正气。

[12] 赫日:火红的太阳。

【导读】

陈亮(1143—1194),字同甫,原名汝能,后改名陈亮,号龙川,人称龙川先生。婺州永康(今属浙江)人。南宋思想家、文学家。51岁以状元及第,授官,未赴任而病死。一生主张抗金,屡受迫害,三坐牢狱,而豪气不减。有《龙川文集》、《龙川词》。存词70余首。

这是一首豪放雄健,大气磅礴的名作。章森是执行一件带屈辱的使命,作者满腔悲愤,为之送行。期望和肯定章森能恢复堂堂汉使的形象。相信总有一天"会向藁街逢",会把金贵族统治者的脑袋挂在藁街示众的,对章森出使给以精神上的鼓励与支持。并对朝廷上的主和派进行了一连串责问:"千古英灵安在?磅礴几时通?"古代杰出人物的英魂何在?伟大祖先的英灵何在?正气、国运何时才能磅礴伸张?词人坚信:"胡运何须问,赫日自当中!"金人的气数何须一问,它的灭亡是肯定的,宋朝的国运如烈日当空,方兴未艾。全词洋溢着强烈的民族自豪感和誓雪国耻的胜利信心。作者"以文为词",议论纵横开阖,意气凌厉,感情激越,有着强烈的感染力。

在抒发爱国豪情壮志、促进词体发展的大合唱中,陈亮高亢雄壮的歌喉征服了千百年来的"听众"。

【类文链接】

[1] 陈亮《念奴娇·登多景楼》:危楼还望,叹此意、今古几人曾会?鬼设神施,浑认作、天限南疆北界。一水横陈,连岗三面,做出争雄势。六朝何事,只成门户私计?　　因笑王谢诸人,登高怀远,也学英雄涕。凭却长江,管不到、河洛腥膻无

际。正好长驱,不须反顾,寻取中流誓。小儿破贼,势成宁问强对。

[2]刘过《沁园春》:斗酒彘肩,风雨渡江,岂不快哉?被香山居士,约林和靖,与东坡老,驾勒吾回。坡谓"西湖,正如西子,浓抹淡妆临镜台"。二公者,皆掉头不顾,只管衔杯。　　白云"天竺去来,图画里峥嵘楼阁开。爱东西双涧,纵横水绕,两峰南北,高下云堆"。逋曰"不然,暗香浮动,争似孤山先探梅"。须晴去,访稼轩未晚,且此徘徊。

[3]刘克庄《满江红》:金甲雕戈,记当日、辕门初立。磨盾鼻、一挥千纸,龙蛇犹湿。铁马晓嘶营壁冷,楼船夜渡风涛急。有谁怜、猿臂故将军,无功级。　　平戎策,从军什,零落尽,慵收拾。把茶经香传,时时温习。生怕客谈榆塞事,且教儿诵《花间集》。叹臣之壮也不如人,今何及。

望月怀远[1]

[唐]张九龄

海上生明月,天涯共此时[2]。情人怨遥夜,竟夕起相思[3]。
灭烛怜光满,披衣觉露滋[4]。不堪盈手赠,还寝梦佳期[5]。

【注释】

[1]怀远:怀念远方的亲人。

[2]生:这里是升起的意思。天涯共此时:天涯,天边、遥远的地方,指远方的亲人。共此时,是说自己和远在天涯的亲人,因望月而互寄相思之情。

[3]情人:有情人。怨遥夜:因离别而幽怨失眠,以至抱怨夜长。怨,怨恨。遥夜,漫漫长夜。竟夕:通宵,一整夜。

[4]怜:爱。光满:指月光满屋,月色分外皎洁可爱。滋:生。

[5]不堪盈手赠:不能把它慢慢地捧在手里送给远方的亲人。不堪,不能。盈手,满手,意即捧满手。还寝梦佳期:还,回到。寝,卧室。梦佳期,在梦中去得到美好的约会吧。

【导读】

张九龄(678—740),又名博物,字子寿,韶州曲江(今广东省韶关市)人,唐中宗景龙初年进士,唐玄宗开元时历官中书侍郎、同中书门下平章事、中书令,唐代有名的贤相。后来受到李林甫的排挤,贬荆州长史。

张九龄诗歌成就颇高,独具"雅正冲淡"的神韵,对岭南诗派的开创起了启迪作用。其《感遇》、《望月怀远》等更为千古传颂之诗。有《曲江集》二十卷传世。张九龄的诗早年词采清丽,情致深婉,为诗坛前辈张说所激赏。被贬后风格转趋朴素遒劲。

诗歌开篇就用"海上"、"天涯",给人以无限广阔的空间联想,情景交融,写出彼此共对皓月之境,又蕴含怀远之情;颔联集中到"情人""相思"上。多情人由怀远而苦思,由苦思而难眠,怎一"怨"字了得?颈联欲摆脱相思之苦。但相思之情欲去还来,连绵不断,曲折有致。"怜"和"觉",使诗中人对远人思念之情得到充分表达。尾联收束深化了全诗。"赠"、"梦"更衬托出诗人思念远人的深挚感情,使诗的怀远更为具体、更有含蕴。

全诗以"望"和"怀"着眼,借"月"和"远"抒写对远人的深挚的思念。语言自然浑成、清新淡雅、委婉曲折而又情深有致。

【类文链接】

[1] 杜甫《月夜》:今夜鄜州月,闺中只独看。遥怜小儿女,未解忆长安。香雾云鬟湿,清辉玉臂寒。何时倚虚幌,双照泪痕干。

[2] 王建《十五夜望月》:中庭地白树栖鸦,冷露无声湿桂花。今夜月明人尽望,不知秋思落谁家?

积雨辋川庄作[1]

[唐] 王 维

积雨空林烟火迟[2],蒸藜炊黍饷东菑[3]。
漠漠水田飞白鹭[4],阴阴夏木啭黄鹂[5]。
山中习静观朝槿[6],松下清斋折露葵[7]。
野老与人争席罢[8],海鸥何事更相疑[9]?

【注释】

[1] 辋川庄:在今陕西蓝田终南山中,是王维隐居之地。

[2] 积雨:久雨。空林:疏林。烟火迟:因久雨空气湿润,烟火上升缓慢。

[3] 藜(lí):一种草本植物,嫩叶新苗皆可食。黍(shǔ):谷物名,古时为主食。饷(xiǎng)东菑(zī):给在东边田里干活的人送饭。饷,送饭食到田头。菑,已经开垦了一年的田,指初耕的田地。

[4] 漠漠:形容水田广布,视野苍茫。

[5] 阴阴:描状夏木茂密,境界幽深。夏木:高大的树木。夏:大。啭:小鸟婉转的鸣叫。

[6] 槿(jǐn):植物名。落叶灌木,其花朝开夕谢。古人常以此物悟人生枯荣无常之理。

[7] 清斋:素食,长斋。露葵:冬葵,古时蔬菜名。

[8] 野老:诗人自称。争席罢:指自己要隐退山林,与世无争。《庄子·杂篇·寓言》载:阳子居(杨朱)初

到旅舍,面露骄矜之色,旅舍主人对他很恭敬,其他客人也纷纷为他让座。后来老子教他去掉矜持,他再到旅舍,就显得很随和,人们也就不再给他让座,而和他争席而坐,相处就很随便了。

[9]"海鸥"句:古时海上有好鸥者,每日到海上,从鸥鸟游。其父曰:"吾闻鸥鸟皆从汝游,汝取来,吾玩之。"明日再往海上,鸥鸟飞舞而不下。这里借海鸥喻人事。

【导读】

王维(701—761),字摩诘,盛唐时期的著名诗人,官至尚书右丞,原籍祁(今山西祁县),迁至蒲州(今山西永济),崇信佛教,晚年居于蓝田辋川别墅。擅画人物、丛竹、山水。苏轼评价说"味摩诘之诗,诗中有画;观摩诘之画,画中有诗"。他是唐代山水田园派的代表。有《王右丞集》。世有"李白是天才,杜甫是地才,王维是人才"之说。王维不仅是公认的诗佛,也是文人画的南山之宗(钱锺书称他为"盛唐画坛第一把交椅"),并且精通音律。是少有的全才。

这首诗是王维在隐居辋川蓝田期间所作。诗人把自己幽雅清淡的隐居生活与辋川恬静优美的田园风光结合起来,创造了一种情景交融、与物相惬的境界。前四句写景色,细腻传神。有声有色,有动有静,相映成趣。后四句写生活情趣,将诗人那种亲近自然,耽于山水之乐,无欲无求的人生态度展示了出来。远离了尘世的喧嚣,远离了名利的争斗,回归自然,回归原始的真我。

透过诗句,扑面而来的是淡雅、宁静、幽寂,带着一点孤独,更多的是诗人洋溢着的惬意。这种以禅入诗的手法,营造了冲淡空灵的艺术境界,而禅理与静谧的绘画美的融合,更使这类田园诗达到了情景相生、物我交融的艺术极至。

【类文链接】

[1]王维《山居秋暝》:空山新雨后,天气晚来秋。明月松间照,清泉石上流。竹喧归浣女,莲动下渔舟。随意春芳歇,王孙自可留。

[2]王维《鸟鸣涧》:人闲桂花落,夜静春山空。月出惊山鸟,时鸣春涧中。

春　雨

[唐] 李商隐

怅卧新春白袷衣,白门[1]寥落意多违。
红楼[2]隔雨相望冷,珠箔[3]飘灯独自归。
远路应悲春晼晚[4],残宵犹得梦依稀。
玉珰[5]缄札何由达?万里云罗[6]一雁飞。

【注释】

[1] 白门:今江苏省南京市。
[2] 红楼:华美的楼房,多指女子的住处。
[3] 珠箔:珠帘,此处比喻雨丝。
[4] 晼晚:夕阳西下的光景,此处还蕴涵年复一年、人老珠黄之意。
[5] 玉珰:耳珠。
[6] 云罗:像罗纹般的云片。

【导读】

李商隐(约813—858)字义山,号玉溪生,怀州河内(今河南沁阳)人。因受牛李党争排挤,潦倒终身。他的诗长于律、绝,富于文采,风格色彩浓丽,多用典,意旨比较隐晦,《无题》组诗最为著名。有《李义山诗集》。

诗人描写了主人公在春夜思念自己的情人,心中一片迷茫,惆怅不已。李商隐在这首诗中,赋予爱情以优美动人的形象。诗借助于飘洒迷蒙的春雨、红楼、珠箔、灯影等意象,融入主人公迷茫的心境,依稀的梦境,使诗境凄美幽约;春晚日暮和云罗万里,则烘托别离的寥落,思念的真挚,构成浑然一体的艺术境界。

李商隐的爱情诗含蓄蕴藉、幽美凄艳。他致力于情思意绪的体验、把握与再现,用幽微隐约、迂回曲折的方式,将心中的朦胧意绪转化为恍惚迷离的意象。他善用哀婉的情调、美丽的意象与辞采,表达复杂的心绪。同时,李商隐的爱情诗内涵极为丰厚,决不仅仅围绕单一的情绪反复吟唱,而是虚虚实实,忽此忽彼,或今或昔,一重情思套着另一重情思。不仅将难言的情感表现得生动而丰富,而且让人只可意会,难以言传。

【类文链接】

[1] 南朝乐府民歌《杨叛儿》:暂出白门前,杨柳可藏乌。欢作沉水香,侬作博山炉。

[2] 李商隐《无题》:相见时难别亦难,东风无力百花残。春蚕到死丝方尽,蜡炬成灰泪始干。晓镜但愁云鬓改,夜吟应觉月光寒。蓬山此去无多路,青鸟殷勤为探看。

[3] 李璟《浣溪沙》:手卷真珠上玉钩,依前春恨锁重楼。风里落花谁是主?思悠悠! 青鸟不传云外信,丁香空结雨中愁。回首绿波三楚暮,接天流。

[4] 戴望舒《雨巷》:撑着油纸伞,独自 / 彷徨在悠长,悠长 / 又寂寥的雨巷, / 我希望逢着 / 一个丁香一样的 / 结着愁怨的姑娘。 她是有 / 丁香一样的颜

色,/丁香一样的芬芳,/丁香一样的忧愁,/在雨中哀怨,/哀怨又彷徨。 她彷徨在寂寥的雨巷,/撑着油纸伞/像我一样,/像我一样地,/默默彳亍着,/冷漠,凄清,又惆怅。 她静默地走近/走近,又投出/太息一般的眼光,/她飘过/像梦一般的,/像梦一般的凄婉迷茫。 像梦中飘过/一枝丁香地,/我身旁飘过这女郎;/她静静地远了,远了,/到了颓圮的篱墙,/走尽这雨巷。 在雨的哀曲里,/消了她的颜色,/散了她的芬芳,/消散了,甚至她的/太息般的眼光,/丁香般的惆怅。 撑着油纸伞,独自/彷徨在悠长,悠长/又寂寥的雨巷,/我希望飘过/一个丁香一样的/结着愁怨的姑娘。

商 山 早 行[1]

[唐]温庭筠

晨起动征铎[2],客行悲故乡。鸡声茅店月,人迹板桥霜。
槲叶落山路[3],枳花明驿墙[4]。因思杜陵梦[5],凫雁满回塘[6]。

【注释】

[1] 商山:也叫楚山,在今陕西商县东南。作者曾于唐宣宗大中末年离开长安,经过这里。

[2] 征铎(duó):远行马车所挂的铃。

[3] 槲(hú):一种落叶乔木。

[4] 枳(zhǐ)花明驿墙:部分版本为"枳花照驿墙"。这句意为:枳花鲜艳地开放在驿站墙边。枳,一种落叶灌木或小乔木。明(一作"照"):使……明艳。驿,古代供传递政府文书的人,中途更换马匹或休息、住宿的地方。

[5] 杜陵:地名,在今陕西西安东南。

[6] 凫(fú):野鸭。回塘:圆而曲折的池塘。

【导读】

温庭筠(约812—870)南唐诗人、词人。本名岐,字飞卿,太原祁(今山西祁县)人。少负才名,为人放荡不羁,性格倨傲,好讥刺权贵,为执政者所恶,终生不得志。诗词兼工,诗与李商隐齐名,并称"温李";词与韦庄齐名,并称"温韦"。他精通音律,熟悉词调,在词的格律形式上,起了规范化的作用。其词题材较狭窄,多红香翠软,开"花间词"派香艳之风。他善于选择富有特征的景物构成艺术境界,表现人物情思,文笔含蓄,耐人寻味。其诗辞藻华丽有《温庭筠诗集》,《金荃集》,存词70余首。

唐宣宗(李忱)大中末年(859),温庭筠试进士不第,黯然离开长安去赴方城(今河南南部)尉职,经过商山(也叫楚山,在今陕西商县东南)的时候,年近50岁的诗人触景生情,写下了这首道尽天下所有羁旅早行之人的共同感受的名作。

这是一首写于奔波异乡旅途的诗。全诗写景处处紧扣一个"早"字,鸡啼,残月,人迹,银霜,槲叶,枳花,无不描绘出一幅早行的清冷图景;抒情时时不忘一个"悲"字,"悲故乡"三字则点出了诗人早行的原因,表现了其寝不安眠、倍加思乡之情折磨的内心痛楚。末句对梦境的回味,不仅贴合商山早行的具体情境,也照应了开头的"客行悲故乡",将诗人的羁愁旅思和对故乡的思念表达得淋漓尽致。情景交融,含蓄有致,手法高妙,意境萧索寒幽,羁旅奔波之苦,黯然思乡之悲,漂泊人生的种种感受,尽在其中。

【类文链接】

[1] 孟浩然《宿建德江》:移舟泊烟渚,日暮客愁新。野旷天低树,江清月近人。

[2] 张继《枫桥夜泊》:月落乌啼霜满天,江枫渔火对愁眠。姑苏城外寒山寺,夜半钟声到客船。

[3] 范仲淹《苏幕遮》:碧云天,黄叶地。秋色连波,波上寒烟翠。山映斜阳天接水。芳草无情,更在斜阳外。黯乡魂,追旅思。夜夜除非,好梦留人睡。明月楼高休独倚,酒入愁肠,化作相思泪。

[4] 马致远《天净沙·秋思》:枯藤老树昏鸦。小桥流水人家。古道西风瘦马。夕阳西下,断肠人在天涯。

[5] 柳永《夜半乐》:冻云黯淡天气,扁舟一叶,乘兴离江渚。渡万壑千岩,越溪深处。怒涛渐息,樵风乍起。更闻商旅相呼。片帆高举,泛画鹢,翩翩过南浦。

望中酒旆闪闪,一簇烟村,数行霜树。残日下,渔人鸣榔归去。败荷零落,衰杨掩映,岸边两两三三,浣纱游女,避行客,含羞相笑语。　　到此应念,绣阁轻抛,浪萍难驻。叹后约丁宁竟何据?惨离怀、空恨岁晚归期阻。凝泪眼、杳杳神京路。断鸿声远长天暮。

[6] 柳永《玉蝴蝶》:"望处雨收云断,凭阑悄悄,目送秋光。晚景萧疏,堪动宋玉悲凉。水风轻、蘋花渐老,月露冷、梧叶飘黄。遣情伤。故人何在?烟水茫茫。

难忘。文期酒会,几孤风月,屡变星霜。海阔山遥,未知何处是潇湘。念双燕、难凭远信,指暮天、空识归航。黯相望。断鸿声里,立尽斜阳。

浪　淘　沙[1]

[南唐]李　煜

帘外雨潺潺[2],春意阑珊[3]。罗衾不耐五更寒[4]。梦里不知身是客[5],一晌贪

欢[6]。　　独自莫凭栏,无限江山,别时容易见时难。流水落花春去也,天上人间。

【注释】

[1] 浪淘沙:词牌名。词题一作《浪淘沙令》。
[2] 潺潺:形容雨声。
[3] 阑珊:衰残,将尽的意思。一作"将阑"。
[4] 罗衾(qīn):绸被子。不耐:受不了。一作"不暖"。
[5] 身是客:指被拘汴京,形同囚徒。
[6] 一晌(shǎng):一顿饭的功夫,谓时间很短。贪欢:指贪恋梦境中的欢乐。

【导读】

　　李煜(937—978),字重光,初名从嘉,自号钟隐、莲峰居士,彭城(今江苏徐州)人。南唐中主李璟第六子。于宋建隆二年(961年)继位,史称李后主。开宝八年,国破降宋,俘至汴京,被封为右千牛卫上将军、违命侯。后为宋太宗毒死。李煜虽不通政治,但其艺术才华却非凡。精书法,善绘画,通音律,诗和文均有一定造诣,尤以词的成就最高。其词从内容上可分为前后两个时期,大体以宋灭南唐为界。前期的词多为"伶工之词",以描写宫廷生活为主,风情绮丽,清靡婉转。后期的词则"眼界始大,感慨遂深,遂变伶工之词为士大夫之词",多追忆往事,伤怀故国,风格沉郁苍凉。李煜的词今存30余首,与其父李璟的词作汇刻为《南唐二主词》。代表作有《虞美人》、《浪淘沙》、《乌夜啼》等,被世称为"千古词帝"。

　　这是李后主以歌当哭的绝笔词。词中出现的是一个极端"孤独"的形象:昨日的一国之主,今日的阶下之囚。江山依旧,却已易主;春天依旧,但已远离。词中奔泻的就是这种惨痛欲绝的国破家亡的感情。

　　词的上片采用了倒叙的手法写梦醒后感情上的急剧波动。"梦里不知身是客,一晌贪欢。"使梦中之欢和醒后现实之悲,互为映衬,读来令人心碎。下片凭栏感叹。故国江山和帝王生活,同这大好春光一样已经消逝。春光的消逝,无法追寻,正像天上和人间那样的隔绝。过去的生活和现在的悲惨处境,也像天上和人间那样相差悬殊。于是他从肺腑里迸发出了沉痛的悲叹:"流水落花春去也,天上人间。"把悲凉、孤独、痛苦、悔恨、绝望的感情推向高潮。这首词,可以说是李煜用生命蘸着泪水写下来的。一个有才能的词人,把这样深切感受到的生活,付之笔端,是不难收到动人的艺术效果的。

【类文链接】

　　[1] 李煜《相见欢》:林花谢了春红,太匆匆。无奈朝来寒雨晚来风。　　　胭脂

泪,相留醉,几时重? 自是人生长恨水长东。

[2] 李煜《相见欢》:无言独上西楼,月如钩。寂寞梧桐深院、锁清秋。剪不断,理还乱,是离愁。别是一般滋味在心头。

[3] 李煜《虞美人》:春花秋月何时了,往事知多少。小楼昨夜又东风,故国不堪回首月明中。　雕栏玉砌应犹在,只是朱颜改。问君能有多少愁? 恰似一江春水向东流。

踏　莎　行[1]

[宋] 欧阳修

候馆梅残[2],溪桥柳细,草薰风暖摇征辔[3]。离愁渐远渐无穷,迢迢不断如春水。

寸寸柔肠,盈盈粉泪[4],楼高莫近危阑倚。平芜尽处是春山,行人更在春山外[5]。

【注释】

[1] 踏莎行:词牌名,又名《柳长春》双调58字,仄韵。
[2] 候馆:接待宾客的馆舍。暗用南北朝陆凯的诗:"折梅逢驿使,寄与陇头人。江南无所有,聊赠一枝春。"驿路梅花正含有怀人之意。
[3] 草薰风暖:从江淹《别赋》"闺中风暖,陌上草薰"两句而来。草薰:草发出的香气。薰,香气。辔:驾驶牲口的嚼子和缰绳,即以代表马。
[4] 盈盈:满眼泪水的样子。
[5] 平芜:平坦的草地。行人:此指心上人。

【导读】

欧阳修(1007—1072),北宋时期政治家、文学家、史学家和诗人。谥号文忠。为"唐宋八大家"之一。有《欧阳文忠公文集》。

这是一首写离情的佳作。在抒写游子思乡的同时,联想到闺中人忆念的情景,写出了两地相思之情。上片写马上征人,以景为主,融情于景。梅残、柳细、草薰、风暖暗示着离别。征人之路,渐行渐远;下片写闺中思妇。登高望远,遥念离人,泪眼迷茫,哀怨满怀。其愁绪,越加深重,直教人揪心落泪,肝肠寸断。以抒情为主,情寓景中,构成了清丽缠绵的意境。

全词以优美的想象、贴切的比喻、新颖的构思,含蓄蕴藉地制造出一种"迢迢不断如春水"的情思,悱恻幽回,情深意远。

【类文链接】

[1] 白居易《杨柳枝词八首》：人言柳叶似愁眉，更有愁肠似柳丝。柳丝挽断肠牵断，彼此应无续得期。

[2] 欧阳修《蝶恋花》：庭院深深深几许？杨柳堆烟，帘幕无重数。玉勒雕鞍游冶处，楼高不见章台路。　　雨横风狂三月暮，门掩黄昏，无计留春住。泪眼问花花不语，乱红飞过秋千去。

[3] 欧阳修《生查子》：去年元夜时，花市灯如昼。月上柳梢头，人约黄昏后。今年元夜时，月与灯依旧。不见去年人，泪满春衫袖。

[4] 柳永《雨霖铃》：寒蝉凄切，对长亭晚，骤雨初歇。都门帐饮无绪，留恋处，兰舟催发。执手相看泪眼，竟无语凝噎。念去去、千里烟波，暮霭沉沉楚天阔。多情自古伤离别，更那堪，冷落清秋节！今宵酒醒何处？杨柳岸、晓风残月。此去经，应是良辰好景虚设。便纵有，千种风情，更与何人说？

八声甘州[1]

[宋] 柳　永

对潇潇暮雨洒江天，一番洗清秋[2]。渐霜风凄紧，关河冷落，残照当楼[3]。是处红衰翠减，苒苒物华休[4]。惟有长江水，无语东流。

不忍登高临远[5]，望故乡渺邈[6]，归思难收。叹年来踪迹，何事苦淹留[7]！想佳人，妆楼颙望[8]，误几回、天际识归舟[9]。争知我、倚阑干处，正恁凝愁[10]。

【注释】

[1] 八声甘州：词牌名。

[2] 对潇潇暮雨洒江天，一番洗清秋：面对黄昏时分急骤的暮雨洒满江天，秋天又一次被洗得分外清凉。潇潇，雨声急骤。

[3] 渐霜风凄紧，关河冷落，残照当楼：凄凉的秋风逐渐刮得紧了，山河寂寞冷落，残阳照在楼上。凄紧，形容秋风寒冷萧瑟。关河，山河，关山河流。残阳，夕阳。

[4] 是处红衰翠减：到处花朵凋零，绿叶枯萎。是处，到处。红，指花。翠，指叶。苒苒物华休：景物逐渐凋残。苒苒，渐渐。物华，美好的景物。休，停止，凋零。

[5] 临：面对。

[6] 渺邈：遥远。归思难收：回家的念头萦绕在心头，难以收回。思，心思。

[7] 叹年来踪迹，何事苦淹留：感叹这些年的行踪，有什么事情值得自己久留他乡，因而饱受相思之苦呢？踪迹，行踪，走过的地方。淹留，久留他乡。

[8] 颙（yóng）望：一作"凝望"，抬头凝望。

［9］误几回、天际识归舟：想象爱人从妆楼上远望天际，辨认我的归舟，却认错了多少回。

［10］争知我、倚阑干处，正恁凝愁：爱人怎么会知道，此时的我也依靠着栏杆如此愁思不解。争知，怎知。阑干，同"栏杆"。恁，如此，这样。凝愁，愁思凝结难解。

【导读】

柳永(约987—1053)，字耆卿，初号三变，因排行第七，又称柳七。崇安(今福建武夷山)人。宋仁宗朝进士，官至屯田员外郎，故世称柳屯田。其为人放荡不羁，终身潦倒。柳永是北宋词坛婉约派最具代表性的人物之一。作为北宋第一个专力作词的词人，他不仅开拓了词的题材内容，而且制作了大量的慢词，发展了铺叙手法，促进了词的通俗化、口语化，在词史上产生了较大的影响。"凡有井水处，皆能歌柳词"，足见他的艺术成就和魅力。有《乐章集》。

这首词抒写羁旅悲秋，相思愁恨。上片写景，以暮雨、霜风、江流描绘了一幅风雨急骤的秋江雨景。从听觉、视觉，远景、近景的交叠中微妙地渗透着游子登高临远的悲戚与感伤。下片抒情，以"不忍"二字领起，层层揭示"不忍"的缘由：遥望故乡，触发"归思难收"；羁旅漂泊，深感游宦淹留；怜惜"佳人凝望"，相思太苦。由"望"而"叹"，由"叹"而"想"，层层剖述，婉转深曲。

这首词章法结构细密，写景抒情融为一体，以铺叙见长。词中思乡怀人的意绪表现得淋漓尽致。用白描手法，再加通俗的语言，又将这复杂的意绪表达得明白如话。

【类文链接】

［1］张若虚《春江花月夜》：春江潮水连海平，海上明月共潮生。滟滟随波千万里，何处春江无月明。江流宛转绕芳甸，月照花林皆似霰。空里流霜不觉飞，汀上白沙看不见。江天一色无纤尘，皎皎空中孤月轮。江畔何人初见月？江月何年初照人？人生代代无穷已，江月年年只相似。不知江月待何人，但见长江送流水。白云一片去悠悠，青枫浦上不胜愁。谁家今夜扁舟子？何处相思明月楼？可怜楼上月徘徊，应照离人妆镜台。玉户帘中卷不去，捣衣砧上拂还来。此时相望不相闻，愿逐月华流照君。鸿雁长飞光不度，鱼龙潜跃水成文。昨夜闲潭梦落花，可怜春半不还家。江水流春去欲尽，江潭落月复西斜。斜月沉沉藏海雾，碣石潇湘无限路。不知乘月几人归，落月摇情满江树。

［2］李璟《摊破浣溪沙》：菡萏香销翠叶残，西风愁起绿波间。还与韶光共憔悴，不堪看。　　细雨梦回鸡塞远，小楼吹彻玉笙寒。多少泪珠何限恨，倚阑干。

［3］柳永《凤栖梧》：伫倚危楼风细细，望极春愁，黯黯生天际。草色烟光残照

里,无言谁会凭阑意。　　拟把疏狂图一醉,对酒当歌,强乐还无味。衣带渐宽终不悔,为伊消得人憔悴。

满 庭 芳[1]

[宋] 秦 观

　　山抹微云,天连衰草,画角声断谯门[2]。暂停征棹,聊共引离樽。多少蓬莱旧事,空回首、烟霭纷纷。斜阳外,寒鸦万点,流水绕孤村[3]。

　　销魂当此际,香囊暗解,罗带轻分[4],漫赢得、青楼薄幸名存[5]。此去何时见也,襟袖上、空惹啼痕。伤情处,高城望断,灯火已黄昏。

【注释】

[1] 满庭芳:此调取柳宗元诗句"满庭芳草积"。又名《锁阳台》、《满庭霜》、《潇湘暮雨》、《满庭花》、《话桐乡》。

[2] 山抹微云:指一缕缕薄云横绕山腰,像是涂抹上去一样。天连衰草:指远处的枯草紧连着天际。画角:涂有彩色的军中号角。谯(qiáo)门:高楼上之门,可以眺望远方,今城市所存鼓楼,正与谯门同。

[3] "寒鸦"句:化用隋炀帝杨广《野望》诗句:"寒鸦千万点,流水绕孤村。"

[4] 香囊:装香物的小袋,古人佩在身上的一种装饰物。罗带:系要的丝带。二句指情人互赠信物,以结深情。

[5] 漫:徒然。薄幸:薄情。

【导读】

　　秦观(1049—1100),北宋词人。字少游、太虚,号淮海居士,扬州高邮(今属江苏)人。曾任秘书省正字,兼国史院编修官等职。因政治上倾向于旧党,被认为元祐党人,绍圣后累遭贬谪。文辞为苏轼所赏识,是"苏门四学士"之一。工诗词。词多写男女情爱,也颇有感伤身世之作,风格委婉含蓄,清丽雅淡。诗风与词风相近。有《淮海集》、《淮海居士长短句》。

　　这首词写诗人与他所眷恋的一个女子的离别情景,充满了低沉婉转的感伤情调。上片描写别时的景色及对往事的回忆。"抹"勾勒出一片暮霭苍茫的境界,"连"描绘出一种暮冬景色惨淡的景象。"斜阳"三句,痛苦的心情用极美的境界来衬托,传为绝唱。下片抒写离别时的留恋、惆怅之情。解囊相赠,泪湿衣襟,征棹远去,灯火黄昏,满纸凄凉色,一派伤别情。全词把凄凉秋色、伤别之情融为一体。通过对凄凉景色的描写,用婉转语调表达伤感的情绪,是这首词的主要艺术特色。

【类文链接】

[1] 秦观《踏莎行》:雾失楼台,月迷津渡,桃源望断无寻处。可堪孤馆闭春寒,杜鹃声里斜阳暮。　驿寄梅花,鱼传尺素,砌成此恨无重数。郴江幸自绕郴山,为谁流下潇湘去?

[2] 秦观《浣溪沙》:漠漠轻寒上小楼,晓阴无赖似穷秋,淡烟流水画屏幽。自在飞花轻似梦,无边丝雨细如愁,宝帘闲挂小银钩。

青玉案[1]

[宋] 贺　铸

凌波不过横塘路,但目送,芳尘去[2]。锦瑟年华谁与度[3]?月桥花院、琐窗朱户[4],只有春知处。

飞云冉冉蘅皋暮,彩笔新题断肠句[5]。试问闲愁都几许?一川烟草,满城风絮,梅子黄时雨[6]。

【注释】

[1] 青玉案:词牌名,取于东汉张衡《四愁诗》:"美人赠我锦绣段,何以报之青玉案"一诗。又名《横塘路》、《西湖路》,双调六十七字,前后阕各五仄韵,上去通押。

[2] 凌波:形容女子走路时步态轻盈。横塘:在苏州南十时许。芳尘:指美人的行踪。

[3] 锦瑟华年:比喻美好的青春时期。

[4] 琐窗:雕刻或彩绘有连环形花纹的窗子。

[5] 冉冉:流动的样子。蘅皋:长着香草的沼泽中的高地。彩笔:比喻有写作的才华。

[6] 梅子黄时雨:四五月梅子黄熟,期间常阴雨连绵,俗称"黄梅雨"或"梅雨。"

【导读】

贺铸(1052—1125),字方回,号庆湖遗老。一生不曾从科举入仕,只在地方上当过小吏,初任武职,四十岁才改转文职,晚年退居苏州。

这首词通过对暮春景色的描写,抒发作者所感到的"闲愁"。上片写路遇佳人而不知所往的怅惘情景,也含蓄地流露其沉沦下僚、怀才不遇的感慨。下片写因思慕而引起的无限愁思。一问一答,写尽了人间的闲愁淡恨!全词虚写相思之情,实抒悒悒不得志的"闲愁"。全词融情入景,设喻新奇,能兴起人们无限想象,为当时传诵的名篇。

【类文链接】

[1] 贺铸《踏莎行》：杨柳回塘，鸳鸯别浦，绿萍涨断莲舟路。断无蜂蝶慕幽香，红衣脱尽芳心苦。　　返照迎潮，行云带雨，依依似与骚人语：当年不肯嫁春风，无端却被秋风误。

[2] 周邦彦《苏幕遮》：燎沉香，消溽暑。鸟雀呼晴，侵晓窥檐语。叶上初阳乾宿雨，水面清圆，一一风荷举。　　故乡遥，何日去。家住吴门，久作长安旅。五月渔郎相忆否，小楫轻舟，梦入芙蓉浦。

如 梦 令[1]

〔宋〕李清照

昨夜雨疏风骤[2]，浓睡不消残酒。试问卷帘人[3]，却道海棠依旧。知否？知否？应是绿肥红瘦[4]。

【注释】

[1] 如梦令：词牌名。
[2] 雨疏风骤：雨狂风猛。疏：形容雨下得很大。
[3] 卷帘人：正在卷动帘子的侍女。
[4] 绿肥红瘦：海棠花丛中一是绿的见多，红的见少了。形容海棠花被风雨打下了不少。

【导读】

李清照(1084—1151)，号易安居士，济南章丘人，宋代杰出的女词人。李清照的词委婉、清新，感情真挚。前期的词，主要描写少女、少妇的生活，多写闺情，流露了她对爱情生活的向往和别离相思的痛苦。后期的词，多悲叹身世，有时也流露出对中原的怀念，以表达她的爱国思想。李清照的文学创作具有鲜明独特的艺术风格，居婉约派之首，对后世影响较大，在词坛中独树一帜，称为"易安体"。

这首小令，只有短短六句三十三言，却有人物，有场景，还有对白，写得曲折委婉，极有层次。词人因惜花而痛饮，因情知花谢却又抱一丝侥幸心理而"试问"，因不相信"卷帘人"的回答而再次反问，如此层层转折，步步深入，将惜花之情表达得摇曳多姿。语言清新，词意隽永，令人玩味不已。

【类文链接】

[1] 李清照《点绛唇》：蹴罢秋千，起来慵整纤纤手。露浓花瘦，薄汗轻衣透。

见客入来,袜刬金钗溜,和羞走。倚门回首,却把青梅嗅。

[2]李清照《一剪梅》:红藕香残玉簟秋,轻解罗裳,独上兰舟。云中谁寄锦书来?雁字回时,月满西楼。　花自飘零水自流,一种相思,两处闲愁。此情无计可消除,才下眉头,却上心头。

[3]李清照《醉花阴》:薄雾浓云愁永昼,瑞脑销金兽。佳节又重阳,玉枕纱厨,半夜凉初透。　东篱把酒黄昏后,有暗香盈袖。莫道不销魂,帘卷西风,人比黄花瘦。

[4]李清照《声声慢》:寻寻觅觅,冷冷清清,凄凄惨惨戚戚。乍暖还寒时候,最难将息。三杯两盏淡酒,怎敌他、晚来风急!雁过也,正伤心,却是旧时相识。满地黄花堆积,憔悴损,如今有谁堪摘!守着窗儿,独自怎生得黑?梧桐更兼细雨,到黄昏、点点滴滴。这次第,怎一个愁字了得!

方案一:中华颂·经典诵读比赛活动方案

一、活动目的

为了弘扬祖国的文学艺术,营造文明高雅的校园文化氛围,丰富我院的校园文化生活,发展和提高学生的诵读能力,培养学生热爱祖国语言文字的情感,提高学生语文素养。根据国家教育部、湖北省教育厅的有关文件,结合我院人文英华课程方案的要求,决定举办"中华颂·经典朗诵"大赛。

二、活动主题

经典传承文明,雅言浸润人生

三、活动对象

全体学生

四、活动时间及实施办法

大赛分初赛、复赛和决赛三个阶段。

(一)初赛。定于12月初进行,由各系负责组织。在广泛开展初赛的基础上,各系组建代表队参加全院复赛。

(二)复赛。定于12月中旬举行,具体时间、地点另行通知。

(三)决赛。定于12月下旬举行,具体时间、地点另行通知。

五、活动要求

（一）本次参赛内容可选用优秀经典诗词、散文等，既可以是一篇完整的文章，也可以是其中的一部分。力求语言优美，内容健康。参赛时间一般控制在 5 分钟以内，如需配乐请自备。

（二）可以单人朗诵，也可多人配合朗诵，还可以配乐、伴舞、布置背景等。

（三）各系在 11 月 26 日前将参赛人员名单及朗诵作品（电子稿、打印稿各一份）报送公共基础部孙老师或黄老师处。参赛作品小四号宋体字，A4 纸打印。

（四）观众互动：即兴朗诵、古诗文常识问答。

六、奖项设置

本次比赛设一等奖 1 名，二等奖 2 名，三等奖 3 名，优秀奖若干名，颁发奖品和证书。另设优秀指导老师 1—2 名，优秀组织奖 1—2 个，观众互动奖 3—4 个。

七、评比标准

（一）作品主题鲜明突出，内容健康向上，充实生动、有真情实意。

（二）精神饱满，姿态大方、服饰得体，与诵读内容相协调。

（三）情感丰富到位，表达朴实自然，表情生动，态势语设计恰当。

（四）普通话标准，声音洪亮，吐字清晰，表达流畅，感情饱满，能很好地把握朗诵节奏。

（五）正确把握诵读内容，声情并茂，朗诵富有韵味和表现力，能引起观众共鸣。

（六）诵读形式富有创意（如配以适当乐曲或以其他富有创意形式的朗诵），能给人耳目一新的感觉。此外内容必须脱稿朗诵。上下场要致意、答谢。

方案二：校园诗歌创作大赛方案

一、活动宗旨

激发大学生诗词创作的才情，反映大学生对民族、校园、生活、社会和时代的看法，陶冶情操，丰富校园文化内涵，繁荣校园文化生活，浓厚校园育人气氛，促进大学生综合素质的全面提高。

二、大赛主题

中华赞·乡土情·校园美

三、参赛对象

全体学生

四、作品要求

（一）思想健康，主题鲜明，形象生动。从社会、生活、学习、情感等方面反映大学校园健康、高雅的文化生活。

（二）结合现实社会，着眼当前校园，充分展现当代大学生的文化素养、健康心理、蓬勃向上的精神面貌。

（三）形式不限，新诗或古体诗词均可；要求原创，不得抄袭。

（四）A4纸打印稿，正标题三号黑体，正文小四号宋体。在作品正标题下写明：学校、系部、班级、作者姓名及联系方式。

五、时间安排

（一）初评、推荐阶段（10月至12月上旬）。

各系部按照通知要求，进行征集、评选，向承办单位推荐优秀作品。

（二）作品评选、公布阶段（12月下旬）。

承办单位邀请专家组成评审委员会，对各系部报送的优秀作品进行评审。

六、奖项设置

一等奖　5名

二等奖　10名

三等奖　20名

优秀奖：最佳文采奖、最富创意奖、古典韵味奖、清新另类奖各5名。

情 感 篇

 概观

人非草木，孰能无情。情感，赋予生命以斑斓的色彩。

亲情——血浓于水的情感。从微观层面讲，它是一个家庭或家族以血缘关系为纽带建立起来的一种情感。它既包含血脉相连的父子情、手足情、祖孙情，也包含婆媳情、翁婿情及升华了的夫妻情等。因为血脉相连，亲情是本能、至纯、最不求回报的一种情感。舐犊之情，人皆有之；羊羔跪乳，乌鸦反哺。孔融让梨，是亲情使然，是亲情与教化的完美结合。从宏观层面讲，亲情是同根同源民族情。

友情——高山流水的情感。子曰："有朋自远方来，不亦乐乎？"先贤在择友上强调志同道合。钟子期与俞伯牙高山流水、阳春白雪式友情成为友情的典范。君子之交淡如水，小人之交甘如醴。人生难得一知己，这知己，其实就是生命中另一个自己。没有友情的情感世界是一片荒漠。

爱情——生死相依的情感。两个原本没有任何关系的人，因种种特殊原因，情愫暗动，或因志趣相同，或因情意相通而牵手，双方同忧同喜，共浴风雨，相携走完人生旅程。诚如裴多菲所言：生命诚可贵，爱情价更高。甘愿为对方牺牲自己的一切，爱情弥足高贵。

爱国情——满腔赤诚的情感。覆巢之下，焉有完卵？皮之不存，毛将焉附？睿智的先贤，赋予了爱国情丰富的内涵。仁人志士以天下苍生为念，以国家为己任，立报国之志，演绎了一曲曲荡气回肠的生命壮歌。

本篇，带领同学们走进古今先贤的情感世界，触摸他们情感脉搏，聆听他们或激昂或细腻的心跳，领略他们深沉的情思，享受情感饕餮盛宴，丰富自己的情感内涵，正确审视自己内心世界，准确驾驭自己情感之舟，扬帆远航。

亲情——血浓于水

世界上我们可以选择任何人或者事情,惟独我们不能选择血缘。建立在以血缘关系为纽带基础上的情感,属于亲情。亲情无须掩饰,无须伪装,甘愿付出,不计索取。亲情的本质是关爱。亲人之间应该"相爱"、"相顾"、"友悌"、"和睦"。

舐犊之情

"老母一百岁,常念八十儿。"——《劝孝歌》

母爱是伟大的,也是无私的,它沉浸于万物之中,充盈于天地之间。"天上太阳,人间母爱"。在悲伤时,她是慰藉;在沮丧时,她是希望;在软弱时,她是力量。母爱是同情、怜悯、慈爱、宽厚的源泉。世上唯一永恒不变的只有母爱。父母的爱是天地间最伟大的爱,自从我们呱呱坠地,来到这个世界,父母就开始爱着我们,直到永远。父母的爱,是对儿女天生的爱,自然的爱。说到长辈对晚辈的舐犊之情,人们眼前浮现的是一幅幅温馨的画面:母亲伸着双手跟着蹒跚学步的孩子,满脸的喜悦中流露出甜蜜的紧张;风雨中呵护着孩子的父母,衣服虽被淋湿依然笑声朗朗;月夜下奶奶教孙辈数天上永远也数不清的星星,讲总也讲不完的神话传说,耳边萦绕不散的是"摇啊摇,摇到外婆桥"的悠扬歌声。

"慈母手中线,游子身上衣。临行密密缝,意恐迟迟归。"孟郊的《游子吟》拨动多少读者的心弦。游子远行,身上衣衫乃慈母亲手缝制,那密密缝织的针线,包蕴着母亲那浓浓的情感——不舍、担忧与关心。诗的语言清新流畅,淳朴素淡,诗味浓郁醇美,情真意切。"谁言寸草心,报得三春晖。"像春天阳光般厚博的父母之情,区区小草似的儿女怎么能报答于万一呢?

东汉末年,蔡文姬被乱兵掳至匈奴,作别家国,万里投荒。在被汉使赎回时,母子诀别,含悲引泪,亲朋相送,凄凉感伤。她在所作《悲愤诗》中写道:"已得自解免,当复弃儿子。天属缀人心,念别无会期……号泣手抚摩,当发复回疑。"凄怨哀伤,声节悲凉,读之使人落泪。唐人曾以此为题,作胡笳之曲,如泣如诉,欲歌欲哭,一种醇烈的母子之情充溢于曲调之间。

亲情是孟母煞费苦心择邻而处的"三迁",是岳母满怀期望刺下的"精忠报国",是朱自清父亲翻越栅栏时留下的那个蹒跚的"背影"……

反哺之情

"孝有三,大孝尊亲,其次弗辱,其下能养。"——曾子《礼记》。

尊重老人是社会公德,孝敬父母是儿女的天职。何谓孝道?孝是孝敬、孝顺、孝养;孝道是为人子女或为人弟子,对于父母兄长必须恭敬顺从、供养侍奉的正道。在中国古代人们非常重视孝道,故有"百善孝为先"之说。提到"孝",我们仿佛听到远古的那个孩子觉得父母的恩情像天空一样无边无际难以报答的呼号:"父兮生我,母兮鞠我。拊我畜我,长我育我。顾我复我,出入腹我。欲报之德,昊天罔极。"(《诗经·蓼莪》)父母对我们可谓是恩泽一生,他们的养育之恩比天高比海深。羔羊尚有跪乳之恩,乌鸦也有反哺之情。所以说我们更应该孝敬父母,感恩父母。给父母多一些问候、多一份关心,老人的精神上就得到几许慰藉,千万不要等到了"子欲孝而亲不在"时懊悔终身。《金色花》和《纸船》都表达了对母亲的爱恋之情,《金色花》一诗篇幅短小,而意蕴丰赡,是泰戈尔散文诗集《新月集》中的代表作。它写一个假想——"假如我变成了一朵金色花",并由此生发想象——一个神奇的儿童与他母亲的"捉迷藏",描绘成一幅耐人寻味的画面,表现家庭天伦之爱,表现人类天性的美好与圣洁。《纸船》以柔弱的女子的口吻来写,作者将思念母亲之情寄托在小小的纸船上。不仅如此,诗人还由己推人,设想母亲也在思念自己,并诉之于梦。诗中感情的抒发显得既生动具体,又含蓄深沉。李密的《陈情表》让你不得不哭。文章围绕"情""孝"二字反复陈述自己家庭的不幸,和祖母相依为命的苦况亲情,表达对新朝宠遇的感激涕零,以及孝顺祖母的哀哀衷情。《陈情表》辞语恳切,委婉动人。表到朝廷,晋武帝看了,为李密对祖母刘氏的一片孝心所感动,赞叹李密"不空有名也"。不仅同意暂不赴诏,还嘉奖他孝敬长辈的诚心,赏赐奴婢二人,并指令所在郡县,发给他赡养祖母的费用。《陈情表》以侍亲孝顺之心感人肺腑,千百年来一直被人们广为传诵,影响深远。文中的一些词句如"急于星火"、"日薄西山,气息奄奄"、"人命危浅,朝不虑夕"等,直至今天人们还经常引用。

孔子说:"父母在,不远游,游必有方。"(《里仁》)意思是说:父母在世,不远离家乡,如果一定要出远门,必须有明确的去处。这也是孝敬父母的一种方式。今天的我们虽然做到"父母在,不远游"比较困难,但做到"游必有方"却不是一件很难的事情。家家有老人,人人会变老。孝敬父母是我们中华民族的传统美德,尊老敬老就是尊敬我们自己。亲尝汤药的(汉文帝)刘恒、百里负米的子路、芦衣顺母的闵损、行佣供母的江革、恣蚊饱血的吴猛、卖身葬父的董永、替父从军的木兰、上书救父的缇萦等诸多孝敬父母的故事,感天动地,在民间口口传颂,也成为我们学习的榜样。其实,孝敬父母并非要人人如此效仿,"老人不图儿女为家做多大贡献",只需一句问候话而已,只需做一些细小事足矣。

手足之情

"谁无兄弟,如足如手。"——唐·李华《吊古战场文》

兄弟姐妹本是同根,情同手足。"手足之情"语出宋·苏辙《为兄苏轼下狱上书》:"臣窃哀其志,不胜手足之情,故为冒死一言。"苏辙为了手足之情竟然冒死上书,这种关爱之情,难以言喻。手足之情动人心弦,温馨和睦,感人至深。即使在误解和冲突中,这种情感也是真挚而令人难忘的。当年想让小弟弟周建人有出息,鲁迅不许他放风筝。鲁迅后来在作品《风筝》中回忆起这件事,透露出了自责及无法补救的沉重感。《风筝》就像一曲人情美的赞歌,让人沉醉在自然、和谐、水乳交融的诗情画意里。这种手足之情更体现在曹植的《七步诗》里:"煮豆燃豆萁,豆在釜中泣。本是同根生,相煎何太急。"由于诗中以浅显生动的比喻说明兄弟本为手足,不应互相猜忌与怨恨,晓之以大义,自然令文帝羞愧万分,无地自容。"本是同根生,相煎何太急"二语,千百年来已成为人们劝诫避免兄弟阋于墙、自相残杀的普遍用语,说明此诗在民间流传极广。兄弟情深的历史故事不胜枚举,像田真叹荆、许武教弟、文本乞恩、庾衮侍疫、赵孝争死等,这些人都是我们敬重的楷模。

其实亲情形式多样,无处不在。有血缘关系的是亲情,无血缘关系的也有亲情。比如朋友之情、养子女与养父母之情、军民鱼水情等,只要我们付出爱,世上所有的情都可以升华到亲情这一层。有人这样形容亲情:亲情,是一坛陈年老酒,甜美醇香;是一幅传世名画,精美隽永;是一首经典老歌,轻柔温婉;是一方名贵丝绸,细腻光滑……

有了亲情,人类才从洪荒苍凉走向文明繁盛;有了亲情,社会才从冷漠严峻走向祥和安康;有了亲情,我们才从愁绪走向高歌,从顽愚走向睿智;有了亲情,也才有了生命的肇始,历史的延续,理性的萌动,人性的回归。在2003年春节联欢晚会上,歌手陈红演唱的一首《常回家看看》,令多少老人潸然泪下,感慨万千。让我们给予我们亲情的父母更多的关怀,用我们的实际行动呵护亲情,珍视亲情,关心所有的人。如同孟子所说:"老吾老以及人之老,幼吾幼以及人之幼。"只要我们将天下之人都看成自己的"衣食父母,手足兄弟",我们这个大家庭一定和谐。校园呼唤亲情,社会呼唤亲情,整个世界呼唤亲情。其实我们的世界并非只有亲情,还有更多的"情"值得我们去珍惜,更多的人值得我们去爱。

友情——高山流水

在人类文明史上,人们对友情曾有过多种多样的解答。孟子认为:"友也者,友其德也,不可以有挟也。"(《孟子·万章下》)他把高尚的品德看作友情的基础。古希腊哲学家毕达哥拉斯把友情理解为"一种和谐的平等";另一位哲学家德谟克里特则强调"思想感情的一致产生友谊"。上述种种理解均有其合理性,但并不完整。

友情就是建立在具有共同理想和志趣等基础上的个体之间的一种美好亲密的情感。它产生于社会生活与交往,既是一种人际关系的体现,更是一种美好的社会性情感,是人类精神家园中的宝贵财富。简言之,友情是朋友间的感情,是人与人在长期交往中建立起来的一种特殊的情谊。她是一种最纯洁、最高尚、最朴素、最平凡的感情,也是最浪漫、最动人、最坚实、最永恒的情感。

获得与发展真挚的友情,是一种有益的精神享受,但也确实有不少人为得不到真挚的友情而苦恼,出现这种情况的一个重要原因,是不少人不注意遵循交友和处友之道。友情是相互的,一旦拥有要倍加珍爱。互相拥有友情的人叫做"朋友"。人是不可以无友的,无友之人是形影相吊的孤旅,无友的人生是孤立无援的独行。一个没有友情的人,等于这个世界上没有同类,唯有他孤独一人。有了友情,就有了朋友,有了关心自己的人,自己的学习和生活就有了意义。这样在你悲伤无助的时候,有人给你安慰与关怀;在你失望彷徨的时候,有人给你信心与力量;在你成功欢乐的时候,有人分享你的成果和喜悦并随时提醒你。"独学而无友,则孤陋而寡闻",说明在学习上要有朋友的帮助;"一个篱笆三个桩,一个好汉三个帮",说明在社会上立足要有朋友的支持。朋友是兄弟、姐妹、伴侣、知音。朋友到处都是,只是由于我们不懂朋友的真谛,才让邂逅的朋友失之交臂,擦肩而过。其实相逢就是朋友。朋友关系可以广泛延伸,只要真诚与人交往,就会有友情存在,有友情存在就有朋友存在。

朋友关系如果按程度来分可简化为两种:"相交"的朋友和"相知"的朋友。相交的朋友是指那些一般的朋友,普通的朋友,他只是与自己为人处世有关联的人;相知的朋友才是真正的朋友,知己的朋友,这是让自己信赖和值得珍惜的人。孟子曰:"人之相识,贵在相知,人之相知,贵在知心。"人们常说:朋友易得,知己难求。所以,"相知"的朋友是我们人人羡慕并渴求得到的朋友。春秋时期有位音乐才子俞伯牙,他精于弹琴,而当时最懂伯牙琴技之妙的,莫过于钟子期。伯牙用琴表现高山情怀,钟子期听后说:"善哉,峨嵋兮若泰山。"用琴声表现流水的情调时,他听后说:"善哉,洋洋兮若江河。"后来,钟子期因病逝世,伯牙悲痛欲绝,他摔破了琴,扯断了弦,发誓终生不再弹琴。这则故事千百年来一直感动着人们,人们不是羡慕俞伯牙的高超的琴艺,而是羡慕他遇到了一个能听懂他的琴声的人。这就是"高山流水觅知音"传奇故事。如果按道德标准来分,朋友又可以概括为四种:益友、损友、诤友和谀友。益友是能够与你共同进步有所补益的朋友;诤友是能够直言说出你的缺点,帮助你改正错误的朋友;损友是一种刻薄有害的朋友;谀友是专事谄媚、奉承,以此来获得好处的朋友。孔子也很重视择友问题,他说:"益者三友,损者三友。友直,友谅,友多闻,益矣。友便辟,友善柔,友便佞,损矣。"(《论语·季氏》)意思是说,正直的人、诚实的人、知识渊博的人,是有益的朋友;善于献媚逢迎的人、心术不正的人、夸夸其谈和华而不实的人是有害的朋友。我们交朋友的时候,要多亲近能够做益友、诤友的人,远离那些有损友和谀友特征的人。鲁迅曾赠给志同道合的瞿秋白这样两句话,借以表示他们之间的深厚情谊:"人生得一知己足矣,斯世当以同怀视之。"孔子还提倡"以文会友,以友辅仁"。就是以诗词赋对、研讨学问等方式聚会来结交朋友,依靠朋友互相帮助来辅助仁德。明代学者苏浚在《鸡鸣偶记》中把朋友分成四种:"道义相砥,过失相规,畏友也;缓急可共,生死可托,密友也;甘言如饴,游戏征逐,昵友也;利则相攘,患则相倾,贼友也。"这告诉我们朋友有多种,交友需择友。一个好学上进的人,应该多交畏友、密友,少交昵友,不交贼友。择友也是一门艺术,"取友善人,不可不慎"(《荀子·大略》)。一般来讲,择友时应做到"三观",一观其"德",只有道德高尚的人才能拥有真正的友情;二观其"性",看交往对象是否有淳厚善良的性格和良好的个人修养;三观其"友","近朱者赤,近墨者黑",注意观察对方身边聚集的是什么样的朋友。那些有好的品德好的性格好的人缘的人才是人们信任的人。

　　人的一生,大多在顺境中度过。这是人们憧憬的美好时光。交往的人们都希望双方互相尊重,真诚相待。常言道:"你敬我一尺,我敬你一丈。"小而言之,日久生"情",大而言之,把自己与他人的生活、社会的发展、人类的命运联系起来,共同促进社会的和谐与进步,这种友情潜在着崇高的道德力量,规范着交往双方;遇事切忌遮遮掩掩,更不可口是心非。只有以自己一颗诚挚的心主动去撞击对方的心,才能使对方信任你,放心地与你交往,在交往中巩固和发展友情。德国伟大的文学家歌德与席勒是亲密的朋友,尽管他们在年龄上相差很大,并且性格气质也有很大不同,但是共同的追求和对文学的热爱把他们紧紧联系在一起。席勒写《威廉·退尔》的剧本,歌德便将自己搜集到的有关资料全部提供给席勒。而歌德的《威廉·麦斯特》的写作,也得到了席勒的鼎力相助。席勒英年早逝后,歌德无比悲痛地写道:"我失去了一个朋友,同时也失去了我生命的一半。"其次,与人为善,言而有信。人们之所以喜欢观世音菩萨,就是因为她救苦救难、大慈大悲,有一颗善良的心。因此,我们也要做一个善良的人,对人要友善。友善是爱心的外化,是一个人更好地融入社会的前提。人与人之间讲友善,意味着关爱他人,不苛求于他人,不强加于他人,进而有助于他人。"与朋友交而不信乎?"(《论语·学而》),对自己讲的话、办的事要负责,不许空愿,做到言行一致,所谓"君子一言,驷马难追"是也。同时还要充分信任朋友,做到疑者不交、交者不疑。第三,热情大方,胸怀宽广。热情是人敞开心扉、接纳朋友的最佳途径,因为一个关心理解他人、热情帮助他人的人,总能获得别人的认同和关心,才能与其建立真挚的友情;与朋友相处还需宽容厚道,要多看朋友的优点和长处,别计较对方的缺点和短处。当然,宽容并不意味着无条件地容忍与妥协,朋友之间也需要有善意的批评和争辩,正所谓"君子和而不同,小人同而不和"(《论语·子路》)。发生分歧和摩擦也是常有之事,要有理智的头脑,切不可意气用事,可以换位思考。只要妥善处理,任何烦恼和忧愁最终都会消除。这种宽容大度,一定能赢得大家的理解和尊重。

　　人生在世,少不了磕磕绊绊,必然过沟沟坎坎。摔了跤遇到险,有的人就会因此心灰意冷,一蹶不振。如果这时有朋友挺身而出鼎力相助,患难与共,同舟共济,这样的朋友情谊将是刻骨铭心的。所以说,当朋友遇到困难的时候,更需要你以友善之心,行友善之举,伸出援助之手。烈火见真金,危难显真情。马克思一生生活困顿,是恩格斯一直无私地支持着他,正是这种"伟大的友谊",造就了跨时代的巨著《资本论》;恩格斯尽管作出了巨大牺牲,但他始终认为,能够同马克思并肩战斗40年,是一生中最大的幸福。他们精诚合作,亲密无间,在一切重大问题的看法上保持了高度一致,共同撰写了许多科学社会主义经典著作。即使分居两地,也通信联系,交流思想感情,相互支持。两个人都为结识对方而感到自豪,他们的友谊成为国际共产主义运动史上的佳话。正如列宁所赞扬的,它"超过了古人关于友谊的一切最动人的传说"。管仲与鲍叔牙是贫贱之交。两人一起做买卖,管仲不客气地拿大头,鲍叔不觉得他贪,因为知道管仲比自己穷。管仲在战场上当逃兵,鲍叔不认为他怯懦,因为知道他有老母在堂。管仲辅佐公子纠,成了阶下囚,鲍叔辅佐公子小白,是为齐桓公。鲍叔极力举荐,管仲以此当上了齐国国相,地位比鲍叔高,鲍叔并不介意。管仲说:"生我者父母,知我者鲍叔。"可见,友情是朋友之间无私的奉献,是彼此深切地关怀对方,把对方的进步和提高视为己任,主动为对方分担痛苦和忧愁,帮助对方克服困难和挫折,自觉维护对方的人格和尊严。友情无需功利,不计得失。正如俄国作家别林斯基所言:"真正的朋友不把友谊挂在口上,他们并不是为了友谊而互相要求一些什么,而是彼此为对方做一切办得到的事情。"

　　讲述友情的故事世人千说不腻,歌颂友情的诗句人们百听不厌。李白的"桃花潭水深千尺,不及汪伦送我情",历来为人传诵。这两句诗脱口而出,用水流之深譬人的感情之深,感情真率自然,很有情味。有了这首诗,使普通村民汪伦的名字流传后世,桃花潭也因此成为游览的胜地。王维的"劝君更尽一杯酒,西出阳关无故人"也赢得无数读者的赞誉。一个"更"字,一个"尽"字,饱含了朋友之间的深情厚谊。特别是最后一句,诗人不说朋友远去的忧伤,也不写分别的哀愁,而是用"西出阳关无故人"这含蓄委婉、浓郁深沉的感叹来抒写离情别绪,令人越品越觉得余韵不绝。诗中有情有景,情景交融。送别场面明晰,送别情意浓郁。这首诗在当时就被配上乐曲,广为传唱。诗作配曲传唱后曾先后被命名为《渭城曲》、《阳关曲》、

《阳关三叠》,成了历代送别诗词曲的代名词。高适的"莫愁前路无知己,天下谁人不识君"也是经典名句,这是一首别具一格的送别诗。诗人在即将分手之际,全然不写千丝万缕的离愁别绪,而是满怀激情地鼓励友人踏上征途,迎接未来。前两句写漫无边际的层层阴云已经笼罩住整个天空,连太阳也显得暗淡昏黄,失去了光芒,只有一队队雁阵,在北风劲吹、大雪纷飞的秋冬之际匆匆南迁。如此荒凉的时候各奔一方,自然容易伤感,但此诗的情调却明朗健康。后两句劝董大不必担心今后再遇不到知己,天下之人谁会不赏识像你这样优秀的人才呢?这两句既表达了彼此之间的深厚情谊,也是对友人的品格和才能的高度赞美,是对他的未来前程的衷心祝愿。送别诗能够写得如此豪迈向上,实在难得。李白与杜甫的交往是中国文学史上极为珍贵的一页。两人相处的时间虽然不算长,但友谊深厚,心心相印,离别后互相思念,留下了一些感人的诗篇。李白写下了《沙丘城下寄杜甫》,杜甫也写下了多首《梦李白》的诗。另外,苏东坡的"但愿人长久,千里共婵娟";王勃的"海内存知己,天涯若比邻"……在中国文学史上,歌颂这种高尚真挚友谊的诗歌不胜枚举,千百年来,人们吟诵它们,受着它们的感染,演绎着一幕幕动人的画面。

友情是灯,愈拨愈亮;友情是河,愈流愈深;友情是花,愈开愈美;友情是酒,愈陈愈香。我们要正确认识友情对自己学习、生活和工作的重要作用。人生离不开友情,事业离不开友情,让我们用真诚的心,无私的爱,去播种友情,热情主动地去和人们交往,把握原则,与世人建立真正的友情。只要奉献出你的热情和真诚,你就一定会播种出人间最美丽的友情之花。

爱情——生死相依

自从亚当与夏娃在腰间围上树叶、裹上兽皮后,爱神便携带着智慧与美丽来到人间,于是人类便上演了一幕幕精彩纷呈而又缠绵悱恻的爱情悲喜剧。

中国最早的诗歌总集《诗经》中有许多诗歌反映了早期人类的爱情,其中《诗经·邶风·击鼓》有诗曰:"死生契阔,与子成说,执子之手,与子偕老。"古老而坚定的承诺,浪漫而美丽的相约,这就是爱情。

汉乐府民歌《上邪》:"上邪,我欲与君相知,长命无绝衰!山无陵,江水为竭,冬雷震震,夏雨雪,天地合,乃敢与君绝。"这是爱情的誓言,表达对爱情的忠贞不渝。有些爱情之所以能成为千古绝唱,皆因为至真至纯,忠贞不渝。真正的爱情就像美玉,无论尘世如何繁芜,它依然因纯粹而光鲜夺目,因纯粹而弥足珍贵。

中国古典爱情很唯美,充满风花雪月与浪漫想象。民间有许多爱情传说,如牛郎织女历经磨难却终能于七夕夜在美丽的鹊桥上相会,梁山泊祝英台生不能相爱

死后却化成翩翩彩蝶在花草间自由飞舞,许仙白娘子在春雨如酒柳如烟的西湖断桥边千年等一回……

诗情画意化解了现实赤裸裸的尴尬和无趣,使爱情永葆姣好的面容,鼓励人们去追求它,等待它。

随着时代的发展和历史的变迁,中国爱情的表现形式与人们对爱情的审美也在发生着变化。

"英雄美人"式爱情

中国早期崇尚"英雄美人"式爱情。最典型的应来自一些神话传说和民间故事以及史传记载。比如中华民族始祖轩辕黄帝与华夏圣母嫘祖的故事,舜与娥黄女英的故事,最典型的给人记忆最深的要数西楚霸王项羽与虞姬的故事。虞姬爱慕项羽的勇猛,嫁给项羽,常随项羽出征,与项羽形影不离。楚汉之战,项羽困于垓下(安徽灵县),兵孤粮尽,夜闻四面楚歌,以为楚地尽失,在军帐中与虞姬饮酒悲歌:"力拔山兮气盖世,时不利兮骓不逝。骓不逝兮其奈何,虞兮虞兮奈若何!"姬为之起舞,含泪唱:"汉兵已略地,四方楚歌声,大王意气尽,贱妾何聊生!"歌罢,拔剑自刎。据传说,虞姬拔剑自刎后,鲜血洒在地上,开出了丛丛美丽的红色花朵——虞美人。这显然是后人给予凄美哀婉的"英雄美人"的爱情故事献上的最美的挽歌。

"恸哭六军俱缟素,冲冠一怒为红颜。"英雄美人的爱情故事多交织着铁与血,战与火,江山社稷与儿女柔情,反映了我们民族历来对英雄的崇拜与景仰歌颂,是文学史上极为辉煌壮丽的篇章。

"才子佳人"式爱情

中国古典文学中多有"才子佳人"式爱情。理想的爱情是"才子配佳人"——"秀才是文章魁首,小姐是仕女班头,一个透彻三教九流,一个晓尽描鸾刺绣","金风玉露一相逢,便胜却人间无数"。

这类爱情故事最早应从西汉时期的司马相如和卓文君算起。

"凤兮凤兮归故乡,遨游四海求其凰。时未遇兮无所将,何悟今兮升斯堂!有艳淑女在闺房,室迩人遐毒我肠。何缘交颈为鸳鸯,胡颉颃兮共翱翔!皇兮皇兮从我栖,得托孳尾永为妃。交情通意心和谐,中夜相从知者谁?双翼俱起翻高飞,无感我思使余悲。"当年司马相如一曲《凤求凰》打动了才女卓文君的心,"文君夜亡奔相如",演出了一幕传唱千古的私奔佳话。

还有民间流传的风流才子唐伯虎点秋香的故事,几乎妇孺皆知。

随着文学的发展,才子佳人的故事成了广大文人最向往的美好爱情版本。元代王实甫在前人的文学积累基础上创作出了"天下夺魁"的《西厢记》。这部剧作写张生与崔莺莺这一对有情人冲破困阻终成眷属的故事。书生张君瑞在普救寺里偶遇已故崔相国之女莺莺,对她一见倾心,苦于无法接近。此时恰有孙飞虎听说莺莺美貌,率兵围住普救寺,要强娶莺莺为妻。崔老夫人情急之下听从莺莺主意,允诺如有人能够退兵,便将莺莺嫁他。张生喜出望外,修书请得故人白马将军杜确率兵前来解围,但事后崔老夫人绝口不提婚事,只让二人以兄妹相称。张生失望之极,幸有莺莺的丫环红娘从中帮忙,扶莺莺月夜烧香,听见张生弹琴诉说衷肠。后来莺莺听说张生病倒,让红娘去书房探望。张生相思难解,央求红娘替他从中传递消息。莺莺怜惜张生,终于鼓起勇气,也写诗回赠,后在红娘的帮助下,二人瞒过崔老夫人,私下幽会并订了终身。老夫人知情后怒责红娘,但已无可挽回,便催张生进京应考。张生与莺莺依依惜别,半年后得中状元。崔老夫人的侄儿郑恒本与莺莺有婚约,便趁张生还未返回之时谎报张生已被卫尚书招赘为婿,老夫人一气之下要将莺莺嫁给郑恒,幸好张生及时归来,有情人终成眷属。

这个故事可以说才子佳人爱情故事的典范,才子是年轻才俊的少年书生,佳人是美丽温婉的多情女子,两人相见一见钟情。经历了一番曲折、磨难,最后是大团圆结局。《西厢记》的那句"愿普天下有情的都成了眷属",可以说唱出了时代的最强音,也唱出了无数青年男女的心声。

另外,明代汤显祖的《牡丹亭》里杜丽娘与柳梦梅的爱情故事无疑是才子佳人爱情故事的又一优秀版本。杜丽娘活生生为情而死,又翩翩然为情而生。正如元代元好问(金人)《摸鱼儿·雁丘词》中所写:"问世间情为何物,只教生死相许? 天南地北双飞客,老翅几回寒暑。欢乐趣,离别苦,就中更有痴儿女。君应有语,渺万里层云,千山暮雪,只影向谁去?"杜丽娘就是作者全力塑造的"情至"的形象。作者说:"天下女子有情,宁有如杜丽娘者乎……如丽娘者,乃可谓之有情人耳。情不知所起,一往而深,生者可以死,死可以生。生而不可以死,死而不可复生者,皆非情之至也。"所以说,丽娘的爱是轰轰烈烈的,感天动地的,也是才子佳人爱情的典型代表。

明后期产生了一大批以才子佳人为题材内容的言情小说,如《好逑传》、《玉娇梨》、《平山冷燕》等。才子佳人故事"则大率才子佳人之事,而以文雅风流点缀其间,功名遇合为之主。始或乖违,终多如意。故当时或亦成为'佳话'"。鲁迅这段话可谓对才子佳人爱情故事的经典总结。

"知音"式爱情

在古典文学中还出现了一些建立在相互理解相互尊重基础上的"知音"式爱

情。"身无彩凤双飞翼,心有灵犀一点通。"晚唐诗人李商隐《无题》诗表达了中国文人对心灵精神层面交流的渴望。

自古"知音"难求,正因稀少,更显珍贵。

南宋词人李清照与当朝丞相赵挺之子赵明诚是中国历史上极为难得的一对恩爱夫妻,神仙眷侣。两人门当户对,意趣相投,时常诗词唱和,共同研究金石书画,说不尽的恩爱。

"卖花担上,买得一枝春欲放。泪染轻匀,犹带彤霞晓露痕。郎猜道,奴面不如花面好。云鬓斜簪,徒教郎比并看。"这妩媚娇憨的姿态是婚后的幸福,透出李清照内心的甜蜜。

虽然两人家境都较宽裕,但是为了搜集名人书画和古董漆器,他们居然"食去重肉,衣去重彩,首无明珠、翡翠之饰,室无涂金刺绣之具"。每逢初一和十五,夫妻两人总要到都城开封的相国寺一带的市场上去寻访金石书画,然后倾囊买回家里,夫妻二人灯前对坐,摩挲展观。如此几年,积少成多,他们的书斋"归来堂",单是钟鼎碑碣之文书就有两千卷之多。

在赵明诚编纂《金石录》时,李清照给予丈夫全力支持,凭借广博的见识,出众的记忆力,每当丈夫对材料出处有所遗忘疑惑时,李清照总能很快说出出处。长此以往,夫妻之间就以谁说得准、说得快决胜负,确定饮茶先后,每次李清照总是赢。当赵明诚抽书查证时,李清照已满怀自信地举杯在手,开怀大笑,致使茶倾覆在衣衫上,反而喝不上。在那段日子里,他们相互鼓励,乐在其中。

然而,在那个动荡的年代,美好的时光总是不能长久,他们的爱情也总是游走在聚散离合之中。

红藕香残玉簟秋,轻解罗裳,独上兰舟,云中谁寄锦书来?雁字回时,月满西楼。

花自飘零水自流,一种相思,两处闲愁。此情无计可消除,才下眉头,却上心头。

李清照与赵明诚成就了中国古代少有的"知音"式爱情。李清照以旧时女子少有的才智、个性、理想与追求赢得了女性的尊严与价值,也赢得了真正的爱情。

《红楼梦》"木石前盟"开启了中国文学中"知音"式的爱情模式。

都道是金玉良姻,俺只念木石前盟。空对着,山中高士晶莹雪,终不忘,世外仙姝寂寞林。

宝玉和黛玉不仅情投意合,心心相印,愿同生死,而且拥有一致的思想情趣和生活理想。他们都是封建正统观念的叛逆者,在他们的爱情成分里,没有家世地位,财产占有,身份好坏等因素,而是纯洁的爱情。宝黛的爱情远非郎才女貌,一见钟情。他们的爱情一方面无比坚贞执著,至死不渝,另一方面,又因不具备"门当户对"、"父母之命,媒妁之言"的条件,所以从一开始,就注定了悲剧命运。到最后还是如《枉凝眉》所写:"一个是阆苑仙葩,一个是美玉无瑕。若说没奇缘,今生偏又遇着他,若说有奇缘,如何心事终虚化……"

《红楼梦》以悲剧结局终结了中国古典爱情,以"知音"式的美好爱情模式开启了新的爱情格局,清代文人沈复在《浮生六记》中所描写的爱情就是这样一种两情相悦,两心相许的"知音式"的爱情。这种爱情绝对不是"英雄美人",也摆脱了"才子佳人"的窠臼,爱情的女主角以崭新的人格魅力追求自由与平等,追求爱情,这是一种真正意义上的完美的爱情。

"云淡风轻、平和温暖"的爱情

> 记得当时年纪小,
> 你爱谈天我爱笑。
> 有一回并肩坐在桃树下
> 风在树梢鸟在叫,
> 不知怎么睡着了,
> 梦里花落知多少。

这份温暖,这份浪漫在我们每个人的心里、梦里,在我们每个人流光飞逝的岁月里。没有惊天动地,没有荡气回肠,真实而平淡,现实而温暖。

秦观《鹊桥仙》:"两情若是久长时,又岂在朝朝暮暮。"这是古人对爱情的执著。落落红尘中太多的寂寞与冷清,平凡的现代人更需要琐细的温暖,真实的浪漫。更需要在人间烟火中寻找情感的寄托,寻找能伸手触摸的幸福。

三毛与荷西的爱情结局凄婉悱恻,但他们对爱情的态度及相爱的过程却是平和而温暖的。

荷西对三毛说:"我一生的愿望就是有一个很小的公寓,里面有一个像你这样的太太,然后我去赚钱养活你,这是我一生最幸福的梦想。""直到你老,我也很老,两个人都走不动了,也扶不动了,穿上干干净净的衣服,一齐躺到床上,闭上眼睛说:'好吧,一齐去吧!'"

这是对爱情最简单的表述。

正如三毛对爱情的理解:"云淡风轻,细水长流,何止君子之交,爱情不也是如此,才叫落花流水,天上人间?""爱情如不落实到吃饭、穿衣、睡觉这些实实在在的生活里去,是不容易天长地久的。"

荷西于三毛不是最优秀的,也不是最接近其爱情理想标准的,但却是茫茫人海中最割舍不下,最想与之牵手共度一生的人。

台湾女作家张晓风说:"对我而言,爱一个人就是满心满意要跟他一起过日子,每看到一对人手牵手提着一把青菜一条鱼从菜场走出来,一颗心就忍不住恻恻地痛了起来,一蔬一饭里的天长地久原是如此地味永难言啊!"

没有风花雪月,没有卿卿我我,没有"爱你到天长地久"的誓言。

因我们都是平凡人,我们所能拥有的是繁琐中平淡的幸福,所以就不要老是梦想天边一座奇妙的玫瑰园,而偏偏忘却了今天就盛开在我们窗口的玫瑰。

佛说:"前世的五百次回眸,才换得今生的一次擦肩而过。"活在当下,珍惜眼前人,在一蔬一饭里寻找真实而温暖的幸福,是现代人的智慧。

爱国情——满腔赤诚

大德无形,大爱无疆。爱国情,作为人类最高尚的情感,就是为整体利益而奉献自己的聪明才智甚至生命。上古时代,先民自身力量弱小,单凭个体力量难以生存,基本上匍匐于自然威力之下。先民希望有超自然力的英雄能够解除他们的灾难。上古神话创造了神农、伏羲、燧人氏等英雄。如神农氏,创造先进的农耕生产方式,解决了人们的食物问题;尝百草,发明了医药,为人类疗疾治伤。在同自然的长期斗争中,先民依赖群体得以生存,对集体有一种归属感,成为爱国情感起源。进入阶级社会以后,随着时代的发展,爱国情由涓涓细流汇聚成海,气势磅礴,从朦胧到清晰,自上而下,由自发到自觉,成为最激越的一种情感,荡气回肠,催人进取。

中华文明绵延五千余年,历尽劫难而存并发展壮大,在于它强大的凝聚力,而这内核便是爱国情感。历来爱国者把忧国与忧民联系在一起。爱国情感有着不可割裂的继承性和历史延续性,到了近代这种忧国忧民思想内涵愈来愈深刻,强调以民族、国家、家庭利益为主,正是这种精神培养了中华民族气质,从而给世界以觉醒、自尊、凝聚、奋斗的崭新形象。时代不同,各人所处社会地位、性格情感等也不同,其表现有诸多差异。保境安民,为民族生存而战,解救民众于危厄之中,是爱国情感最炽热的体现。和平时期,爱岗敬业,兢兢业业做好本职工作,维护社会公平正义,均为爱国情感的具体体现。爱国情奏响每个时代最强音。历代仁人志士,舍小家为大家,在各领域均有杰出代表。

一、政治报国。修明政治,巩固统治,或为民提供安全庇护,或让民安居乐业。施行仁政得到民众衷心爱戴与拥护,而施行暴政则因失道而众叛亲离,最终导致政权垮台。"民本"思想成为施政主旋律。在阶级社会,统治阶级是国家代表,君权是国权象征。虽然有统治阶级维护稳固统治的内在需求,但惠及百姓的工作最终要由统治阶级来完成,所以,儒家思想由早期"民为贵,社稷次之,君为轻",发展为君权至上,到"君舟民水——即水则载舟,水则覆舟",力求从思想上进行引导,创造统治阶级与民众利益的平衡点。有志之士选择忠君,忠君与爱国融为一体。

(一)秉持正义,激浊扬清。抑制豪强,伸张正义,百姓安居乐业,是人们所追求的社会理想。在中国特殊社会体制下,有两种力量可以达此目的。一是官吏自我净化。不惧权贵,不徇私情,首推包拯。他性格严厉正直,抑制投机取巧,端正刑典,明确禁令,禁止妖妄荒诞。对官吏苛刻之风十分厌恶,致力于敦厚宽容之政。声望妇孺皆知,喊他为"包待制"。

明嘉靖时期海瑞,号刚峰,人们尊称为刚峰先生。曾因批评皇帝被执入狱,但始终刚直不阿,执法公正,力主惩贪抑霸,整饬吏治,并平反了一些冤案,在当时和后世都被誉为清官。民间有许多关于他公平断案的传说。他迫使对他有恩的徐阶退还多占的土地,并依照法律将徐阶两个违法的儿子充了军。在人民心中,海瑞成了正义的象征。

清代于成龙,始终保持一身正气、两袖清风的清廉本色,被广大人民群众称为"于青菜"、"于青天"。他任富甲天下的江南封疆大吏,仍布衣蔬食,被江南民众称为"于青菜"。于成龙亲民爱民,关心百姓疾苦,痛恨贪官污吏,所到之处,贪官污吏闻风丧胆,却受到百姓的爱戴,被老百姓称为"于青天"。于成龙在离任时,广大群众遮道相送,以泪相别。他死后,江南民众"巷哭罢市,家绘其像以祀之"。康熙亲撰碑文称他为"实天下第一廉吏"。

另一类,游侠除暴安良,劫富济贫。整个阶级社会,总存在游离于社会的第三方势力,他们采取非常规的手段,处理用常规手段难以解决的问题。他们遵循"侠义"精神,路见不平,拔刀相助,深得社会弱势群体的拥戴。因他们所信奉的"义"与社会主流价值观不完全同步,以暴易暴,很多时候事与愿违,在"双刃剑"下伤人自伤。

(二)九死未悔,忠于朝廷。在阶级社会,与自己国家和所处朝代同存亡,屈原开历史先河。屈原是楚武王熊通之子屈瑕后代,自称颛顼后裔。一生经历了楚威王、怀王、顷襄王三个时期,主要活动于楚怀王时期。屈原早年受楚怀王信任,任左徒、三闾大夫,常与怀王商议国事,参与法律制定,主张章明法度,举贤任能,改革政治,联齐抗秦。提倡"美政"。屈原反对与秦国订立黄棘之盟,被楚怀王逐出郢都。流放期间,屈原为后世留下了许多不朽名篇,表现了他高洁的品格与忧国忧民的情怀。屈原被放逐后,在和渔父的一次对话中,渔父劝他"与世推移",不要"深思高举",自找苦吃。屈原表示宁可投江而死,也不能使清白之身,蒙受世俗之尘埃。公元前278年,秦国攻破了郢都。当年五月五日,屈原怀抱大石投汨罗江而死。屈原热爱祖国和人民,衷心地希望楚国能强盛起来。他高尚的政治情操和理想、不屈不挠的斗争意志、壮怀激烈的气节和风骨,融注着我们民族伟大而悠久的历史精神,显示了民族的无穷力量。他是人民的理想,是光明和正义的化身,是中华民族的灵魂。

(三)鞠躬尽瘁,死而后已。"出师一表真名世,千载谁堪伯仲间。"兢兢业业,恪尽职守,知恩图报,终其一生,矢志不移,诸葛亮创封建君臣关系典范。诸葛亮字孔明,隐居于南阳隆中,自比管仲、乐毅,爱唱《梁父吟》,结交庞德公、庞统、司马徽、黄承彦、石广元、崔州平、徐庶等名士。其智谋为大家公认,人称"卧龙"。刘备屯兵新野时,三访其庐,诸葛亮才与其相见,纵论天下大势,提出占据荆益二州、联合孙权、对抗曹操、统一天下的建议。深得刘备的赞赏,自此成了刘备主要辅佐。助刘备败曹操于赤壁,佐定益州,使蜀与魏、吴成鼎足之势。刘备称帝,诸葛亮出任丞相,总理国家大事。后主刘禅即位,全国军、政、财,事无大小,皆由诸葛亮决定。诸葛亮执政后,南伐平叛,对叛军首领孟获七擒七纵,使其心悦诚服。上《出师表》于后主,领军北伐。参军马谡指挥不当,丢失街亭。诸葛亮挥泪斩马谡,自贬三级。先后六次北伐,皆无功而返,最后病逝五丈原。

(四)励精图治,富民强国。时代在发展,社会在进步。有识之士通过社会变革,引领时代进步。秦国商鞅变法,奠定秦统一六国、建立强大中央集权王朝的基础。北宋一代,文人治国,变法革新,欧阳修等为代表的庆历革新,传达出"与民同乐"(欧阳修)、"先天下之忧而忧,后天下之乐而乐"(范仲淹)等政治情怀。清代康梁百日维新,戊戌六君子之首谭嗣同,决意用自己鲜血唤醒民众,换来变法的成功与国运的昌盛。共产党人以高尚情怀,勇举改革开放的旗帜,引领中国走向康庄大道。温家宝说:"5年前,我曾面对大家立过誓言,苟利国家生死以,岂因祸福避趋之。今天我还想加上一句话,就是天变不足畏,祖宗不足法,人言不足恤。"正是因为他们的不懈努力,中华民族才穷且弥坚,不坠青云。也正如此,中华民族百年复兴会由梦想逐步变成现实。

二、军旅报国。中华五千年文明史,是一部与自然灾害不屈不挠的奋斗史,也是一部与内外敌对势力顽强拼搏、让巍巍中华屹立于天下民族之林的抗争史。无数英雄男儿抛妻别子,金戈铁马,血撒边陲,为了祖国的安宁与强盛,谱写了一曲曲惊天地、泣鬼神的壮歌。

(一)精忠报国,抗敌御侮。异族入侵,国家危殆,山河破碎,民如孤雁,四散惊飞。天下兴亡,匹夫有责。临危受命,收拾旧山河,岳飞当属典范。岳飞,字鹏举。出身贫寒,身经百战,屡建奇功,是南宋初期的抗金名将。传说岳母在他背上刺了"精忠报国"四个大字,成为岳飞终生遵奉的信条。岳飞善于谋略,治军严明,其军以"冻死不拆屋,饿死不掳略"著称。金军发出"撼山易,撼岳家军难"的哀叹。但朝廷执行投降政策,勒令其退兵。后被赵构、秦桧以"莫须有"的罪名杀害。南宋末文天祥、明末史可法等英烈之心,可昭日月。抗日名将左权,"留得清漳吐血花",在血与火考验中抒写壮烈人生。

(二)身系国运,重振河山。力挽狂澜于既倒,维护中央政权的权威。春秋齐桓公,尊王攘夷,拱卫周王室的安宁。张巡许远,守一城,捍天下,慷慨赴死。为唐军争得时间,终于平定了叛乱。唐名将郭子仪,安史之乱时任朔方节度使,在河北打败史思明。后连回纥收复洛阳、长安。代宗时,叛将仆固怀恩勾引吐蕃、回纥进犯关中地区,郭子仪采取了结盟回纥、打击吐蕃的策略,保卫了国家的安宁。郭子仪戎马一生,屡建奇功,84岁高龄才告别沙场。大唐因有他而获得安宁达20多年。他"权倾天下而朝不忌,功盖一代而主不疑",维护国家统一,不容许分裂势力泛滥。

(三)以身许国,拱卫边陲。黄沙百战穿金甲,不破楼兰终不还。为保障与西域各国交通畅通,征战将士在恶劣环境中艰苦奋斗,汉将傅介子用计斩杀楼兰王,终平边患。青山处处埋忠骨,何须马革裹尸还。东汉时期,北方匈奴发生动乱,大将军马援率军前去镇压骚乱,他英勇杀敌,大破匈奴,平定了边境的动乱,皇帝封他为伏波将军。他62岁时,匈奴又侵东汉,马援请求带兵出战说:"男儿当死于沙场,以马革裹尸还葬",同年病死在军中。

三、折冲樽俎。国际舞台上展示民族气节与风范,切实保障国家核心利益,外交使节责无旁贷。

(一)睁眼看世界。世界史开幕第一人——西汉伟大的外交家张骞,奉汉武帝之命出使大月氏。他经匈奴被俘,在匈奴10余年,始终秉持汉节,不忘使命。后逃脱,越葱岭,抵达大月氏。返国途中又被匈奴拘留一年多。张骞乘匈奴内乱逃回汉朝。他向武帝详细汇报了西域的情况。张骞建议武帝开西南夷道。汉朝连续派出十几批使者,考察了西南地区,恢复了内地和西南的交通,加强了汉族和西南各少数民族之间的友好关系。张骞劝武帝联合乌孙(今伊犁河流域)并奉命出使乌孙,与中亚各国正式通好。张骞两次出使西域,和西域各族人民结下了深厚的友谊,他性格刚强坚毅,胸怀诚恳开阔,受到了各族人民的信任和爱戴。对我国统一多民族国家的形成,对中华民族的形成,对我国的地理疆域的开拓,有着重要的意义和深远的影响。不仅加深了汉族人民和西域各族人民之间的友谊,增进了彼此间的了解和交流,还开辟了举世闻名的丝绸之路,打通了经过我国新疆地区前往中亚和西亚以至于欧洲的交通要道,使汉朝和这些地区的许多国家正式建立了友好关系,互通有无,和睦交往。丝绸之路的开辟解开了东西交通的序幕,使东西方的人员往来

和经济文化交流出现了崭新的局面。继张骞之后,汉朝不断派出使者,前往西域以及中亚、西亚各国,而西方各国的使者和商队也不远万里,长途跋涉到汉朝通商。中西商队使者相望于道,络绎不绝,甚至欧洲商旅和使者也开始来到中国。张骞的出使,在民族交流史上开辟了新纪元,被誉为"凿空"的行动。张骞在危难中不失气节,更是让后人称道。梁启超称赞他"坚忍磊落奇男子,世界史开幕第一人"。东汉班超投笔从戎,出使西域31载,终于使西域50余国隶属于汉。班超还遣属吏甘英出使罗马。班超在西域享有巨大威望,撤离时于阗王侯皆号泣,抱班超马足道:"依汉如父母,诚不可去!"明郑和先后率领庞大船队七下西洋,历时28年,经东南亚、印度洋远航亚非地区,最远到达红海和非洲东海岸,航海足迹遍及亚、非30多个国家和地区,总航程30余万公里,开创了我国通往亚洲、非洲的"海上丝绸之路",所至宣国威,睦邦交,播文明,达财货,功施百代,名垂千载。

(二)南冠楚囚。钟仪随楚大将尹子伐郑,楚国战败,钟仪沦为战俘。为转嫁矛盾,郑国把钟仪转送晋国。成了"楚囚",钟仪仍然带着自己国家的帽子。两年后,晋景公接见他,让他弹琴,他演奏楚国乡乐;当问及楚共王情况,钟仪只讲楚王儿时小事和大臣名氏,拒不评论共王为人。他不背离根本,不忘故旧,没有私心,尊敬君王,赢得了人们的尊敬,最终被放回国。苏武出使匈奴被扣留,他持节牧羊19年,历尽生死与功名利禄的考验,最终得以回归朝廷,扬名匈奴。吉鸿昌高挂写有"我是中国人"标语的木牌,走在一片蓝眼睛、黄头发的洋人之中,表现出高尚的民族气节。

(三)外争国权。清末外交家梁诚为争回庚子赔款,反复交涉、据理力争,促使美国退回多出的赔款,并提出将此款用于兴学育才,如成立于1911年的清华大学(当时是清华留美预科学校)是以美国退回的庚子赔款作为经费开办的。任内,梁诚颇作了几件于国于民皆大有益之事,如制止美、墨不人道的"华工契约"、交涉赎回粤汉铁路等。

四、民生至上。统治阶级意识到,国家要长治久安,须休养生息,兴利除弊,发展生产,改善民生。而民生是社会试金石。统治阶级对于民生,两种形式得以有效体现。

(一)改进生产工具,建设水利设施,推动农业生产发展。在造福民生上,先秦蜀太守李冰功垂千古。李冰担任蜀郡守之后,化害为利,兴建都江堰水利枢纽,彻底根除了千百年来危害当地人民的岷江水患,改变了成都平原10多个县农业生产面貌,使当地农业生产迅速发展,原来旱涝灾害频繁的地区变成了沃野千里、富饶美丽的鱼米之乡。都江堰各种灌溉渠道,也成为当地航运的重要通道,当地有名的梓柏大竹和蜀锦等特产也通过这些渠道源源不断运往全国各地。从此之后,无论是刘备、诸葛亮入川而建蜀汉政权,还是蒋介石国民政府在抗战中入川,并以四川为大后方和日寇进行对峙,最后进入反攻,"天府之国"的富饶不能不说是这两个政权凭借的资本。

(二)关注民生疾苦,呼唤公平正义。有良知的知识分子再现社会动荡给人民带来深重苦难,揭露社会贫富悬殊与对立,期望民生有效改善。屈原"长太息以掩涕兮,哀民生之多艰";王粲"出门无所见,白骨蔽平原";卖炭翁"可怜身上衣正单,心忧炭贱愿天寒";杜甫揭露了"朱门酒肉臭,路有冻死骨"的社会现实,同时胸怀天下,希望得到"广厦千万间,大庇天下寒士俱欢颜,风雨不动安如山",并甘愿因此"吾庐独破受冻死亦足"。

五、开启民智。爱国情感内核,教化民众,淳化风气,唤醒民众,铸造民族精神。从春秋战国时期"百花齐放,百家争鸣"到五四新文化运动高举"科学民主"旗帜,直至当今致力推行"以民为本",创建和谐社会,无论是暴露国民劣根性还是提升国民素养,均为增强民族凝聚力,激发民族的创造精神。它主要体现在如下几方面:

(一)人本精神。社会性是人的主要内容,重视做人、以义为上、推己及人、学者为己等处世做人的传统美德。人"最为天下贵",强调人之所以为人是在于人有人伦、有道德。"正其谊不谋其利,明其道不计其功"、"己所不欲,勿施于人"、"己欲立而立人,己欲达而达人"、"老吾老,以及人之老;幼吾幼,以及人之幼"等处世做人的观念是我们民族道德精神的精华。

(二)华夏民族主义精神。华夏子孙血脉相连,同根同源。尽管历史上也存在过"分"的惨痛伤痕,但"合"乃大势所趋,人心所向,毕竟血浓于水。晚年在台湾的于右任先生非常渴望叶落归根。于先生久居台湾,不能回归桑梓,但海峡波涛却隔不断、阻不了他望大陆、念故乡、思亲人的深情。诗人巧借"国殇",抒写自己死后不能葬在大陆、不能魂归故里的遗憾。古人云:"鸟飞返故乡兮,狐死必首丘。"兽犹如此,人何以堪?先生死后还要葬于高岗,向大陆遥望,表达出许许多多和诗人有着相同经历的人们的心:他们魂牵梦萦、心中无法忘却的正是祖国的统一!闻一多先生的《七子之歌》,将我国当时被列强掠去的七处"失地"比作远离母亲的七个孩子,哭诉他们受尽异族欺凌、渴望回到母亲怀抱的强烈情感,抒发了对祖国的怀念和赞美,表达了对帝国主义列强的诅咒。如今,香港和澳门已经回归,我们正企盼阻隔半个世纪的台湾早日回到母亲的怀抱!相信,一个统一富强、繁荣昌盛的中国不久将屹立于世界东方!

(三)刚健有为、自强不息的精神。孔子强调要实践,乐而忘忧。《易经大传》中说:"天行健,君子以自强不息";"地势坤,君子以厚德载物"。"自强不息"和"厚德载物"凝练地道出了中华民族锐意进取的优良传统和创新精神。

（四）和谐精神。社会是由不同等级和处在不同关系中的人组成,维持人与人之间和等级间关系的核心就是保持平衡,取得协调,追求和谐。强调天下大和谐局面在于普天下人修身律己。必须诚意、正心、修身,然后才可以齐家、治国、平天下。注重人与人、人与自然间的"修睦"、和谐统一,并不排斥自然,而是强调"天人合一"、"万物与我一体"。

六、巾帼赞歌。在男权社会,女性社会地位低下,"商女不知亡国恨,隔江犹唱《后庭花》"(杜牧)。但爱国不分男女,不分贵贱,巾帼不让须眉。木兰代父从军,保家卫国,纵横沙场,身经百战,立下赫赫战功。当国家转危为安,她却激流勇退,归家侍奉双亲。鉴湖女侠秋瑾,有感于庚子后朝政的腐败和民族危机的深重,立志"恃铁血主义报祖国",自己筹款赴日本留学,回国后矢志为民族民主革命献身。为了挽救民族危亡,她决心做中国妇女界为革命牺牲的第一人,英勇就义。秦淮八艳之一柳如是,因一代风流才子钱谦益立志反清复明,委身下嫁,清军兵临城下,夫妻自杀殉国未遂,遂尽全力资助、慰劳抗清义军,表现出强烈的爱国民族气节。与柳如是同时代的李香君,"气义照耀千古,羞杀须眉汉子"(林语堂),演绎出荡气回肠的《桃花扇》(孔尚任)。

位卑未敢忘忧国。经过历代仁人志士抛头颅,撒热血,前仆后继的不懈奋斗,几经沉浮,中华民族再次傲然屹立于世界东方。战火硝烟远离这片古老热土六十余年,文明古国浴火重生。和平与发展成时代主旋律。时代赋予爱国情感更深刻的内涵与更丰富的内容。它不仅仅表现为血与火的考验、生与死的抉择,让国民经济又好又快发展,提升综合国力,让人民有尊严地工作与生活,提高人们的幸福指数等,将这一切与自己的工作生活紧密联系起来,恪尽职守,兢兢业业工作,将高质量的产品或服务奉献社会、便利他人,都是爱国。正因如此,公民民族意识得到更大激发,民族自信心与自豪感进一步提升,民族凝聚力、战斗力不断增强。爱国情感实现了华丽转身,在新的历史起点,引领中华民族抒写更炫丽的篇章。

参考文献

1. 古文观止.上海古籍出版社,1988
2. 史记.长沙:岳麓书院,1986
3. 西厢记.北京:金盾出版社,2008
4. 韩格平.建安七子诗文集校注译析.长春:吉林文史出版社,1991
5. 红楼梦.中国艺术研究院红楼梦研究所校注.北京:人民文学出版社,1992
6. 明史·海瑞传.北京:中国经济出版社,2008
7. 梦里花落知多少.天涯在线书库

8. 诸葛亮集.北京:中华书局,2003
9. 宋史·岳飞传.北京:中华书局,2009
10. 《金石录》后序.济南:齐鲁书社,2009

祭十二郎文

韩 愈

年月日[1],季父愈闻汝丧之七日[2],乃能衔哀致诚[3],使建中远具时羞之奠[4],告汝丧十二郎之灵:

呜呼!吾少孤[5],及长,不省所怙[6],惟兄嫂是依。中年兄殁南方[7],吾与汝俱幼,从嫂归葬河阳[8],既又与汝就食江南[9],零丁孤苦,未尝一日相离也。吾上有三兄[10],皆不幸早世。承先人后者[11],在孙惟汝,在子惟吾,两世一身[12],形单影只。嫂常抚汝指吾而言曰:"韩氏两世,惟此而已。"汝时尤小,当不复记忆;吾时虽能记忆,亦未知其言之悲也。

吾年十九,始来京城。其后四年,而归视汝[13]。又四年,吾往河阳省坟墓[14],遇汝从嫂丧来葬[15]。又二年,吾佐董丞相于汴州[16],汝来省吾;止一岁[17],请归取其孥[18];明年,丞相薨[19],吾去汴州,汝不果来[20]。是年,吾佐戎徐州[21],使取汝者始行[22],吾又罢去[23],汝又不果来。吾念汝从于东[24],东亦客也,不可以久;图久远者,莫如西归,将成家而致汝。呜呼!孰谓汝遽去吾而殁乎[25]!吾与汝俱少年,以为虽暂相别,终当久相与处,故舍汝而旅食京师,以求斗斛之禄[26];诚知其如此,虽万乘之公相[27],吾不以一日辍汝而就也[28]!

去年孟东野往[29],吾书与汝曰:"吾年未四十,而视茫茫,而发苍苍,而齿牙动摇。念诸父与诸兄,皆康强而早世,如吾之衰者,其能久存乎!吾不可去,汝不肯来,恐旦暮死,而汝抱无涯之戚也[30]。"孰谓少者殁而长者存,强者夭而病者全乎!

呜呼!其信然邪?其梦邪?其传之非其真邪?信也,吾兄之盛德而夭其嗣乎?汝之纯明而不克蒙其泽乎[31]?少者强者而夭殁,长者衰者而存全乎?未可以为信也。梦也,传之非其真也;东野之书,耿兰之报[32],何为而在吾侧也?呜呼!其信然矣!吾兄之盛德而夭其嗣矣!汝之纯明宜业其家者[33],不克蒙其泽矣!所谓天者诚难测,而神者诚难明矣!所谓理者不可推,而寿者不可知矣!

虽然，吾自今年来，苍苍者或化而为白矣，动摇者或脱而落矣[34]。毛血日益衰[35]，志气日益微[36]，几何不从汝而死也！死而有知，其几何离[37]；其无知，悲不几时，而不悲者无穷期矣。

汝之子始十岁[38]，吾之子始五岁[39]，少而强者不可保，如此孩提者[40]，又可冀其成立耶？呜呼哀哉！呜呼哀哉！

汝去年书云："比得软脚病[41]，往往而剧。"吾曰："是疾也，江南之人，常常有之。"未始以为忧也。呜呼！其竟以此而殒其生乎！抑别有疾而至斯乎？

汝之书，六月十七日也。东野云：汝殁以六月二日。耿兰之报无月日。盖东野之使者，不知问家人以月日；如耿兰之报，不知当言月日。东野与吾书，乃问使者，使者妄称以应之耳。其然乎？其不然乎？

今吾使建中祭汝，吊汝之孤与汝之乳母[42]，彼有食可守以待终丧[43]，则待终丧而取以来[44]；如不能守以终丧，则遂取以来。其余奴婢，并令守汝丧。吾力能改葬[45]，终葬汝于先人之兆[46]，然后惟其所愿[47]。

呜呼！汝病吾不知时，汝殁吾不知日。生不能相养以共居，殁不得抚汝以尽哀[48]。敛不凭其棺[49]，窆不临其穴[50]。吾行负神明，而使汝夭，不孝不慈，而不得与汝相养以生，相守以死。一在天之涯，一在地之角，生而影不与吾形相依，死而魂不与吾梦相接。吾实为之，其又何尤[51]。彼苍者天，曷其有极[52]！

自今已往，吾其无意于人世矣。当求数顷之田，于伊、颍之上[53]，以待余年，教吾子与汝子，幸其成[54]长；吾女与汝女，待其嫁[55]，如此而已。

呜呼！言有穷而情不可终，汝其知也邪？其不知也邪？呜呼哀哉！尚飨[56]！

【注释】

[1]年月日：此为拟稿时原样。《文苑英华》作"贞元十九年五月廿六日"；但祭文中说十二郎在"六月十七日"曾写信给韩愈，"五"字当误。

[2]季父：父辈中排行最小的叔父。

[3]衔哀：心中含着悲哀。致诚：表达赤诚的心意。

[4]建中：人名，当为韩愈家中仆人。时羞：应时的鲜美佳肴。羞，同"馐"。

[5]孤：幼年丧父称"孤"。《新唐书·韩愈传》："愈生三岁而孤，随伯兄会贬官岭表。"

[6]怙（hù户）：《诗·小雅·蓼莪》："无父何怙，无母何恃。"后世因用"怙"代父，"恃"代母。失父曰失怙，失母曰失恃。

[7]中年兄殁南方：代宗大历十二年（777），韩会由起居舍人贬为韶州（今广东韶关）刺史，次年死于任所，年四十三。时韩愈十一岁，随兄在韶州。

[8]河阳：今河南孟县西，是韩氏祖宗坟墓所在地。

[9]就食江南：唐德宗建中二年（781），北方藩镇李希烈反叛，中原局势动荡。韩愈随嫂迁家避居宣州（今安徽宣城）。因韩氏在宣州置有田宅别业。韩愈《复志赋》："值中原之有事兮，将就食于江之南。"《祭郑夫人

情感篇

文》:"既克返葬,遭时艰难。百口偕行,避地江滨。"均指此。

[10] 吾上有三兄:三兄指韩会、韩介,还有一位死时尚幼,未及命名,一说:吾,我们,即韩愈和十二郎。三兄指自己的两个哥哥和十二郎的哥哥韩百川(韩介的长子)。

[11] 先人:指已去世的父亲韩仲卿。

[12] 两世一身:子辈和孙辈均只剩一个男丁。

[13] 视:古时探亲,上对下曰视,下对上曰省。贞元二年(786),韩愈十九岁,由宣州至长安应进士举,至贞元八年春始及第,其间曾回宣州一次。但据韩愈《答崔立之书》与《欧阳生哀辞》均称二十岁至京都举进士,与本篇所记相差一年。

[14] 省(xǐng醒):探望,此引申为凭吊。

[15] 遇汝从嫂丧来葬:韩愈嫂子郑氏卒于贞元九年(793),韩愈有《祭郑夫人文》。贞元十一年,韩愈往河阳祖坟扫墓,与奉其母郑氏灵柩来河阳安葬的十二郎相遇。

[16] 董丞相:指董晋。贞元十二年(796),董晋以检校尚书左仆射,同中书门下平章事任宣武军节度使,汴、宋、亳、颍等州观察使。时韩愈在董晋幕中任节度推官。汴州:治所在今河南开封市。

[17] 止:住。

[18] 取其孥(nú奴):把家眷接来。孥,妻和子的统称。

[19] 薨(hōng烘)古时诸侯或二品以上大官死曰薨。贞元十五年(799)二月,董晋死于汴州任所,韩愈随葬西行。去后第四天,汴州即发生兵变。

[20] 不果:没能够。指因兵变事。

[21] 佐戎徐州:当年秋,韩愈入徐、泗、濠节度使张建封幕任节度推官。节度使府在徐州。佐戎,辅助军务。

[22] 取:迎接。

[23] 罢去:贞元十六年五月,张建封卒,韩愈离开徐州赴洛阳。

[24] 东:指故乡河阳之东的汴州和徐州。

[25] 孰谓:谁料到。遽(jù具):骤然。

[26] 斗斛(hú胡):唐时十斗为一斛。斗斛之禄,指微薄的俸禄。韩愈离开徐州后,于贞元十七年(801)来长安选官,调四门博士,贞元十九年,迁监察御史。

[27] 万乘(shèng剩):指高官厚禄。古代兵车一乘,有马四匹。封国大小以兵赋计算,凡地方千里的大国,称为万乘之国。

[28] 辍(chuò龊):停止。辍汝,和上句"舍汝"义同。就:就职。

[29] 去年:指贞元十八年(802)。孟东野:即韩愈的诗友孟郊。是年出任溧阳(今属江苏)尉,溧阳去宣州不远,故韩愈托他捎信给宣州的十二郎。

[30] 无涯之戚:无穷的悲伤。涯,边。戚,忧伤。

[31] 纯明:纯正贤明。不克:不能。蒙:承受。

[32] 耿兰:生平不详,当时宣州韩氏别业的管家人。十二郎死后,孟郊在溧阳写信告诉韩愈,时耿兰也有丧报。

[33] 业:用如动词,继承之意。

[34] 动摇者或脱而落矣:时年韩愈有《落齿》诗云:"去年落一牙,今年落一齿,俄然落六七,落势殊未已。"

[35] 毛血:指体质。

[36] 志气:指精神。

[37] 其几何离:分离会有多久呢？意谓死后仍可相会。

[38] 汝之子:十二郎有二子,长韩湘,次韩滂。韩滂出嗣十二郎的哥哥韩百川为子,见韩愈《韩滂墓志铭》。始十岁:当指长子韩湘。十岁,一本作"一岁",则当指韩滂,滂生于贞元十八年(802)。

[39] 吾之子始五岁:指韩愈长子韩昶,贞元十五年(799)韩愈居符离集时所生,小名曰符。

[40] 孩提:本指二三岁的幼儿。此为年纪尚小之意。

[41] 比(bì避):近来。软脚病:即脚气病。

[42] 吊:此指慰问。孤:指十二郎的儿子。

[43] 终丧:守满三年丧期。《孟子·滕文公上》:"三年之丧……自天子达于庶人,三代共之。"

[44] 取以来:指把十二郎的儿子和乳母接来。

[45] 力能改葬:假设之意。即先暂时就地埋葬。合下句连续可知。

[46] 兆:葬域,墓地。

[47] 惟其所愿:才算了却心事。

[48] 抚汝以尽哀:指抚尸恸哭。

[49] 敛:同"殓"。为死者更衣称小殓,尸体入棺材称大殓。

[50] 窆(biǎn匾):下棺入土。

[51] 何尤:怨恨谁？

[52] 彼苍者天,曷其有极:意谓你青苍的上天啊,我的痛苦哪有尽头啊。语出《诗经·唐风·鸨羽》:"悠悠苍天,曷其有极。"

[53] 伊、颍(yǐng影):伊水和颍水,均在今河南省境内。此指故乡。

[54] 幸其成:韩昶后中穆宗长庆四年进士。韩湘后中长庆三年进士。

[55] 长(zhǎng掌):用如动词,养育之意。待其嫁:韩愈三婿:李汉、蒋系、樊宗懿。十二郎之婿:据高澍然说,是李干,见《韩集》。

[56] 尚飨:古代祭文结语用辞,意为希望死者享用祭品。

【导读】

韩愈(768—824),字退之,自谓郡望昌黎,世称韩昌黎。早孤,由兄嫂抚养,勤奋好学。他是唐代古文运动的倡导者,主张学习先秦两汉的散文语言,破骈为散,扩大文言文的表达功能。宋代苏轼称他"文起八代之衰",与柳宗元并称"韩柳",有"文章巨公"和"百代文宗"之名。作品收在《昌黎先生集》里。

此文是韩愈于唐德宗贞元十九年(803),在长安任监察御史时,为祭他侄子十二郎而写的一篇祭文。韩愈有兄三人,长韩会,仲韩介。十二郎名老成,本是韩介的次子,出嗣韩会为子,在族中排行第十二。韩愈两岁丧父,亦由长兄韩会与嫂抚养成长。从小和十二郎生活在一起,经历患难,因年龄相差无几,虽为叔侄,实同兄弟,彼此感情十分亲密。这篇祭文追叙他与十二郎孤苦相依的幼年往事,融注了深厚的感情。字里行间,凄楚动人,于萦回中见深挚,于呜咽处见沉痛,词语从肺腑中流出。"感人心者莫先乎情",《祭十二郎文》就是一篇字字含泪,句句动情的抒情散文,被前人誉为祭文中的"千年绝调"。

汉魏以来,祭文多仿《诗经》雅颂四言韵语,或用骈体。韩愈此文破骈为散,不拘常格,别有天地;或用四言,而气势飞动,另具风采,诚为祭文中情文并茂的名篇。

【类文链接】

[1] 李密《陈情表》
[2] 袁枚《祭妹文》
[3] 巴金《爱尔克的灯光》
[4] 郭保林《我寄情思与明月》
[5] 琦君《泪珠与珍珠》

孩子,你是妈妈的世界[1]

季红真

妈妈有了宝宝,就有了一个崭新的世界,有了一块温暖如春的乐土,有了一片明净如水的蓝天。啊,我的儿子,我的宝宝。你是我的神明,我的骄傲,你诱我如歌如梦的幻想,你给我如醉如痴的温情。

当你还是一个胎儿,在妈妈腹中躁动的时候,你知道你带给妈妈多少期望。我抑制着内心的焦灼与忧虑,怕不安的情绪带给你先天的坏脾气,影响你的性情。我努力使自己排除各种恼人的干扰,努力保持心境的平和,放轻呼吸,想听清你那小心脏的跳动,连那只陪伴了妈妈一个秋天的蛐蛐,也不再来打扰六平方米小屋中属于我们两个人的时光。

你是一个不安分的小生命,经常出其不意地踹一脚,然后调皮地翻一个身。"这准是一个淘气的男孩子",我心中暗暗想。"长大了会不会因为贪玩而逃学,会不会把一塌糊涂的成绩单藏起来,会不会闯了祸怕人告状而不敢回家,会不会和人打得鼻青脸肿衣衫不整?我怎么才能既不压抑你活泼好动、好奇求知的天性,又使你能够适应一个人必须适应的秩序?"其实,你是一个很懂事的孩子,只有在妈妈闲下来的时候,你才这样玩闹。只要妈妈一紧张地做事,你便安静下来。"这该是一个性情温柔文静的小姑娘吧。"我也曾这样希望。"长大了你会不会因为胆怯而藏在亲友的溺爱中,会不会因为小心眼爱要尖而和小朋友合不来,会不会虚荣得只知迷恋漂亮的穿戴,或者去争一言一辞的得失,我怕自己为了叫你勇敢而损害了你的温柔恬静,怕自己为保护你不受伤害而使你成为一个娇气包,也怕过分地放纵使你骄傲地以为这个世界只为你一人存在,更怕过于严格的管束,挫伤了你的自尊,把你变成一个阴郁怪僻的孩子。"

做一个母亲原来竟是这样不容易,我深深地感到不能自已的惶恐,感到才智的短拙。也许不该这样轻率地让你来到这个世界,不该会选择自己无力承担的责任。我的孩子,你终不会因为我的无能而轻视生你养你的母亲,并且由此变得残忍吧?

就是在这样折磨人的期待中,度过了从春天到秋天的漫长时日。已经到11月了,从上旬等到下旬,你仍然不肯降生。一夜一夜,我听着窗外急促的风声,心如生草,慌乱得不行。

可你一旦来了,又蛮横得像个小强盗,突然闯进我们的生活。你"哇"的一声大吼,手术室的空气顿时松弛下来。等在走廊里的爸爸也长长地出了一口气,彻夜的守候,恼人的焦灼早把他折磨得精疲力尽。何况他还在印有"如……本院不负责任"达五条之多的骇人文件上极不情愿地签了字。如果万一有个不幸,他是会找人拼命的。

"看看吧,是男的!"护士一声断喝,像在进行审判。这要怪你来的时辰,不早不晚正好耽误了他们一个钟头的下班时间。我勉强睁开眼睛,看见她手里托着一团青紫色的小肉体,正在拼命扭动。又细又长的四肢与圆圆的大脑袋不成比例,团团脸上鼻孔朝天,两只眼睛挤成一条缝,一张大嘴占去了半张脸。——老天爷竟给了我这样一个丑陋的孩子。都说外甥随舅,你的大舅舅是从小出名的漂亮男孩,可你这副鬼样子,简直像日本民间故事里那个魔鬼的儿子。不过,那倒是一个聪明善良、乐于助人的小精灵。儿子,如果将来你长成一个仪表堂堂的男子汉,不要骄傲。如果你长得其貌不扬,也不必自卑。别忘了你就是以这副尊容来到这个世界上的。

你马上就被送到育婴室,只把哭声留在妈妈心中,久久索回。使我远离病室的嘈杂,享受着内心那份静温;每天清晨,楼下育婴室传来犹如蛙鸣的啼哭声。我早早地醒来,静听那个最沙哑最低沉的声音。我知道,那就是你。我的儿子,你也醒了。是饿了,是渴了,还是想活动?"声音这样沙哑,一定有火。"我说。

"不哑,不哑。标准的男中音。"爸爸幸福得有些自负。男人的爱子之心竟也如此拳拳。育婴室是不许人进的。为了早点看见你,他经常站在窗外,从窗帘的缝隙向里面张望。终于等到了出院的日子。他急不可待地跑下去,慌乱中又遗失了出生证,急得满头冒汗。来回好几趟,才凑齐了必须的文件,时间却只过了五分钟。

护士抱出一个孩子,他一看就炸了:"不是,这肯定不是我们家的孩子。"于是,重新查对,发现确实是病室号搞错了。护士又去换了一个,这才把你交给爸爸。多危险,差一点你就成了别人家的孩子。事后,爸爸得意地说:"我一看就觉得不是咱们的孩子!"原来男人也有这样好的直觉。

他笨拙地把你抱了回来。弯着腰、低着头,两只大手捧着你。脚下紧一步慢一步,连路也不会走了。哆哆嗦嗦地把你交给了我。"快看看,咱们的孩子。"他那份激动简直无法形容。几天不见,我的儿子,你变得多了。肤色不再那样青紫,可也瘦了不少。脸上的皮肤松松的,长一层细细的黑绒毛。鼻梁皱成一撮折,布满小白斑的肉鼻子像个小蒜头。我用舌头轻轻舔着你干裂的嘴唇,心里一次次地重复着:"我有了一个孩子。"可说出来的却是:"真丑,真丑,长大怕娶不上媳妇儿。""不丑!不丑!面如满月,目似朗星。标准的男子汉!"孩子爸爸抢白我。

是的,你不丑。我看见了,在又黑又密两侧扬起的眉毛下,那双黑亮亮的眼睛,清澈而又明净。你静静地睁着眼,并无所视,却洞穿了妈妈的心。心变得柔软了,一点一点地融化。有一种地老天荒的感觉悠悠地升起来。一瞬间我理解了古往今来所有的母亲。无论是贫困的还是富有的,辛劳的还是优裕的,屈辱的还是尊贵的,粗鲁的还是文弱的……作为母亲,爱子之心,创造生命的喜悦,原本是一样的,也是永恒的。也理解了,那些无论由于生理的或者社会的原因,想做母亲而不可得的女人的痛苦。她们承受着一个女人最大的不幸。任何声名荣誉都不如做一个母亲更真实;拥有多少金银珍宝都不如有一个孩子更富有。

儿子,你是一个幸运的孩子。没有遇上战争、饥荒和动荡。不必像小舅舅那样,生下来就挨饿。也不必像许许多多难民营中的儿童,才一出生就受到死亡的威胁,备受离乱之苦。你在亲人们的精心照料中生长。

为了让你睡得安稳,全家人都放轻脚步,细语轻声。你一睁眼,大家又抢着抱你。每一个人都称呼你的乳名,你被人们逗着、吻着,从一个人的手中传到又一个人手中。以至于全家人的语言都幼儿化了。吃饭饭,睡觉觉。你唤醒了所有人的童心,也牵动着所有人的忧乐。你是这样的弱小,妈妈抱着你常常会生出莫名的恐惧,怕你从我的手里突然掉下去。

看着宝宝一天一天地长大,妈妈的心也越来越丰满。你的小脸一天天鼓起来,褪去了那层细细的绒毛。由于脱皮而变得破破烂烂的小手,重新长得光嫩完好。你会笑了,梦里也常常笑出声。你的眼睛有神了,可以盯住目标,哭声里充满了感情色彩。你会翻身了,会爬了。饿了,你张着小手要"奶奶,奶奶"。长出了牙,你喜欢随便抓起什么东西胡乱往嘴里塞,有一次竟是你自己拉的巴巴蛋。我的傻宝贝,难道你不知道那是臭的吗?

小姐姐第一次看见你,高兴得手舞足蹈,把你揉搓得嗷嗷大叫。她用棉被为你造了一间小房子,你却在里边哭了起来。"别这样,他是一个小人,不是玩具。"姐姐的妈妈说。真的,你真是一个小人了,每当听见你咿咿呀呀地说话,我多想听懂你的语言,知道你究竟在想什么。

天黑了,爸爸随手打开灯。你听到"叭"的一声,立即把圆圆的小脑袋扭向开关。然而发觉四周亮了起来，又重新扭头惊奇地盯住电灯泡。有过这样两次之后，你就不再满足于这小小的发现。你捣腾着胖如藕节的四肢爬到床的里侧，扶着墙猛地站了起来。踮着脚尖，小手好不容易按住电灯。"叭"的一声，电灯又亮了。你回过头，眼睛里除了惊喜显然还有一丝得意。噢，我的儿子。你有意识，能联想会思维了，而且有了模仿能力。这是你创造的第一个游戏，也是你未来一生的起点。从这一点开始，你会走出一条什么样的路呢？

宝宝的世界在一天天扩大，妈妈的念头也越来越具体复杂，做个球员吧，楼下毕生从事体育的老爷爷夸宝宝的肌肉有弹性，审美怕是不行了，给你一朵花，你撕一撕就塞进嘴里，一定当不了艺术家。宝宝爱观察，长大争取当个科学家。"不，去放羊。"爸爸说，"可以在自然的环境里顺其天性，何必像你的父母被读不完的书压得喘不过气来。"和爷爷学历史？和姥爷去种树？和舅舅去做工？还是像爸爸一样做一个教员？无数的设想都包含着一个希望，希望你能成为一个自食其力正直有用的人。

儿子，你还小。有无数的机会等着你，有无数条道路供你选择。我只想尽我的能力，给你一个温暖欢乐的童年。愿你有比父母更好的境遇，不必在饥寒屈辱中煎熬。愿你能受到比我们更健全的教育，不再为了掩饰着残忍的理想空费热情，愿你有更富于自由选择的人生，不至于为了衣食所苦而耗费聪明才智。

人生终究是没有准的，我更希望你成为一个勇敢的人。无论有多少艰难险阻，有多少羁绊纠缠，都要去寻找你的海洋、你的森林、你的天空、你的山岭。冲破亲人的溺爱，去开拓你的世界，建立你的生活。心要宽厚，灵魂要粗糙。

即使你走遍天涯海角，儿子，你也生活在妈妈的心中。当你在激烈紧张的竞争中感到劳累不堪孤独难耐的时候，当你被生活的困顿琐碎折磨得疲惫委靡的时候，当你被人世之网纠缠得气急败坏的时候，当你被失败的耻辱压迫得心灰意冷的时候，当你被成功的虚枉欺骗得痛不欲生的时候，别忘了，这里有一片属于你的平静的港湾，有一眼永远为你清水长流的心泉。我永远是你的母亲，你永远是我的儿子。

快长吧，我的孩子。

1986 年 9 月

【注释】

[1] 选自《中国现当代名篇佳作选》（中国少年儿童出版社 2000 年版）。

【导读】

季红真，女，生于浙江丽水。著有《文明与愚蠢的冲突》、《忧郁的灵魂》等。《孩子,你是妈妈的世界》获1988年《作家》851文学奖。

母亲对儿子的爱,是舐犊之爱,是天下最无私、最真诚、最伟大的爱。本文作者始终以与幼子对话的口吻,写自己的怀胎,写孩子的出生,写孩子的成长,叮咛孩子的未来。隐隐母子情,流泻于作者的笔端,真切,深情,动人。文章两条线索,一条叙事线,一条感情线,叙述抒情齐头并进,最后归于抒情,达到了很好的艺术效果。

【类文链接】

[1] 陈建功《致吾女》

[2] 梁晓声《慈母情深》

[3] 朱自清《背影》

[4] 冰心《纸船——寄母亲》

[5] 沈从文《边城》

话 说 知 音

林 非

两千多年前的这个关于知音的传说,已经深深地珍藏在无数华夏子孙的心坎里,有时发出细微的声响,让人们欣慰地咀嚼和回味;有时却又像飓风似的咆哮,催促人们赶快付诸行动。神往和渴求充满了崇高友谊的知音,是一种多么纯洁而神圣的情操。

说的是春秋时期的俞伯牙,他在停泊的小舟中专心致志地鼓琴,樵夫钟子期竟会听得出神入化。当他将仰慕着高山的情思注入音符时,钟子期立即慷慨激昂地吟咏着:"巍巍乎若泰山!"当他挥舞手指弹出浩荡迸涌的水声时,钟子期又像是站在滚滚的江河之滨,禁不住心旷神怡地叫喊起来:"汤汤乎若江河!"对这变幻无穷和神秘莫测的琴声,怎么能感应得如此丝毫不差,竟犹如从自己心弦上盘旋着飞翔出来的?如此神奇地领悟和熟稔伯牙弹奏出来的袅袅情思,真像是变成了他的化身一般。这怎么能不让伯牙万分地兴奋和感激?因此当钟子期死去之后,他就再也没有心思触摸琴弦了。知音难觅,怪不得唐代的诗人孟浩然要反复地感叹"恨无知音赏"和"知音世所稀"。

我偶或在黝黑的深夜里浏览着《吕氏春秋·本味》和《列子·汤问》,思忖着"知音"这两个字的分量,想得心驰神往时,眼前似乎笼罩着一阵阵飘荡的云雾,在惝恍和朦胧中超越了时间的阻隔,觉得伯牙老人隐隐约约地从这两本典籍的字缝里走出来,矍铄地站在我身旁。当我向他衷心地致敬时,多么想唐突地劝慰他,依旧要不断地奏出震撼人们灵魂的声音,其中自然应该有悼念那位知音的悲歌,让人们更透彻地理解,智慧的灵魂和丰盈的情感是多么值得怀念和尊重。像这样美丽动人的乐曲,难道就不会熏陶出第二个、第三个乃至更多的知音?而如果不再去弹奏这迷人的弦索,哪里还能引出心心相印的知音呢?知音总是越多越好啊!

更何况伯牙学习鼓琴的道路实在是太艰辛了,我曾在《乐府解题》里看到过这样的记载。据说他整整三年都困苦地弹奏着,琢磨着,冥想着,手指都开裂了,鲜血直往外冒,浑身消瘦,憔悴得像奄奄一息的病人。但是,琴弦上总是蹦出一丝丝浑浊和粗糙的声响。于是,苦心孤诣的恩师带领他奔向波涛汹涌的东海,整日整夜在沙滩上踯躅。狂风吹肿了眼睛,暴雨淋湿了衣衫,烈日晒黑了皮肤,黯淡和凄凉的月光又使他迷失了道路,险些儿溺死在奔腾和呼啸的海浪中。那铺天盖地怒吼着的波涛,茫茫无际蔓延着的天涯,扶摇直上哀号和翱翔着的鸥鸟,霍地使他开启了紧闭的心窍,琴声突然变得悠扬而又壮烈,清冽而又浩瀚,刚劲而又缠绵,悲切而又欢乐,我似乎瞧见他无法遏止自己的泪水顺着脸颊滚滚流淌。像这样花费千辛万苦学得的技艺,轻易放弃了是多么严重的损失,艺术的追求必须不懈地坚持下去,不能动摇和沉沦。

大凡能用声音、图画或文字去打动人们的艺术家,往往会历尽沧桑,甚至闯过多少生死的关隘,还得在日后反复地揣摩,昼夜都不能停歇。既然已经耗尽了毕生的心血,投入了如此巨大的工夫,确实就应该永不停顿地奋斗下去,将自己美好和高尚的憧憬始终存留在人们心中,获得更多更多的知音。

【导读】

林非江苏海门人。迄今共出版30余部著作,多部论著和作品被国外翻译出版或发表。其学术论著与散文创作均追求独创个性和文化内涵。

《话说知音》是一篇抒情散文。这篇散文洋溢着浓郁的文化气息,弥漫着深厚的人文情怀。知音确实是一个令人神往的话题,它总是洋溢出一种纯洁的情思,并且向着高旷的境界升华。作者经由俞伯牙和钟子期之间的"知音",娓娓道出"知音"这个古老的传统话题,引经据典,纵横古今,表达了作者对获取"知音"的独特看法——艺术追求必须坚持下去,应该将美好的和高尚的憧憬存留在人们心中,获得更多的知音。本文从如何对待友谊的角度着笔,有利于提高青少年的思想境界。其次,这篇散文辞采绚丽,句式整饬,文采飞扬,极富感染力,给人带来很强的艺术美感。

【类文链接】

[1] 梁实秋、西塞罗、培根《论友谊》

[2] 鲁迅《藤野先生》
[3] 施蛰存《纪念傅雷》

友情：这棵树上只有一个果子，叫做信任

毕淑敏

现代人的友谊，很坚固又很脆弱。它是人间的宝藏，需我们珍爱。友谊的不可传递性，决定了它是一部孤本的书。我们可以和不同的人有不同的友谊，但我们不会和同一个人有不同的友谊。友谊是一条越掘越深的巷道，没有回头路可以走的，刻骨铭心的友谊也如仇恨一样，没齿难忘。

友情这棵树上只结一个果子，叫做信任。红苹果只留给灌溉果树的人品尝。别的人摘下来尝一口，很可能酸倒了牙。

友谊之链不可继承，不可转让，不可贴上封条保存起来而不腐烂，不可冷冻在冰箱里永远新鲜。

友谊需要滋养。有的人用钱，有的人用汗，还有的人用血。友谊是很贪婪的，绝不会满足于餐风饮露。友谊是最简朴同时也是最奢侈的营养，需要用时间去灌溉。友谊必须述说，友谊必须倾听，友谊必须交谈的时刻双目凝视，友谊必须倾听的时分全神贯注。友谊有的时候是那样脆弱，一句不经意的言辞，就会使大厦顷刻倒塌。友谊有的时候是那样容易变质，一个未经证实的传言，就会让整盆牛奶变酸。这个世界日新月异。在什么都是越现代越好的年代里，唯有友谊，人们保持着古老的准则。朋友就像文物，越老越珍贵。

礼物分两种，一种是实用的，一种是象征性的。

我喜欢送实用的礼物。

不单是因为它可为朋友提供立等可取的服务功能，更因为我的利己考虑。

此刻我们是朋友，十年以后不一定是朋友。

就算你耿耿忠心，对方也许早已淡忘。

速朽的礼物，既表达了我此时此刻的善意，又给予朋友可果腹可悦目可哈哈一笑或是凝神端详的价值，虽是一次性的，也留下美好的瞬间，我心足矣。象征久远意义的礼物，若是人家不珍惜这份友谊了，留着就是尴尬。或丢或毁，都是物件的悲哀，我的心在远处也会颤抖。

若是给自己的礼物，还是具有象征意义的好。比如一块石子一片树叶，在别人眼里那样普通，其中的美妙含义只有自己知晓。

电话簿是一个储存朋友的魔盒，假如我遇到困难，就要向他们发出求救信号。

一种畏惧孤独的潜意识,像冬眠的虫子蛰伏在心灵的旮旯。人生一世,消失的是岁月,收获的是朋友。虽然我有时会几天不同任何朋友联络,但我知道自己牢牢地粘附于友谊网络之中。

利害关系这件事,实在是交友的大敌。我不相信有永久的利益,我更珍视患难与共的友谊。长留史册的,不是锱铢必较的利益,而是肝胆相照的情分,和朋友坦诚的交往,会使我们留存着对真情的敏感,会使我们的眼睛抹去云翳,心境重新开朗。

【导读】

毕淑敏,女,1952年出生。共发表作品200万字,国家一级作家,内科主治医师,北师大文学硕士。

人人都希望拥有一份真诚的友谊,可是我们对友谊又有怎样的认识呢?在本文中毕淑敏用最质朴的语言道出了她对友谊的理解:"友情这棵树上只结一个果子,叫做信任";"友谊需要滋养。有的人用钱,有的人用汗,还有的人用血。友谊是很贪婪的,绝不会满足于餐风饮露。友谊是最简朴同时也是最奢侈的营养,需要用时间去灌溉。友谊必须述说,友谊必须倾听,友谊必须交谈的时刻双目凝视,友谊必须倾听的时分全神贯注。友谊有的时候是那样脆弱,一句不经意的言辞,就会使大厦顷刻倒塌。友谊有的时候是那样容易变质,一个未经证实的传言,就会让整盆牛奶变酸。这个世界日新月异。在什么都是越现代越好的年代里,唯有友谊,人们保持着古老的准则。朋友就像文物,越老越珍贵。"这对于渴望拥有真诚友谊的我们来说也会有一点启迪。

【类文链接】

[1] 中华百年经典散文:情感世界卷(张胜友 蒋和欣主编)
[2] 高适《别董大》
[3] 《论语·子路》《论语·学而》
[4] 白居易《赋得古原草送别》
[5] 王维《送元二使安西》
[6] 岑参《白雪歌送武判官归京》

蒹 葭

《诗经》

蒹葭苍苍[1],白露为霜。所谓伊人[2],在水一方[3]。溯洄从之[4],道阻且长[5]。

溯游从之[6],宛在水中央[7]。

蒹葭凄凄[8],白露未晞[9]。所谓伊人,在水之湄[10]。溯洄从之,道阻且跻[11]。溯游从之,宛在水中坻[12]。

蒹葭采采[13],白露未已[14]。所谓伊人,在水之涘[15]。溯洄从之,道阻且右[16]。溯游从之,宛在水中沚[17]。

【注释】

[1] 蒹(jiān)葭(jiā):芦荻、芦苇。

[2] 伊人:那个人。

[3] 一方:那一边。

[4] 溯洄:逆流而上。从:追随,追寻。

[5] 阻:阻难。

[6] 溯游:顺流而下。

[7] 宛:宛然,仿佛,好像。

[8] 凄凄:一本作"萋萋",苍青色。

[9] 晞(xī):干,晒干。

[10] 湄:岸边,水草交接的地方。

[11] 跻(jī):上升,攀登。

[12] 坻(chí):水中高地,小渚。

[13] 采采:盛多的意思,犹言形形色色。

[14] 未已:指未止,也是未干的意思。

[15] 涘(sì):水边。

[16] 右:迂回曲折。旧注:"周人尚左,故以右为迂回。"

[17] 沚(zhǐ):水中的小块高地。

【导读】

《诗经》是我国最早的诗歌总集,汇集了从西周初年到春秋中叶五百多年间的诗歌作品305篇。《诗经》融政治、道德、文化及百科知识教育于一体,故又有"诗教"之称。

《诗经》分为风、雅、颂三部分。"风"是民谣、土乐,即各地民间歌谣。"雅"指正声雅乐,为宫廷乐歌。"颂"是祭祀乐歌,用于宫廷宗庙祭祀祖先、祈祷和赞颂神明。

本诗选自《诗经·秦风》。全篇共三章。三章构成一个相对完整的时间序列:从"白露为霜"到"白露未晞"再到"白露未已"。每一章又构成一个相对完整的空间:从水之上游到下游,从水之此岸到中流再到彼岸。在这样一个特定的时空环境里,一个人在追踪、寻找他所倾慕、思念的那个人。他不断地从上游到下游,又不断地从下游到上游,目光游移于此岸、彼岸之间。如此不知疲倦地来回奔波、上下求

索,但终至于求之不得。那个人行踪不定,忽在水中央,忽在水之湄,忽在水之涘,都在视线可及之处,却叫人永远难以企及。

读完这首诗后.我们似乎明白:在理想与现实之间,往往就有这样一种难以跨越的距离。比跨越这样一种距离更重要、更美丽的,也许正是诗中主人公的这样一份执著,这样一种坚持。

【类文链接】

[1]《诗经·卫风·氓》
[2]《诗经·卫风·木瓜》
[3]《诗经·邶风·静女》

摸鱼儿·雁丘词[1]

元好问

泰和五年乙丑岁,赴试并州,道逢捕雁者云:"今日获一雁,杀之矣。其脱网者悲鸣不能去,竟自投于地而死。"予因买之,葬之汾水之上,累石为识,号曰雁丘。时同行者多为赋诗,予亦有《雁丘辞》。

问世间、情为何物,直叫生死相许?天南地北双飞客,老翅几回寒暑[2]。欢乐趣,离别苦,就中更有痴儿女。君应有语:渺万里层云,千山暮雪,只影向谁去?[3]

横汾路,寂寞当年箫鼓,荒烟依旧平楚[4]。招魂楚些何嗟及,山鬼暗啼风雨[5]。天也妒,未信欤,莺儿燕子俱黄土。千秋万古,为留待骚人,狂歌痛饮,来访雁丘处[6]。

【注释】

[1] 这首词作于金章宗泰和五年(1205),当时元好问年仅16岁。在赴并州(今山西太原)应试途中,他被一只大雁殉情的事深深感动。他买雁葬于汾水旁,并写下这首词。

[2] "天南地北"二句写雁的生活,"双飞客"即雁。大雁秋南下而春北归,双飞双宿,形影不离,经寒冬,历酷暑,多像人间的那一对痴男怨女。无论是团聚还是离别,都仿佛亲了,刻骨铭心。

[3] "君应"四句揣想雁的心情。"君"指殉情的雁。倘幸脱网后,想未来之路万水千山,层云暮雪,形孤影单,再无爱侣同趣共苦。这里对殉情雁的心理世界作了形象的描写。

[4] "横汾"三句写葬雁的地方,"雁丘"所在之处。汉帝王曾来巡游,但现在这里却箫鼓绝响,只余烟树,一派凄冷。

"横汾"横渡汾水,汉武帝《秋风辞》有"泛楼船兮济汾河,横中流兮扬素波"。
"箫鼓",《秋风辞》有"箫鼓鸣兮发棹歌","平楚"如言平林。
[5]"招魂"二句意为雁死不能复生,山鬼枉自哀啼。
"招魂楚兮"意为用"楚些"招魂,语出《楚辞·招魂》,其句尾用"些"字,故言"楚些"。
"何嗟及",即嗟何及。《诗经·王风》中有"何嗟及矣","山鬼""啼风雨"出自《楚辞·九歌·山鬼》。
[6]"千秋"四句,写雁丘将永远受到词人的凭吊。

【导读】

元好问(1190—1257),字裕之,号遗山,世称遗山先生。汉族,山西秀容(今山西忻州)人。他是宋金对峙时期北方文学的主要代表,又是金元之际在文学上承前启后的桥梁。其诗、文、词、曲,各体皆工,诗作成就最高,"丧乱诗"尤为有名。著有《元遗山先生全集》。

这是一首凄美的咏物抒情之词。

大雁的生死至情深深震撼了作者,他将自己的震惊、同情、感动化为有力的诘问,问自己,问世人,问苍天,究竟"情是何物",值得用生命去等待和交换?这个无人可答的千古谜题正表达了词人对忠贞不渝的爱情最崇高的赞美。

作者驰骋丰富的想象,运用比喻、拟人等艺术手法,对大雁殉情而死的故事展开深入细致的描绘,再加以充满悲剧气氛的环境描写的烘托,塑造了忠于爱情、生死相许的大雁的艺术形象,谱写了一曲凄婉缠绵、感人至深的爱情悲歌。词中以帝王盛典之消逝,反衬雁丘之长存,以莺儿、燕子化为黄土反衬殉情之雁的千秋万古,正是礼赞忠诚爱情的精神不朽。词人站在历史的高度,写出了这种精神的永不磨灭。

全词围绕开头两句的发问,层层深入地描绘铺叙。有大雁生前的欢乐,也有死后的凄苦,有对往事的追忆,也有对未来的展望,前后照应。上下阕,寓缠绵之情于豪宕之中,寄人生哲理于情语之外,清丽淳朴,温婉蕴藉。

元好问的词作以雄浑博大见长。在此词中词人以健笔写柔情,熔沉雄之气韵与柔婉之情于一炉,确实是柔婉之极而又沉雄之至。

【类文链接】

[1]《孔雀东南飞》(《玉台新咏》)
[2]宋·贺铸《鹧鸪天·重过阊门万事非》

西厢记·长亭送别

王实甫

（夫人,长老上,开[1]）今日送张生赴京,就十里长亭,安排下筵席。我和长老先行,不见张生小姐来到。（旦、末、红同上[2]。旦云）今日送张生上朝取应[3]去。早是离人伤感,况值那暮秋天气,好烦恼人也呵！"悲欢聚散一杯酒,南北东西万里程。"（旦唱）

【正宫·端正好】[4]碧云天,黄花地[5],西风紧,北雁南飞,晓来谁染霜林醉？总是离人泪。

【滚绣球】恨相见得迟,怨归去得疾。柳丝长玉骢难系[6],恨不倩疏林挂住斜晖。马儿屯屯的行[7],车儿快快随,却告了相思回避[8],破题儿又早别离[9]。听得道一声"去也",松了金钏[10];遥望见十里长亭,减了玉肌。此恨谁知！

（红云）姐姐今日怎么不打扮？（旦云）红娘呵,你那知道我的心呵！（旦唱）

【叨叨令】见安排着车儿、马儿,不由人熬熬煎煎的气;有甚么心情花儿、靥儿[11],打扮得娇娇滴滴的媚;准备着被儿、枕儿,则索昏昏沉沉的睡;从今后衫儿、袖儿,都揾做重重叠叠的泪。兀的不闷杀人也么哥[12]！兀的不闷杀人也么哥！久已后书儿、信儿,索与我栖栖惶惶的寄[13]。

（做到,见夫人科[14]）（夫人云）张生和长老坐,小姐这壁坐,红娘将酒来！张生,你向前来,是自家亲眷,不要回避。俺今日将莺莺与你,到京师休辱末了俺孩儿,挣揣一个状元回来者[15]。（末云）小生托夫人余荫,凭着胸中之才,觑官如拾芥耳[16]。（洁[17]云）夫人主张不差,张生不是落后的人。（把酒了,坐。）（旦长吁科）（旦唱）

【脱布衫】下西风黄叶纷飞,染寒烟衰草萋迷[18]。酒席上斜签着坐地[19],蹙愁眉死临侵地[20]。

【小梁州】我见他阁泪汪汪不敢垂[21],恐怕人知。猛然见了把头低,长吁气,推整素罗衣。

【幺篇】虽然久后成佳配,奈时间怎不悲啼[22]。意似痴,心如醉,昨宵今日,清减了小腰围。

（夫人云）小姐把盏者！（红递酒。旦把盏长吁科,云）请吃酒！（旦唱）

【上小楼】合欢未已[23],离愁相继。想着俺前暮私情,昨夜成亲,今日别离。我谂知[24]这几日相思滋味,却原来比别离情更增十倍。

【幺篇】年少呵轻远别,情薄呵易弃掷。全不想腿儿相压,脸儿相偎,手儿相携。你与俺崔相国做女婿,妻荣夫贵,但得一个并头莲,煞强如状元及第[25]。

(夫人云)红娘把盏者!(红把酒科)(旦唱)

【满庭芳】供食太急,须臾对面,顷刻别离。若不是酒席间子母每当回避[26],有心待与他举案齐眉[27]。虽然是厮守得一时半刻,也合着俺夫妻每共桌而食。眼底空留意,寻思起就里,险化做望夫石[28]。

(红云)姐姐,不曾吃早饭,饮一口儿汤水。(旦云)红娘呵,甚么汤水咽得下!(唱)

【快活三】将来的酒共食,尝着似土和泥;假若便是土和泥,也有些土气息、泥滋味。

【朝天子】暖溶溶玉醅,白泠泠似水[29],多半是相思泪。眼面前茶饭怕不待要吃[30],恨塞满愁肠胃。"蜗角虚名,蝇头微利"[31],拆鸳鸯在两下里。一个这壁,一个那壁,一递一声长吁气[32]。

(夫人云)辆起车儿[33],俺先回去,小姐随后和红娘来!(下)(末辞洁科)(洁云)此一行别无话儿,贫僧准备买登科录看,做亲的茶饭少不得贫僧的。先生在意,鞍马上保重者!"从今经忏无心礼[34],专听春雷第一声。"(下)(旦唱)

【四边静】霎时间杯盘狼藉,车儿投东,马儿向西。两意徘徊,落日山横翠。知他今宵宿在那里?有梦也难寻觅。

(旦云)张生,此一行得官不得官,疾早便回来。(末云)小姐心儿里艰难。小生这一去,白夺一个状元,真乃是:"青霄有路终须到,金榜无名誓不归。"(旦云)君行别无所赠,口占一绝,为君送行:"弃掷今何在,当时且自亲。还将旧来意,怜取眼前人[35]。"(末云)小姐之意差矣,张珙更敢怜谁?谨赓一绝[36],以剖寸心:"人生长远别,孰与最关亲?不遇知音者,谁怜长叹人?"

(旦唱)

【耍孩儿】淋漓襟袖啼红泪[37],比司马青衫更湿[38]。伯劳东去燕西飞[39],未登程先问归期。虽然眼底人千里,且尽樽前酒一杯。未饮心先醉;眼中流血,心内成灰。

【五煞】到京师服水土,趁程途,节饮食,顺时自保揣身体[40]。荒村雨露宜眠早,野店风霜要起迟!鞍马秋风里,最难调护,最要扶持。

【四煞】这忧愁诉与谁?相思只自知,老天不管人憔悴。泪添九曲黄河溢,恨压三峰华岳低[41]。到晚来闷把西楼倚,见了些夕阳古道,衰柳长堤。

【三煞】笑吟吟一处来,哭啼啼独自归。归家若到罗帏里,昨宵个绣衾香暖留春住,今夜个翠被生寒有梦知。留恋你别无意,见据鞍上马,阁不住泪眼愁眉。

(末云)有甚言语嘱付小生咱?(旦唱)

【二煞】你休忧"文齐福不齐",我则怕你停妻再娶妻[42]。你休要"一春鱼雁无消息"!我这里"青鸾有信频须寄"[43],你却休"金榜无名誓不归"。此一节君须记:若见了那异乡花草,再休似此处栖迟?[44]

(末云)再谁似小姐;小生又生此念?小姐放心,小生就此拜辞。(旦唱)

【一煞】青山隔送行,疏林不做美,淡烟暮霭相遮蔽。夕阳古道无人语,禾黍秋风听马嘶。我为甚么懒上车儿内,来时甚急,去后何迟!

(红云)夫人去好一会,姐姐,咱家去!(旦唱)

【收尾】四围山色中,一鞭残照里[45],遍人间烦恼填胸臆,量这些大小车儿如何载得起?[46](旦、红下。)(末云)仆童,赶早行一程儿,早寻个宿处。(末念)泪随流水急,愁逐野云飞。(下)

【注释】

[1] 夫人:指崔莺莺的母亲。长老:寺庙住持僧的通称,这里指普救寺的法本。开:元杂剧术语,即开始说话的意思。

[2] 旦:杂剧中女角色的通称,有正旦、外正、老旦、小旦等名目。这里指扮演莺莺的正旦。末:杂剧中男角色的一种名称,其中又分正末、副末、冲末、外末等。此处指扮演张生的正末。红:红娘,莺莺的侍女。

[3] 上朝取应:进京赶考。

[4] 正宫:宫调名,类似现在的乐调中的 D 调。端正好:曲牌名。元杂剧体制规定,每折戏在音乐上只限用一个宫调,下由若干曲牌联成套曲,一韵到底。此处的端正好,与后面的滚绣球、叨叨令、脱布衫、小梁州等,均属于正宫里的曲牌。

[5] "碧云天"两句:由范仲淹《苏幕遮》"碧云天,黄叶地"脱化而来。黄花,菊花。李清照《声声慢》词:"满地黄花堆积",便是此种用法。

[6] 玉骢(cōng 匆):青白色的马,今名菊花青,泛指名贵的马。

[7] 屯屯(tún):行动迟缓的样子。

[8] 却:通"恰"。

[9] 破题儿:唐宋以来,科举考试诗赋、八股开头解析题意的一段文字叫破题,这里比喻事情的开端。

[10] 松了金钏(chuàn 串):形容因忧愁而肌肤瘦损。

[11] 靥(yè 夜)儿:古代女子在额部或两鬓点贴的妆饰。

[12] 兀的不:兀的,发语词,犹言"这",表示惊异或加重语气。同"不"字连用,犹言"这岂不"、"怎么不"。也么(mó 摩)哥:元曲中常用的句末衬字,无义。

[13] 索:须要。栖栖惶惶:即栖惶,匆忙不安的样子。这里作"急忙"、"赶快"解。

[14] 科:元杂剧里表示动作、表情及舞台效果的术语,与南戏中的"介"相同。

[15] 辱末:即辱没,玷辱埋没,也作"辱抹"。挣(zhèng 政)揣:争取、夺得。者:句末祈使语气词,也作"咱"。

[16] 如拾芥:比喻极容易做到。芥,小草。

[17] 洁:元杂剧称僧人为"洁郎",此处指普救寺长老法本。

[18] 萋迷:草茂盛貌。衰草萋迷,谓枯草遍野。

[19]斜签着坐:侧身直腰斜坐貌。

[20]死临侵地:极言憔悴乏力貌。

[21]阁:通"搁",停止,忍住。

[22]时间:眼前,目下。

[23]合欢:古人结婚时盖的绣有合欢花的被子,此处代指新婚。新婚佳期为三日,崔张昨夜成亲,今日别离,故曰"合欢未已"。

[24]谂(shěn 审)知:深知,深切体会到。

[25]强如:比……强。

[26]子母每当回避:母女间应当有所避忌。每:同"们",元杂剧中多此用法。

[27]举案齐眉:典出《后汉书·梁鸿传》东汉梁鸿与妻子孟光的故事。两人相敬如宾,孟光每次给梁鸿送饭菜时,总要把木盘举得高高的,以示敬爱。案,古人进食用的矮脚木盘。

[28]就里:内中情由,指崔张二人的恋爱波折。望夫石:据《太平御览》引刘义庆《幽冥录》载:武昌阳新县北山上有望夫石,状如人立。相传昔有贞妇,其夫从役,携弱子送至其山,立望其夫,久而化为石,因名焉。此种传说,不少地区都有。

[29]玉醅:此指美酒。自泠泠:清冽状。

[30]不待要:河套方言,懒得。

[31]"蜗角"二句:蜗角、蝇头比喻极细小的东西,借喻争微逐末。蜗角,典出《庄子·则阳》篇,说蜗牛两角有两国,左边的叫触氏,右边的叫蛮氏,两国争城夺地,伏尸百万。

[32]"一递"句:说红娘每递一盏酒,莺莺和张生就长叹一声。

[33]辆起车儿:驾起车子。辆,量词作动词用。

[34]经忏:经文忏词,这里泛指佛经。礼:念经拜佛。

[35]此诗见元稹《莺莺传》,仅将"弃掷今何道"改为"弃掷今何在"。原诗是莺莺被张生抛弃后所作。

[36]赓:步原诗原韵续写一首诗。

[37]红泪:王嘉《拾遗记》卷七载:三国魏文帝时,薛灵芝被选入宫,泣别父母,以玉唾壶承泪,壶即红色。后人遂称女子的眼泪为红泪。

[38]司马青衫:语出白居易《琵琶行》:"坐中泣下谁最多,江州司马青衫湿。"

[39]伯劳:鸟名。古乐府《东飞伯劳歌》有"东飞伯劳西飞燕"句,后有"劳燕分飞"的成语,借喻夫妻离散。

[40]顺时:顺应时令变化。揣:"囊揣"的省词,有虚弱、文弱之意。

[41]"泪添"一句:元李珏《题江水云》诗有"泪添东海水,愁压北邙低"之句,这里意仿李诗。九曲黄河:相传黄河从积石山到龙门一带有九曲。三峰华岳:即西岳华山的三座山峰:莲花峰、落雁峰、朝阳峰。

[42]文齐福不齐:有文才却无考中的福份。停妻再娶妻:重婚。

[43]青鸾:鸟名,传说为西王母送信的使者。

[44]花草:借指女子。栖迟:淹留不行。

[45]"一鞭"句:形容夕阳残照时景色。一鞭:指指日与地平线相距仅有一鞭之长了。

[46]大小:偏义复词,重心词为"小"。

【导读】

王实甫(约 1230—1310),名德信,字实甫,大都(今北京)人。所作杂剧除《西厢记》外,还有《丽春堂》、《破窑记》两种及《芙蓉亭》、《贩茶船》各一折曲文传世。《西厢记》是他驰名中外的代表作。

《西厢记》是一部优秀古典戏剧巨著,它热情歌颂了张君瑞和崔莺莺为争取婚姻自主、追求纯洁爱情而向封建礼教展开的斗争。《长亭送别》选自《西厢记》的第四本第三折。崔老夫人发觉女儿已同张生暗自结合,为了保住"相国家谱",婚后第二天即逼张生进京应试,"拆鸳鸯在两下里"。莺莺怒斥功名富贵是"蜗角虚名,蝇头微利",她最大的愿望便是:"但得一个并头莲,煞强似状元及第"。这在礼教尊卑,森严壁垒的封建社会里,具有反封建的进步意义。

《长亭送别》极具艺术特色。首先,这折戏表面上没有戏剧冲突,但莺莺同老夫人的思想冲突无时不在私下剧烈冲撞,从而凸现了相国小姐的叛逆性格特征。其二,全折辞句华美,情意缠绵,恰到好处地做到了"以眼前景衬心中情",因而极具诗情画意。其三,夸张手法的合理运用。如用"泪添九曲黄河溢,恨压三峰华岳低"等词句来形容莺莺沉重的离愁别恨,使读者不仅不感觉怪诞,反而倍感真实、亲切。

【类文链接】

[1] 明·汤显祖《牡丹亭》

[2] 清·洪昇《长生殿》

[3] 清·孔尚任《桃花扇》

一棵开花的树

席慕容

如何让你遇见我
在我最美丽的时刻

为这
我已在佛前求了五百年
求佛让我们结一段尘缘
佛于是把我化做一棵树
长在你必经的路旁

阳光下
慎重地开满了花

朵朵都是我前世的盼望

当你走近
请你细听
那颤抖的叶
是我等待的热情

而当你终于无视地走过
在你身后落了一地的
朋友啊
那不是花瓣
那是我凋零的心

【导读】

　　席慕容,台湾著名女诗人、散文家、画家。主要诗集有《七里香》、《无怨的青春》、《时光九篇》等,另外还写了大量的散文作品。席慕容的诗多写爱情、人生、乡愁,写得淡雅剔透,抒情灵动,饱含着对生命的挚爱真情,给人以美的享受。

　　《一棵开花的树》表达了诗人对生命的无奈、时间的无情,对爱的忧伤与失落以及对等待与错过的慨叹。整首诗歌无一处不是以生动的形象来诠释整个内心的情感,巧妙地做到了鲜明形象与深邃意境相结合。

　　"我已在佛前求了五百年","求佛让我们结一段尘缘",五百年的苦苦诉求,只是为了能"在我最美丽的时刻"与"你"相遇。诗人将有限的生命、对理想爱情的执著追求置于无尽的时间和空间之中,借助开满了花、颤动着叶的树这一奇特意象,充分抒发了对爱情渴望、企盼的忐忑心情。

　　那一棵茂密、沉静、挺拔的"树"在"阳光下慎重地开满了花,朵朵都是我前世的盼望",这是多么长久、执著、坚定和热切的守候。这份浓重、美丽的爱情,付出得热情而无畏,表达得却委婉又曲折。而"当你无视地走过"时,化为树的"我"又会是怎样万般无奈、饱含深情的凝视。诗人没有直述爱情受到伤害时的痛苦情景,而是用落了一地的花瓣作为意象,与"凋零的心"形成呼应。结尾"那不是花瓣,是我凋零的心",戛然而止,令人回味无穷,加重了感情色彩。

　　本诗文笔细腻,韵律婉转,语言清新,力求展示浪漫清纯、唯美和谐,而同时又追求淡雅、超脱的禅境,具有中国古典诗歌的韵味。

【类文链接】

[1] 舒婷《致橡树》

[2] 泰戈尔《世界上最远的距离》

七 哀 诗[1]

王 粲

西京[2]乱无象,豺虎[3]方遘患。
复弃中国去,委身[4]适荆蛮。
亲戚对我悲,朋友相追攀[5]。
出门无所见,白骨蔽平原。
路有饥妇人,抱子弃草间。
顾闻号泣声,挥涕独不还。
未知身死处,何能两相完[6]?
驱马弃之去,不忍听此言。
南登霸陵岸[7],回首望长安。
悟彼下泉[8]人,喟然伤心肝。

【注释】

[1]《乐府古题要解》说"七哀起于汉末",这是当时的乐府新题。曹植、阮瑀也各有《七哀诗》一首。王粲有《七哀诗》三首,不是同时所作。第一首写乱离中所见,是一幅难民图。大约作于初离长安的时候。

[2] 西京:指长安。无象:犹言无道或无法。

[3] 豺虎:指李傕、郭汜等人。初平三年(192)李、郭等在长安造乱。遘:同"构",造。

[4] 委身:托身。荆蛮:指荆州。以上二句言离中原往荆州。当时荆州未遭兵祸,去避乱的人很多。荆州刺史刘表曾从王畅受学,和王氏是旧交,所以王粲全家去依投。

[5] 攀:谓攀辕依恋。

[6] 完:保全。以上二句是作者所闻妇人的话。

[7] 霸陵:汉文帝的葬处,在长安东。岸:高地。

[8] 下泉:《诗经》篇名。《毛诗序》:"《下泉》思治也,曹人……思明王贤伯也。"末二句是说懂得作《下泉》的诗人为什么伤叹了,作者登临一代名主汉文帝的陵墓,遥望"豺虎"纷纷的长安,不免要像《下泉》的作者当乱世而思贤君。

【导读】

王粲(177—217),字仲宣,山阳高平(今山东邹县)人,三国时著名作家。出身于士族官僚家庭。长安大乱,往荆州依附刘表,后归曹操,官至侍中。王粲在"建安七子"中地位最高,以诗、赋著称。代表作《七哀诗》和《登楼赋》。

　　这首诗记录了诗人在汉末初平三年(192)董卓部将李傕、郭汜纵兵攻陷长安时的一段经历。诗人抓住饥妇弃子这一典型事件深刻地揭露了汉末社会哀鸿遍野、民不聊生的景况及兵祸的惨毒。尤其是饥妇的申诉,字字血泪,令闻者惨然。这首诗在处理叙事与抒情的关系上很见功力。此诗以叙事为主,在叙述中处处透出惨淡之色,在叙完饥妇弃子后,即"驱马弃之去,不忍听此言",转入感情的直接抒发,过渡自然。

【类文链接】

　　[1] 诸葛亮《出师表》
　　[2] 屈原《哀郢》
　　[3]《海瑞传》(《明史》)

从 军 行

杨 炯

　　烽火[1]照西京[2],心中自不平。
　　牙璋[3]辞凤阙[4],铁骑绕龙城[5]。
　　雪暗凋旗画,风多杂鼓声。
　　宁为百夫长[6],胜作一书生。

【注释】

　　[1] 烽火:指战事。
　　[2] 西京:指长安,今陕西西安。
　　[3] 牙璋:古代发兵所用的玉制兵符,分为两半,合契处凹凸相嵌呈牙状,一半交付主将,一半留朝廷,作调动军队时用的凭证。
　　[4] 凤阙:汉代建章宫的圆阙上有金凤,故称凤阙,后泛指皇宫,此处指长安。
　　[5] 龙城:又称龙庭,汉时匈奴祭祀天神的处所,故址在今蒙古过鄂尔浑河西侧的和硕柴达木湖附近,此处借指地方要地。
　　[6] 百夫长:率领一百名兵卒的低级军官。

【导读】

　　杨炯(650—693?),华阴人。十岁举神童,"初唐四杰"之一。

《从军行》借用汉乐府旧题，写一个书生从报警的烽火照亮西京到慷慨从军、奔赴沙场奋战的全过程。语短意长，雄健激扬。

首联表现了一个书生在边火燃烧时的爱国热忱。从景入手，即景生情，直抒"匈奴未灭，何以为家"的豪情壮志。颔联写主帅率军辞别京城，奔赴前线作战，以排山倒海之势包围敌国城堡的过程。尾联以"宁为百夫长，胜作一书生"作结，表达了初唐广大知识分子为国建功立业的共同心愿。李泽厚说："当时从高门到寒士，从上层到市井，在初唐东征西讨、大破突厥、战败吐蕃、招安回纥的天可汗（太宗）时代里，一种为国立功的荣誉感和英雄主义弥漫在社会氛围中。"杨炯这两句诗，是当时士人阶层的最强音，有着时代的特色。同样的气概，杨炯在其他诗里也有所反映，如"丈夫皆有志，会见立功勋"（《出塞》）"匈奴今未灭，画地联封侯"（《紫骝马》）"受禄宁辞死，扬名不顾身"（《和刘长史答十九兄弟》）"剑锋生赤电，马足起红尘"（《刘生》）等。

这首诗布局精当，脉络分明，跌宕有致。烽火引起诗人内心的波涛；进而从军告别京城，投奔沙场与敌鏖战；最后以自豪的口吻表达立功塞外的壮志。诗人善于选择意象，精心营构典型场景。同时，意象的跳跃性，又带来了意境的朦胧性和多义性，产生特殊的诗美。这首诗无论题材和风格，都突破了六朝以降的绮靡柔媚之风，而上承建安的苍劲雄健诗风，扩大了创作主体的视野。

【类文链接】

[1] 岳飞《满江红·怒发冲冠》

[2] 韩愈《张中丞传后叙》

[3] 谭嗣同《狱中题壁》

正 气 歌

文天祥

余囚北庭[1]，坐一土室，室广八尺，深可四寻[2]，单扉低小[3]，白间短窄[4]，污下而幽暗[5]。当此夏日，诸气萃然[6]：雨潦四集[7]，浮动床几，时则为水气；涂泥半朝[8]，蒸沤历澜[9]，时则为土气；乍晴暴热[10]，风道四塞[11]，时则为日气；檐阴薪爨[12]，助长炎虐[13]，时则为火气；仓腐寄顿[14]，陈陈逼人[15]，时则为米气；骈肩杂遝[16]，腥臊污垢[17]，时则为人气；或圊溷[18]、或毁尸[19]、或腐鼠，恶气杂出，时则为秽气[20]。叠是数气[21]，当侵渗[22]，鲜不为厉[23]。而予以孱弱[24]，俯仰其间[25]，于兹二年矣[26]，无恙[27]，是殆有养致然[28]。然尔亦安知所养何哉[29]？孟子曰[30]："我善养吾浩然之气[31]。"彼气有七,吾气有一,以一敌七,吾何患焉[32]。况浩然者,乃天地之正气也。作《正气歌》一首。

天地有正气,杂然赋流形[33]。下则为河岳,上则为日星[34];于人曰"浩然",沛乎塞苍冥[35]。皇路当清夷[36],含和吐明庭[37]。时穷节乃见[38],一一垂丹青[39]:在齐太史简[40],在晋董狐笔[41],在秦张良椎[42],在汉苏武节[43];为严将军头[44],为嵇侍中血[45],为张睢阳齿[46],为颜常山舌[47];或为辽东帽[48],清操厉冰雪[49];或为出师表[50],鬼神泣壮烈[51];或为渡江楫[52],慷慨吞胡羯[53];或为击贼笏[54],逆竖头破裂[55]。是气所磅礴[56],凛烈万古存[57]。当其贯日月,生死安足论[58]!地维赖以立,天柱赖以尊[59]。三纲实系命[60],道义为之根[61]。嗟予遘阳九[62],隶也实不力[63]。楚囚缨其冠[64],传车送穷北[65]。鼎镬甘如饴[66],求之不可得。阴房阒鬼火[67],春院闭天黑[68]。牛骥同一皂,鸡栖凤凰食[69]。一朝蒙雾露[70],分作沟中瘠[71]。如此再寒暑[72],百沴自辟易[73]。嗟哉沮洳场[74],为我安乐国。岂有他缪巧,阴阳不能贼[75]?顾此耿耿在[76],仰视浮云白[77]。悠悠我心悲,苍天曷有极[78]!哲人日以远[79],典型在夙昔[80]。风檐展书读[81],古道照颜色[82]。

【注释】

[1] 余:我。北庭:指元朝首都燕京(今北京)。

[2] 寻:古时八尺为一寻。

[3] 单扉:单扇门。

[4] 白间:窗户。

[5] 污下:低下。

[6] 萃(cuì 翠)然:聚集的样子。

[7] 雨潦:下雨形成的地上积水。

[8] 涂泥半朝:"朝"当作"潮",意思是狱房墙上涂的泥有一半是潮湿的。

[9] 蒸沤历澜:热气蒸,积水沤,到处都杂乱不堪。澜:澜漫,杂乱。

[10] 乍晴:刚晴,初晴。

[11] 风道四塞:四面的风道都堵塞了。

[12] 薪爨(cuàn):烧柴做饭。

[13] 炎虐:炎热的暴虐。

[14] 仓腐寄顿:仓库里贮存的米谷腐烂了。

[15] 陈陈逼人:陈旧的粮食年年相加,霉烂的气味使人难以忍受。陈陈:陈陈相因。《史记·平准书》:"太仓之粟,陈陈相因。"

[16] 骈肩杂遝(tà):肩挨肩。拥挤杂乱的样子。

[17] 腥臊:鱼肉发臭的气味,此指囚徒身上发出的酸臭气味。

[18] 圊溷(qīng hùn):厕所。

[19] 毁尸:毁坏的尸体。

[20]秽:肮脏。

[21]叠是数气:这些气加在一起。

[22]侵沴:恶气侵人。

[23]鲜不为厉:很少有不生病的。厉:病。

[24]孱弱:虚弱。

[25]俯仰其间:生活在那里。

[26]于兹:至今。

[27]无恙:没有生病。

[28]是殆有养致然:这大概是因为会保养元气才达到这样的吧。殆:大概。有养:保有正气。语出《孟子·公孙丑》:"我善养吾浩然之气。"致然:使做,造成这样子。

[29]然尔亦安知所养何哉:然而又怎么知道所保养的内容是什么呢?

[30]孟子:名轲,战国时期思想家,有《孟子》一书传世。

[31]浩然之气:纯正博大而又刚强之气。见《孟子·公孙丑》。

[32]吾何患焉:我还怕什么呢。我国古代的许多思想家都认为浩然正气对于人身有无所不能的巨大力量。

[33]"天地有正气"二句:天地之间充满正气,它赋予各种事物以不同形态。这类观点明显地有唯心色彩,但作者主要用以强调人的节操。杂然:纷繁,多样。

[34]"下则为河岳"二句:是说地上的山岳河流,天上的日月星辰,都是由正气形成的。

[35]于人曰"浩然"二句:赋予人的正气叫浩然之气,它充满天地之间。沛乎:旺盛的样子。苍冥:天地之间。

[36]皇路当清夷:当国家太平的时候。皇路:国运,国家的局势。清夷:清平,太平。

[37]含和吐明庭:正气和谐地表露在政事修明的朝廷里。吐:表露。

[38]时穷节乃见:国家危难之际,气节便表现了出来。见:同"现",表现,显露。

[39]垂丹青:见于画册,传之后世。垂:留存,流传。丹青:图画,古代帝王常把有功之臣的肖像和事迹叫画工画出来。

[40]"在齐太史简":《左传·襄公二十五年》载:春秋时,齐国大夫崔杼把国君杀了,齐国的太史在史册上写道:"崔杼弑其君。"崔杼怒,把太史杀了。太史的两个弟弟继续写,都被杀,第三个弟弟仍这样写,崔杼没有办法,只好让他写。太史:史官。简:古代用以写字的竹片。

[41]在晋董狐笔:《左传·宣公二年》载:春秋时,晋灵公被赵穿杀死,晋大夫赵盾没有处置赵穿,太史董狐在史册上写道:"赵盾弑其君。"孔子称赞这样写是"良史"笔法。

[42]张良椎:《史记·留侯传》载:张良祖上五代人都做韩国的丞相,韩国被秦始皇灭掉后,他一心要替韩国报仇,找到一个大力士,持一百二十斤的大椎,在博浪沙(今河南新乡县南)伏击出巡的秦始皇,未击中。后来张良辅佐刘邦建立汉朝,封留侯。

[43]苏武节:《汉书·李广苏武传》载:汉武帝时,苏武出使匈奴,匈奴人要他投降,他坚决拒绝,被流放到北海(今俄罗斯西伯利亚贝加尔湖)边牧羊。为了表示对祖国的忠诚,他一天到晚拿着从汉朝带去的符节,牧羊十九年,始终贤贞不屈,后来终于回到汉朝。

[44]严将军:《三国志·蜀志·张飞传》载:严颜在刘璋手下做将军,镇守巴郡,被张飞捉住,要他投降,他回答说:"我州但有断头将军,无降将军!"张飞见其威武不屈,把他释放了。

[45]嵇侍中:嵇绍,嵇康之子,晋惠帝时做侍中(官名)。《晋书·嵇绍传》载:晋惠帝永兴元年(304),皇室内乱,惠帝的侍卫都被打垮了,嵇绍用自己的身体遮住惠帝,被杀死,血溅到惠帝的衣服上。战争结束后,有人要洗去惠帝衣服上的血,惠帝说:"此嵇侍中血,勿去!"

情感篇

[46]张睢阳:即唐朝的张巡。《旧唐书·张巡传》载:安禄山叛乱,张巡固守睢阳(今河南商丘),每次上阵督战,大声呼喊,牙齿都咬碎了。城破被俘,拒不投降,敌将问他:"闻君每战,皆目裂,嚼齿皆碎,何至此耶?"张巡回答说:"吾欲气吞逆贼,但力不遂耳。"敌将"视其齿,存者不过三数"。

[47]颜常山:即唐朝的颜杲卿,任常山太守。《新唐书·颜杲卿传》载:安禄山叛乱时,他起兵讨伐,后城破被俘,当面大骂安禄山,被钩断舌头,仍不屈,被杀死。

[48]辽东帽:东汉末年的管宁有高节,是在野的名士,避乱居辽东(今辽宁省东南部),一再拒绝朝廷的征召,他常戴一顶黑色帽子,安贫讲学,名闻于世。

[49]清操厉冰雪:是说管宁严格奉守清廉的节操,凛如冰雪。厉:严肃,严厉。

[50]出师表:诸葛亮出师伐魏之前,上表给蜀后主刘禅,表明自己为统一事业奋斗到底的决心。表文中有"鞠躬尽力,死而后已"的名言。

[51]鬼神泣壮烈:鬼神也被诸葛亮的壮烈精神感动得流泪。

[52]渡江楫:东晋爱国志士祖逖率兵北伐,渡长江时,敲着船桨发誓北定中原,后来终于收复黄河以南失地。楫:船桨。

[53]胡羯:古代对北方少数民族的称呼。过去史书上曾称匈奴、鲜卑、羯、氐、羌为五胡。这句是形容祖逖的豪壮气概。

[54]击贼笏:唐德宗时,朱泚谋反,召段秀实议事,段不肯同流合污,以笏猛击朱泚的头,大骂:"狂贼,吾恨不斩汝万段,岂从汝反耶?"笏:古代大臣朝见皇帝时所持的手板。

[55]逆竖:叛乱的贼子,指朱泚。

[56]是气:这种"浩然之气"。磅礴:充塞。

[57]凛烈:庄严,令人敬畏的样子。

[58]"当其贯日月"二句:当正气激昂起来直冲日月的时候,个人的生死还有什么值得计较的。

[59]"地维赖以立"二句:是说地和天都依靠正气支撑着。地维:古代认为地是方的,四角有四根支柱撑着。天柱:古代传说,昆仑山有铜柱,高入云天,称为天柱,又说天有人山为柱。

[60]三纲实系命:是说三纲实际系命于正气,即靠正气支撑着。

[61]道义为之根:道义以正气为根本。

[62]嗟予遘阳九:可叹我遇上了恶运。嗟:感叹词。遘:遭逢,遇到。阳九:即百六阳九,古人用以指灾难年头,此指国势的危亡。

[63]隶也实不力:是说我实在无力改变这种危亡的国势。隶:地位低的官吏,此为作者谦称。

[64]楚囚缨其冠:《左传·成公九年》载:春秋时,楚子重攻陈以救赵,楚国被俘的人戴着一种楚国帽子(表示不忘祖国),被拘囚着,晋侯问是什么人,旁边人回答说是"楚囚"。这里作者是说,自己被拘囚着,把从江南戴来的帽子的带系紧,表示虽为囚徒仍不忘宋朝。

[65]传车:官办交通站的车辆。穷北:极远的北方。

[66]鼎镬甘如饴:身受鼎镬那样的酷刑,也感到像吃糖一样甜,表示不怕牺牲。鼎镬:大锅。古代一种酷刑,把人放在鼎镬里活活煮死。

[67]阴房阗鬼火:囚室阴暗寂静,只有鬼火出没。杜甫《玉华宫》诗:"阴房鬼火青。"阴房:见不到阳光的居处,此指囚房。阗:幽暗、寂静。

[68]春院闭天黑:虽在春天里,院门关得紧紧的,照样是一片漆黑。杜甫《大云寺赞公房》诗:"天黑闭春院。"闭:关闭。

[69]"牛骥同一皂"二句:牛和骏马同槽,鸡和凤凰共处,比喻贤愚不分,杰出的人和平庸的人都关在一

起。骥:良马。皂:马槽。鸡栖:鸡窝。

[70] 一朝蒙雾露:一旦受雾露风寒所侵。蒙:受。

[71] 分作沟中瘠:料到自己一定成为沟中的枯骨。分:料,估量。沟中瘠:弃于沟中的枯骨。《说苑》:"死则不免为沟中之瘠。"

[72] 如此再寒暑:在这种环境里过了两年了。

[73] 百沴自辟易:各种病害都自行退避了。这是说没有生病。

[74] 沮洳场:低下阴湿的地方。

[75] "岂有他缪巧"二句:哪有什么妙法奇术,使得寒暑都不能伤害自己?缪巧:智谋,机巧。贼:害。

[76] 顾此耿耿在:只因心中充满正气。此:指正气。耿耿:光明貌。

[77] 仰视浮云白:对富贵不屑一顾,视若浮云。《论语·述而》:"不义而富且贵,于我如浮云。"

[78] "悠悠我心悲"二句:我心中亡国之痛的忧思,像苍天一样,哪有尽头。曷:何,哪。极:尽头。

[79] 哲人日以远:古代的圣贤一天比一天远了。哲人:贤明杰出的人物,指上面列举的古人。

[80] 典型:榜样,模范。夙昔:从前,过去。

[81] 风檐展书读:在临风的廊檐下展开史册阅读。

[82] 古道照颜色:古代传统的美德,闪耀在面前。

【导读】

文天祥(1236—1283),号文山,吉安(今江西县名)人。历任湖南提刑,知赣州。恭帝德祐元年(1275)元兵渡江,文天祥起兵勤王。临安危急,奉命至元营议和,因坚决抗争被扣留,后冒险脱逃,拥立益王赵昰,至福建募集将士,进兵江西,恢复州县多处。后兵败被俘至元大都,终以不屈被害。作品有《文山先生全集》。

《正气歌》是一支气壮山河的浩然正气之颂歌。诗前一段小序叙述了作《正气歌》的引由,文天祥借孟子"我善养吾浩然之气"。在孟子看来,"浩然之气""至大至刚","集义所生"而"塞于天地之间";得浩然正气者,则能临危不惧,遇事不"动心",不受害。文天祥在此依托孟子,借圣人之言来颂扬抒情主人公胸中浩然正气。《正气歌》是一首五言古体诗,词气滂沛,笔力遒劲,格调沉雄。全诗以平和稳健的散文化语言,紧紧围绕对浩然正气的礼赞,于夹叙夹议中层层深入推进展开。首言浩然之气之源与形,简括干练。中间一通史诗性列举,十二位前贤记议,一气呵成,俨然大河奔流,滔滔东去。《正气歌》凡六十句,隔句一韵,通篇四韵,平仄间押,以此将诗之情韵导而透迤,又寓激荡于从容。浑灏苍古,又顿挫扬抑,回肠荡气。我们读来,每每有一股崇敬与昂奋在心头涌动,仿佛心灵正凭借一种巨大而神秘的风力在净化,在飞升!

【类文链接】

[1]《孟子·公孙丑》(《孟子》)

[2]《苏武传》(《汉书》)

静　夜

闻一多

这灯光，这灯光漂白了的四壁；
这贤良的桌椅，朋友似的亲密；
这古书的纸香一阵阵的袭来；
要好的茶杯贞女一般的洁白；
受哺的小儿喳呷[1]在母亲怀里，
鼾声报道我大儿康健的消息……
这神秘的静夜，这浑圆的和平，
我喉咙里颤动着感谢的歌声。
但是歌声马上又变成了诅咒，
静夜！我不能，不能受你的贿赂。
谁希罕你这墙内尺方的和平！
我的世界还有更辽阔的边境。
这四墙既隔不断战争的喧嚣，
你有什么方法禁止我的心跳？
最好是让这口里塞满了沙泥，
如其他只会唱着个人的休戚！
最好是让这头颅给田鼠掘洞，
让这一团血肉也去喂着尸虫；
如果只是为了一杯酒，一本诗，
静夜里钟摆摇来的一片闲适，
就听不见了你们四邻的呻吟，
看不见寡妇孤儿抖颤的身影，
战壕里的痉挛，疯人咬着病榻，
和各种惨剧在生活的磨子下。
幸福！我如今不能受你的私贿，
我的世界不在这尺方的墙内。
听！又是一阵炮声，死神在咆哮。
静夜！你如何能禁止我的心跳？

【注释】

[1] 唼呷(shà xiā)：鱼鸟吃食，亦指鱼鸟吃食声。清·黄宗羲《避地赋》："凫雁唼呷于鸿波兮，岛屿之透迤也。"清·蒲松龄《聊斋志异·王六郎》："少间，复返，曰：'鱼大至矣。'果闻唼呷有声。举网而得数头，皆盈尺。"何垠注："唼呷，谓多鱼吞吐声。"清·蒲松龄《聊斋志异·鼋神》："内一斜尾鱼，唼呷水面，见人不惊。"

【导读】

闻一多，原名闻家骅，诗人、学者、民主战士、新月派代表诗人。代表作有诗集《红烛》《死水》。古典文学的研究集《古典新义》(《周易》、《诗经》、《庄子》、《楚辞》)，被郭沫若称为"前无古人，后无来者"。1946年7月在悼念李公朴先生大会上，发表了著名的《最后一次的演讲》，当天下午即被国民党特务杀害。

闻一多是一位具有独创风格的爱国诗人，在鲜明的艺术个性和古典浪漫主义创作方法的规范下，形成了炽热浓烈、沉郁顿挫的艺术风格。其情感方式为"以凝聚的形式喷射过量的火"，两者相得益彰。

《静夜》中爱之愈深恨之愈切的对黑暗现实的诅咒和愤激，真是呕心沥血、痴心不绝。《静夜》把强烈的思想感情注入具体的艺术形象或特定的情境中，使其左冲右突，委曲婉转，激而缓地汩汩进射出来，并逐步向纵深开掘，达到情满意酣。"静夜"意象是对现实和文化的批判性隐喻。《静夜》表达了承担苦难的人道主义情怀，表达了铁肩担道义，甚至以生命去践道成仁的信念。

【类文链接】

[1] 梁启超《少年中国说》
[2] 郁达夫《春风沉醉的晚上》
[3] 余光中《乡愁》

方案一：爱情风景美与丑——校园文明大家谈

一、活动目的

引导学生树立正确的人生观、恋爱观和审美情趣，举止文明，行为规范。

培养学生辩证全面地分析问题的思维能力和口头表达能力。

二、活动形式

对话、中心发言、自由发言、专家点评。

三、活动主题

爱情风景美与丑。

四、活动时间

周三下午。

五、活动人员安排

主持人一名(由教师担任);学生发言人若干(由学生选举产生);专家五人。其余同学充当观众,参与互动。

六、活动步骤

① 教师致辞,讲述发言流程、规则及注意事项;
② 正式开谈;
③ 专家分析、点评。

七、注意事项

① 教师要随时掌控学生的思想走向,避免出现过激、过偏的思想观念;
② 教师要随时掌控全场气氛,避免冷场或气氛过于紧张。

方案二:"辉煌五千载,悠悠爱国情"主题实践活动方案

为深入贯彻落实科学发展观,推进社会主义和谐社会建设,高扬社会主义核心价值体系的主旋律,对全体大学生进行以爱国主义为核心的民族精神和以改革开放为核心的时代精神教育,培育学生民族自豪感与自信心,树立报国之志,立足本职,为国家经济发展和社会进步作出应有的贡献,特开展此次主题实践活动。

一、活动对象

全院大一学生。

二、活动内容

1. 深入开展和谐校园创建活动,努力营造和谐师生关系,将学校建成学生成长的乐园,促进学生身心健康成长。

2. 开展"我在校园中成长"主题实践活动;在寝室中开展"说说我家乡那些事儿"、"听同学们讲家乡人和事儿"活动,开展"读一本书(名人传记)、观一场戏剧(历史人物风采)、看一场电影(爱国精神洗礼)"活动。

3. 利用课余时间,组织学生走进敬老院、福利院等公益团体,帮助孤寡老人、残疾人和军烈属等特殊群体做一件有意义的事,培养学生真诚交往、奉献爱心、乐于助人的良好品质。

4. "辉煌五千载,悠悠爱国情"为主题演讲活动。

三、活动形式

分三阶段进行:

第一阶段:分组活动。以寝室、班级为单位完成活动第1、2、3项内容。

第二阶段:分组活动。以系为单位,完成活动第4项内容(初赛),选拔优胜选手,以学生数1%~2%比例参加学院同年级决赛。

第三阶段:举办全院主题演讲比赛,评出一、二、三等奖并颁发奖品或纪念品。

四、活动时间

本板块教学活动期间进行。

五、活动要求

1. 做好活动的宣传工作,使学生充分认识到开展实践活动的目的和意义,处理好学习和实践活动的关系,认真落实实践活动计划,为学生开展活动提供有利条件。

2. 提高对开展爱国实践活动重要性的认识,依据本方案要求,做好动员,认真组织实施,确保活动顺利开展。

3. 采取多种形式启动实践活动,为学生开展系列活动创造条件,并给予积极的指导,将每一项活动合理安排到每月的实践活动计划之中,做到学生实践活动月月有重点、有突破。

4. 要坚持实践的原则,使学生通过实践活动的开展能提升情操,增强实践能力、分析能力、观察能力;避免形式化,要让学生在实践活动中感悟、理解,树立正确的思想观念,培养良好的爱国情感,增强活动的实效性。

职业篇

 概观

我国是世界上人口最多的国家,但相对于西方发达国家,我国国民教育水平较低,就业矛盾十分突出,主要表现在劳动力供求市场总量矛盾和就业结构性矛盾同时并存,城镇就业压力加大和农村富余劳动力加快向非农领域转移同时出现,同时新成长劳动力就业和失业人员再就业问题相互交织。21世纪,我国进入全面建设小康社会的新时期,劳动力的供给超过实际需求量,特别是劳动力素质与岗位需求不相适应的结构性失业等问题显得异常突出,就业形势依然严峻。

在充分估计就业困难形势的同时,我们也有解决就业问题的有利条件。首先是政府部门高度重视,政府的宏观调控是解决就业问题的最重要保障之一,随着各项促进就业政策的深入落实和完善,使得就业环境进一步改善;另外,经过多年的探索,以市场为导向的就业机制初步形成,这是解决就业问题的又一重要保障;同时,我国经济的持续、快速、协调和健康发展,也对就业形成了强有力的拉动。

压力产生动力

建国以来,我国用人制度一直靠指令性计划实现,尤其是大、中专毕业生,毕业后一律由国家通过指令性计划分配到用人单位,至于毕业生质量的优劣,个人有什么兴趣、特长,是否胜任本单位工作,则很少考虑。用人单位没有选择毕业生的权利,毕业生也没有选择自己职业的自由。这种计划分配制度,直接影响到毕业生积极性的发挥,大大淡化了毕业生的择业意识。很多毕业生被计划分配到某个单位,因为专业不对口,加上没有进行必要的就业准备,毕业生往往抱着"做一天和尚撞一天钟"的心态在单位"混日子"。

随着我国政治、经济体制改革的深化,在人事制度上用人单位被赋予更多自主权,竞争机制被引入就业领域,这种转变带来的结果是,国家不再按统一制定的计

划分配毕业生，而是按照国家规定的方针、政策，经过学校推荐，由学生自己选择职业，用人单位择优录用。学生有自己选择职业的自由，用人单位有根据自己的实际需要选择、聘用人员的权利，双方中的任何一方既是选择者，同时也是被选择者，这种就业办法以合同的形式把求职者和用人单位有机地结合起来，通过学生和用人单位的相互选择来达到自主就业的目的。

自主就业办法的实施，把就业者和用人单位摆到了同等的位置上，双方都有选择权与被选择权，对双方都将产生积极的影响。

21世纪是知识经济时代。一方面，三大产业由劳动密集型、资源密集型向知识密集型、技术密集型转变的步伐日益加快，这必将导致大量低效率工作岗位的淡化直至消失，从而使得大批缺乏专业技能的劳动者失去就业机会。另一方面，高新技术的发展，使高新技术职业成为21世纪社会的职业主体，那些既拥有高新技术又具有高素质的人才拥有了很多新的就业机会。

随州职业技术学院从2002年创办至今，始终坚持以培养人才、服务社会为目标，以造就高素质技能型人才为突破口，突出职业技能学习和训练，增强学生就业竞争能力和岗位适应能力，逐步形成了以汽车、电子、建筑、旅游、护理、服装六大专业为主的30多个应用型专业，人才培养质量不断提高，毕业生就业质量和就业率大幅提升，毕业生就业率连续三年达到93％以上，高于全省同类学校的平均水平。在服务地方经济的就业方针指导下，学院积极探索"订单式"人才培养模式，相继开办了"大力定向培养班"、"波导定向培养班"，同时，积极面向国际就业市场，相继开办了中澳合作旅游与酒店管理班、会计和涉外护理班，使得毕业生的就业渠道进一步扩大。

"天生我材必有用"，初出大学校门的毕业生们，都将面临就业、择业和创业的选择，可以说，它是大学毕业生人生道路上的一个极其重要的转折点。随着我国就业政策的不断完善，随州职业技术学院也在不断调整和完善就业政策，努力营造良好的就业环境，形成良性的就业链，使毕业生的就业形势不断改善。

面对新的就业形势，大学毕业生产生就业压力是肯定的，但我们应时常保持积极、乐观、豁达的心态，正确对待择业、就业和创业过程中遇到的各种问题，这样才能将压力转化为动力，成功选择自己理想的职业，开创美好的人生！

机会只青睐有准备的人

21世纪的中国，经济持续、稳定、快速增长，给就业者提供了很好的就业机会，但随着我国高校招生规模的不断扩大，毕业生数量迅速增长，对于大学毕业生而

职业篇

言,他们要面对严峻的就业形势、众多的竞争对手,就业显得比高考更加复杂,更加困难,对毕业生的心理考验更大。在这种情况下,面对整个社会的变革,积极做好各项准备工作,树立崭新的就业、择业、创业意识是非常必要的,一方面有利于以主动者的角色去选择适合自己兴趣特长的职业,另一方面,也有利于以积极、平和的心态接受用人单位的选择。

面对日益激烈的竞争压力,大学毕业生在就业、择业、创业前应主要做好哪几个方面的准备工作呢?

第一,知识储备。

知识储备是一切行动的基础,其重要性不言而喻,古今中外在事业上有作为者,都是在知识储备上占得先机的。匡衡少年家贫,可后来官至丞相,与他"凿壁借光"、发愤苦读进行知识储备是分不开的;苏秦早年倾家荡产,各国游说,却未求得一官半职,连父母妻嫂都对他白眼相加,后来他闭门苦读,发愤钻研兵法,"读书欲睡,引锥自刺其股,血流至足"(西汉·刘向《战国策·秦策一》),终于游说六国成功,组成"合纵"联盟,并挂了六国的相印,成了显赫一时的人物,当他认识到知识储备的重要性并采取行动的时候,成功就已经掌握在他自己的手里了;徐霞客经过三十多年的游历、考察,足迹遍及现在的华东、华北、东南沿海,西边一直到云贵,对各地的山形地貌、川河源流及地质、气候、物产、民俗等进行深入探索,详尽记述,特别是详细考察了我国西南地区溶岩的分布、类型、成因和农业利用,是世界上研究溶岩地貌的第一人,他在旅途中坚持把每天的经历与观察所得随手记载下来,这种每天坚持完成的知识积累,最终形成 60 余万字《徐霞客游记》,传颂后世。

当今时代是知识经济时代,它是以人的知识和能力为本的。在知识经济时代的社会发展中,真正的动力是具有知识与创新能力的人,是以知识和创新能力取胜的人,是具有生产、分配和使用知识能力的人。考上了大学,很多新生不想重复高考时的紧张时光,自我放松了,到了大二,对未来也不做设想,临近毕业时仓促面对就业,才开始火急火燎地"临时抱佛脚",指望用最后时间的"精心包装"来赢得就业竞争力,这种结果是可想而知的。王××是随州职业技术学院机电工程系 2008 届的毕业生,目前在家乡宁波一家著名的汽车公司供职,月薪在同期毕业的同学中属于佼佼者,现在是部门销售经理的有力竞争者。他说,进大学以后,没有认为一切就万事大吉了,而是把它当成一个新的挑战。大一、大二他狠抓学习,无论是专业还是英语都打下了良好的功底,到了大三,他根据自己的家庭情况和自身情况,决定先工作以后再考研,于是积极地联系单位实习,先后在多家公司实习,积累了一些实践经验,还通过了英语六级考试和计算机二级考试,因此,在当年找工作的过程中,优势比较明显,既有良好的文化课成绩,又有工作经验,顺利找到了自己满意的工作岗位。从王××的经历可以看出:知识的储备是找到好工作的基础,而知识的储备,是一个慢慢积累的过程,功夫主要下在平时。

第二,技能储备。

知识和技能是密不可分的,但有了知识并不等于同时就拥有了技能。比尔·盖茨成为世界首富,与他坚实的知识储备是分不开的,但同时,比尔·盖茨少年时代就富有想象力,热衷于电脑,19岁时就与同伴创办电脑公司,到后来创办微软公司,他的成功与他在电脑方面拥有独特的技能是分不开的;匡衡九次参加科举考试,才中了丙科,但他通晓《诗经》并能灵活运用,当时传有"匡说《诗》,解人颐"之语,因此得到元帝的赏识,后来官至丞相,对《诗经》的透彻理解就是匡衡掌握的独特的技能;林世荣的"金厕所"给他带来了滚滚财源,因为他自小就认定黄金是不会贬值的,所以他选择了当一名金匠,并刻苦钻研业务,很好地掌握了黄金制造业的运作规律,经过几年的精心准备,成功打造了"金厕所",带来了轰动效益,在给自己带来不菲收入的同时,也为香港旅游业的发展作出了重要贡献。

21世纪,随着经济的快速发展,职业对人才所具备的技能的需求不断更新,同时,随着人才技能的提高,其对职业的选择也在不断改变,这表明人们必须有多次的知识和技能的补充和更新,才能胜任新的社会角色的需要。百度公司创始人、董事长兼首席执行官李彦宏考上北大之后,却发现他所学的情报学专业出国并不容易,于是他通过不断参与各种活动来丰富自己的视野。他去学了不少计算机系的课,翻阅了美国很多有关情报学的论文,希望能够在国际学术期刊上找到自己的机会,他作为那时唯一的理科生参加了学校的五四辩论赛,还听了各种各样的讲座:气功、哲学、电影等,他参加合唱团,还在国庆的时候到天安门广场去跳集体舞,这些活动使他有机会接触到各种各样的人,从他们身上学到了不同的知识和技能,也许这些在当时并不能给他带来什么,但很多的知识和技能汇合在一起,就为他日后的成功打下了良好的基础。

面对挑战,你必须储备多项技能,也就是说在本职、本岗位之外你还必须再掌握第二种、第三种甚至第四种职业技能,以备不时之需。一个人若接受过技术培训并掌握较多先进技能,就会比较容易适应工作的挑战,这种"复合型"、"综合型"人才在未来社会里肯定是会占优势的。因此,职业技术训练将伴随着工作过程的始终,伴随着人生旅程的始终,学会怎样不断地掌握新技术将成为我们未来生活中的一个重要课题。

第三,心理准备。

充分的心理准备是求职者走向成功的基石。良好的心理准备可以使你坦然地面对各种复杂的局势,充分发挥自己的智慧和能力。李嘉诚也曾遇到过困难时期,但他善于在一次次成功渡过困难之后适时调整心态，使自己今后在遇到困难时处变不惊，最终取得今天的成功。

面对日益严峻的就业、择业形势，大学毕业生必须要有健康的心理准备，增强自信心，提高竞争力，加强意志磨炼，因为一个求职者，只有坚信自己有实力能胜任某项工作，才能表现出坚定的态度和从容不迫的风度，才能赢得用人单位的赏识和信任。缺乏自信或自信心不足的人会表现为过分自责，常常因为一点小的挫折而过分自卑；或盲目羡慕别人，不能很好地发现自己的长处，总拿自己的短处比别人的长处，从而自暴自弃；或自尊心太强，置身陌生人之中不知所措等，这些都不利于自我推荐。强烈的信念催生盛大的行动，只有具有强烈的自信心，才能将信心转化为前进的动力。在求职过程中，心理上的自信是重要的致胜因素，充满自信，才会临事不乱，泰然处之。信心是一种精神优势，是一种不惧怕困难、相信自己能够战胜困难的精神优势。

第四，经验储备。

"增加实践经验，积累工作经历"在必要的时候，可以成为你择业的杀手锏。很多同学去招聘会找工作，都是铩羽而归，原因很简单，用人单位喜欢用有工作经验的人。工作经历对即将就业的大学生的重要程度可见一斑。比尔·盖茨说："如果你陷入困境，那不是你父母的过错，不要将你理应承担的责任转嫁给他人，而要学着从中吸取教训"（比尔·盖茨给青年的11条准则）。人们往往只看到比尔·盖茨的成功，却看不到他的失败，原因就在于比尔·盖茨不是没有失败，而是他善于从失败中总结经验教训，这样，成功的机率就会大大多于失败；苏秦刚开始博取功名的失败，为他后来游说六国组成"合纵"联盟成功，并挂了六国的相印打下了良好的基础，原因就在于他认识到：以他现有的才学是无法成功的，这才有"引锥刺股"的发愤苦读，也才有后来的显赫一时。大凡成功者，其实就是善于利用各种机会，及时总结经验教训，所以他的成功就来得比别人要容易得多。

经验储备的方法很多，比如参加生产实习，利用寒暑假及黄金周的时间做兼职工作，在专业课程的学习中完成老师布置的一些需要实践环节的作业、练习，还可以在毕业论文撰写阶段，参与指导老师承接的课题等，这些都可以帮助我们积累非常实用、与未来工作密切相关的实践经验。

第五，自身素养的提高。

高素质的人才，除了要有渊博的知识、卓越的技能、良好的心理素质、丰富的实践经验外，较高的自身修养也是必须的，或者说，一个人的自身素养，在很大程度上能够影响用人单位对人才的认识和录用与否。因此，自身素养的锻炼和提高能有效影响用人单位对人才的直接评判，其重要性不言而喻。

锻炼和提高自身素养,包括很多方面,比如有较高的政治觉悟和社会责任感,顽强的进取心,对于社会生活方面的实际知识比较熟悉,具备一定的组织指挥才能和灵活应变能力等,而能写一手漂亮的字,谈吐口齿清楚、言简意赅,举止大方得体,衣着整洁等方面素质的提高,更能在第一时间给应聘单位留下好的印象,为顺利就业打下基础。

很多在事业上有成就的人,其实在自身修养上也是我们学习的楷模。

建筑大家梁思成早在美国留学时,就对建筑历史产生了浓厚的兴趣,他系统地学习了西方古代建筑史,仔细参观了美国博物馆中自己祖国的珍贵文物,在哈佛念博士时又查阅了有关中国建筑方面的书刊,他发现这些资料竟多为外国学者所撰写,自己国家的学者反而对自己民族的珍贵建筑文化没有研究。1928年,梁思成、林徽因在回国的路程中特别游览了英国、意大利、法国、瑞士等国家,在游历过程中,他见到西方的古代建筑很久以来就受到妥善的保护,有众多的学者对他们进行过系统的研究。而对比自己的国家,几千年的文明历史,祖宗给我们留下的珍贵遗产,长城、故宫、寺庙、园林是那么辉煌,但如今却是满目苍凉;龙门石窟、敦煌壁画被任意盗卖、抢劫,千年文物,流落异邦;中国人了解自己的文化遗产都要依靠外国的学者……种种现象深深刺痛了梁思成的爱国之心,他感到这是一种民族的耻辱,他暗下决心,中国人一定要研究自己的建筑,中国人一定要写出自己的建筑史。深深的爱国之情是梁思成进行中国古建筑研究、保护工作的动力。

坚持做"一辈子的值班医生"的"卓越的人民医学家"林巧稚医生,始终坚守临床第一线,解决了许多疑难病症,救治了无数的母亲和婴儿。她临床经验丰富,对妇产科疾病的诊断和处理有高超的医术和独特的见解,培养指导了大批妇产科医生和研究人员,为我国妇产科医学作出了杰出的贡献。对待工作,"她是一团火焰,一块磁石。她的'为人民服务'的一生,是极其丰满充实地度过的。她从来不想到自己,她把自己所有的技术和感情,都贡献倾注给了她周围一切的人"(冰心《悼念林巧稚大夫》)。对待工作近乎"疯狂"的挚爱和全身心的投入,使得林巧稚在医疗技术不断提高的同时,对社会的回报值也在不断增加。

创业成就美好未来

"今天很残酷,明天更残酷,后天很美好,但是绝大多数人都死在明天晚上,看不到后天的太阳。"这是阿里巴巴集团主席和首席执行官马云对青年创业者提出的忠告。

每一个大学毕业生在刚毕业时都有着自己的创业梦想,可是,不是所有的人都

职业篇

能实现自己的梦想,或者说,真正能够通过自己创业而打下自己的一片天下的人,可谓凤毛麟角,原因很简单,因为创业是一场关于人的胆识、智慧、情商加上执行力的综合考验,对创业者的要求不只是简单地做好一份工作。一个优秀的创业者心里要装着整个项目,熟悉里面每一个构成元素,并且能够自由驾驭,科学规划,统筹调配,均衡各种内部关系使之达到一个最佳状态,这样才能形成有效的创业元素。总而言之,创业是一门技巧性很强的艺术,现实生活中很多人只是看到了创业成功者头顶上巨大的光环,而没有看到隐藏在他们成功背后的巨大艰辛。很多人甚至不从自己的实际情况出发,哪怕是自己根本没有准备好创业者所必须具备的基本素质就仓促上阵,其结果就可想而知了。

在我国,大学毕业生创业成功率是很低的,全国的平均水平在 2% 左右,这与欧、美国家的 20% 相差甚远。原因在于:其一,与具有社会工作经验的创业者相比,大学生创业者不仅缺乏社会经验和职业经历,尤其缺乏人际关系和商业网络,创业的艰难程度可想而知;其二,由于对市场情况的不了解,缺乏真正有商业前景的创业项目,许多创业点子经不起市场的考验,这种创业项目拿到市场上一验证,自然会碰得头破血流;其三,很多大学生创业者缺乏社会实践经验,对创业市场的预测不准确;其他的,比如创业者的价值取向可能产生偏差,独立人格没有完全形成,缺乏对社会和个人的责任感,甚至有毕业后继续依赖父母过日子的想法,如此种种因素,决定了大学生创业成功率普遍偏低。

大学生创业者如何才能培养良好的创业能力呢?

第一,提高自身的基本素养。

创业者素质的高低,在创业活动中直接影响到创业效果,关系到创业的成败。大学生创业者自身能力和社会能力的欠缺,决定了他们的初始创业具有更大的难度,提高自身的素质是必须的。自身素养的提高,涵盖很多方面,主要有政治素养的提高,要有较高的政治觉悟和社会责任感,要有强烈的创业意识和顽强的进取精神,还要有实事求是的科学态度;要有必须的知识素养,不仅要懂得理论知识,更要懂实际操作,并努力达到一专多能,对经营管理方面的知识也要比较精通,同时,对于社会生活方面的实际知识也要比较熟悉,具备一定的生活和工作经验;注重自身能力的培养也非常关键,一个优秀的创业者,必须具备优秀的指挥管理能力,同时,表达、决策能力和灵活应变能力也是必备的。

李彦宏创立百度,与他时刻注意提高自身的基本素养是分不开的。"进北大前我就非常喜欢计算机,我相信未来的计算机肯定会被广泛应用,而单纯的学计算机恐怕不如把计算机和某项应用结合起来有前途,于是我选择了北大的信息管理系,而不是计算机系……上了北大之后,我却发现我的情报学专业出国并不容易,而最先进的计算机技术那时候在美国。我被迫开始思考自己的下一步,并通过不断参与各种活动来丰富自己的视野。我去学了不少计算机系的课,我翻阅了美国很多有关情报学的论文,希望能够在国际学术期刊上找到自己的机会,我作为那时唯一的理科生参加了学校的五四辩论赛,我听了各种各样的讲座:气功、哲学、电影,我参加了合唱团,还在国庆的时候到天安门广场去跳集体舞。我尽情地享受着北大带给我的各种机会,我接触到了各种各样的人,每个人都有他们自己的思路,每个人都不一样,每个人都很精彩。这让我逐渐形成了不轻信、不跟风的思维方式。对于我未来人生道路的选择,北大四年让我具备了独立思考的能力"(李彦宏《在北大本科生毕业典礼上的讲话》)。可以说,李彦宏的成功,很多是得益于他大学时期的博学多才。它在提高李彦宏自身素养的同时,也带给李彦宏一种很好的"兼收并蓄"、"博采众长"的行为习惯。

第二,努力增强创业意识。

增强创业意识,有利于激发创业者学习的积极性,有针对性地培养能力,通过有意识的锻炼,提高创业的能力和自身素质,有效积累创业必备的知识,同时经常思考创业的方向,使创业者思路开阔,在众多的创业途径中找到适合自身条件的创业之路。林世荣在打造"金厕所"以前,只是香港一名普通的金铺老板,全香港有很多像他这样的金铺老板,但只有林世荣打造了"金厕所",并由此轰动了整个香港,为什么?原因就在于林世荣有惊世骇俗的创业意识,而且这种创业意识在给香港人带来了惊诧莫名的感觉的同时,也给林世荣带来了滚滚财源,而当澳大利亚、美国、加拿大等国要求林世荣在他们国家建造同样的"金厕所"时,林世荣拒绝了,他敏锐地意识到:只有保持香港"金厕所"的独有性,才能保证其财源的长久不衰。

随着我国社会主义市场经济的建立和发展,我国的第三产业已进入蓬勃发展的新阶段。许多以前未经开发或无人注意的职业,已开始有人从事。比如搬家公司、家政服务公司等如雨后春笋般出现。这些现象表明:创业无处不在,无时不有。在我国,经济的发展和社会的进步,为现代化社会带来了新的增长点和新的就业机会,也为创业者提供了新的契机。这是一次新挑战,也是一个新机遇,很多大学生在校时已尝试创业,这是对时代发展的积极呼应。当代大学生,要转变就业观念,树立正确的创业意识,改变"求稳"的偏见,敢于竞争,打破就业区域限制和专业对口限制,主动出击,不能被动地"等、靠、要"和消极就业,要充分利用各种有利条件,进行自主创业,才能更好地体现自我价值。

新的就业形势对人才培养单位也提出了更高的要求。面对现实情况,随州职业技术学院在人才培养上,注重突出学生的职业技能学习和训练,以造就高素质技能型人才为突破口,以汽车、电子、建筑、旅游、护理、服装六大专业为龙头,大大提高了人才培养的质量,也为大学生自主创业创造了一定的便利条件。电子技术专业课程设置,以培养与提高学生的科学实验素质和创新能力为目标,将创新人才的培养贯穿于实验教学的全过程,体现在实验教学的各个环节上,按照多层次、模块化、开放性的实验教学体系组织实验教学,教学过程以学生为主体,以实验课程知识结构的优化带动学生实践能力和创新意识的强化;护理专业坚持"以工作过程为导向"的教育思想,建立基于工作过程的课程体系,注重学生社会能力与方法能力的培养以及职业技术应用能力与技能的训练,突出职业技术课程的针对性、实用性,培养具有创新和实践能力、良好的职业道德和健全体魄的高素质技能型护理专门人才;旅游管理专业面向旅游企业服务第一线,培养具有扎实的旅游专业知识,熟悉和掌握现代旅游管理理论、组织方式和技术手段,牢固掌握旅游管理专业职业岗位(群)所需的基础知识和专业技能,能从事旅游资源开发、旅游客源开发、组团、旅游接待策划、带团旅游新产品营销等工作的高层次技术型、应用型人才;服装设计专业培养具有服装设计基础理论、艺术审美能力,具备服装结构设计、造型与工艺基础理论和专门知识,适应服装企业生产、建设、服务、管理第一线,具备从事服装产品艺术设计、服装陈列设计、服装营销等岗位(群)实际工作的基本能力与技能,具有一定的人文素养、职业道德、创新精神、实践精神和可持续发展能力的高素质技能型专门人才。学院"教、学、做一体化"教学模式的实施,加强了学生的职业技能学习和训练,从根本上改变了老套的教学格局,为造就高素质技能型人才打下了良好的基础,同时也为学生的自主创业创造了机会。学生在校期间就应该主动调整学习规划,努力增强创业意识,"提前预定"自己美好的明天。

第三,培养积极向上的创业精神。

创业精神包括创业意识、人生道路的选择及创业必备的心理品质与职业道德等,它是创业意识的主体,可以激发创业者去追求,去学习,去掌握创业本领,引导创业行为,产生创业成果,是树立创业意识、实现创业目标的根本。

古今中外有作为者,在逆境中奋起的有很多,卧薪尝胆的越王勾践,引锥刺股的苏秦,忍辱负重的司马迁等,他们靠的就是顽强的拼搏、矢志不渝的追求、坚韧不拔的创业精神。大学生创业者应培养"艰苦奋斗、知难而进"、"积极开拓、自强不息"和"谦虚谨慎、不骄不躁"的意志与品格,培养"勤俭节约、清正廉洁"、"遵纪守法、讲求信誉"的道德情操,这样就可以在思想上保持旺盛的斗志,为实现创业理想不断奋斗。

参考文献

1. 武汉毕业生总量居全国第一　大学生就业形势严峻.中国教育信息网,2009年3月

25 日

2. 杨金娥等.大学生就业指导.北京:科学出版社,2009
3. 姜猛.创业:20 岁做百万富翁.北京:金城出版社,2008
4. 李开复给中国学生的七封信.李开复的新浪博客 http://blog.sina.com.cn/kaifulee

凿壁借光

葛 洪

匡衡[1]字稚圭,勤学而无烛。邻舍有烛而不逮[2],衡乃穿壁引其光,以书映光而读之。邑人大姓[3]文不识[4]家富多书,衡乃与其佣作而不求偿。主人怪问衡,衡曰:"愿得主人书遍读之。"主人感叹,资给以书,遂成大学[5]。衡能说《诗》,时人为之语曰:"无说《诗》,匡鼎来;匡说《诗》,解人颐[6]。"鼎,衡小名也。时人畏服之如是,闻者皆解颐欢笑。衡邑人有言《诗》者,衡从之与语质疑。邑人挫服倒屣而去[7]。衡追之曰:"先生留听,更理前论[8]。"邑人曰:"穷矣[9]。"遂去不返。

【注释】

[1] 匡衡:汉朝著名经学家。本文节选自晋·葛洪《西京杂记》。
[2] 不逮:逮,到,及;不逮,本文中指烛光透不过来。
[3] 邑人大姓:邑人,同乡之人;大姓,大户。
[4] 文不识:姓文,名不识。
[5] 大学:很有学问的人。
[6] 解人颐:让人欢笑。颐,音 yí,欢乐、快乐。
[7] 倒屣而去:倒穿着鞋子慌忙离去。屣,音 xǐ,鞋子;去,离开。
[8] 更理前论:再把前面辩论的梳理一番。更,再。
[9] 穷矣:已经没有了,无话可说了。

【导读】

匡衡(生卒年不详),字稚圭,东海承(今山东枣庄市峄城区)人,西汉经学家,以说《诗》著称。

匡衡年幼即十分好学,由于家境贫寒,他不得不靠替人帮工以获取读书资用,用"凿壁借光"的办法来刻苦学习的故事在中国可谓家喻户晓。他曾拜当时的经学博士刻苦学习《诗经》,对《诗经》的理解十分透彻,当时传有"匡说《诗》,解人颐"之语,足见匡衡对《诗经》理解之深。

匡衡的仕途一开始并不平坦,他九次考试,才中了丙科,被补为太原郡的文学卒吏。但匡衡对《诗经》理解之深,已为当时经学家们所推重,汉元帝时,任用匡衡为郎中,迁为博士,给事中,匡衡适时引用《诗经》上的道理,劝元帝"减宫室之度,省靡丽之饰,考制度,修内外,近忠正,远巧佞",在百姓中推广道德教化,弘扬礼让仁和之风,以取得上行而下效的效果,得到元帝的赞赏,匡衡因此迁为光禄大夫、太子少傅,直至后来任御史大夫和代理丞相之职,封乐安侯。元帝后期,宦官石显为中书令,他结党营私,把持朝政,怂恿元帝加重赋役,剥削人民,人们怨声载道,却又敢怒而不敢言。到成帝即位后,匡衡上疏弹劾石显,并将石显及其党羽一举铲除掉。不久,匡衡因事免官,卒于家中。

匡衡"凿壁借光"的故事告诉我们:知识的积累是一个漫长而艰辛的过程,只要你刻苦努力,勤奋学习,并能持之以恒,锲而不舍,就一定能取得成功!匡衡从一个贫寒少年到位及丞相,事业上取得了极大的成功,而且,他的这种成功,是通过他对《诗经》的通透掌握并灵活应用而取得的,这与古代一般的通过科举考试而取得仕途的方法又有所区别,因此,只要是"术有专攻",掌握特有的技能,就肯定会有成功的机会。

【类文链接】

[1] "头悬梁,锥刺股"

(1) "孙敬字文宝,好学,晨夕不休。及至眠睡疲寝,以绳系头,悬屋梁。后为当世大儒。"[节选自《汉书》,作者:班固(东汉)]

(2)(苏秦)"读书欲睡,引锥自刺其股,血流至足。"[节选自《战国策·秦策一》,作者:刘向(西汉)]

[2] 卧薪尝胆

吴既赦越,越王勾践反国,乃苦身焦思,置胆于坐,坐卧即仰胆,饮食亦尝胆也……身自耕作,夫人自织;食不加肉,衣不重采;折节下贤人,厚遇宾客;振贫吊死,与百姓同其劳。[节选自《史记·越王勾践世家》,作者:司马迁(西汉),有删节。]

游龙洞[1](节选)

徐霞客

八月初四日冒雨为龙洞游。同导僧砍木通道,攀乱碛而上。雾泠棘锯,苇石笼崖[2],狞恶如奇鬼。穿簇透峡,窈窕者,益之诡而藏其险;虮燥[3]者,益之险而敛其高。如是二里,树底睨峭鸣。攀踞其内,右有夹壁,离立仅尺,上下如一,似所谓"一线天"者,不知其即通顶所由也。乃燕火篝灯,匍匐入一罅。罅夹立而高,亦如外之一线天,第外则顶开而明,此则上合而暗。初入,其合处犹通窍一二,深入则全黑矣。其下水流沙底,濡足而平。中道有片石,如舌上吐,直竖夹中,高仅三尺,两旁贴于洞壁。洞既束[4]肩,石复当胸,无可攀践,逾之甚艰。再入,两壁愈夹[5],肩不能容。侧身而进,又有石片如前阻其隘口,高更倍之。余不能登,导僧援之。既登,僧复不能下,脱衣宛转久之,乃下。余犹侧伫石上,亦脱衣奋力,僧从石下掖之,遂得入。其内壁少舒可平肩,水较泓深,所称龙池也。仰睇其上,高不见顶,而石龙从夹壁尽处悬崖直下。洞中石色皆赭黄,而此石独白,石理粗砺成鳞甲,遂以"龙"神[6]之。挑灯遍瞩而出。

石隘处上逼下碍,入时自上悬身而坠,其势犹顺,出则自下侧身以透,胸与背既贴切于两壁,而膝复不能屈伸,石质刺肤,前后莫可悬接,每度一人,急之愈固,凡恐其与石为一也。既出,欢若更生,而岚气忽澄,登霄在望。由明峡前行,芟莽开荆[7],不半里,又得一洞。洞皆大石层叠,如重楼复阁,其中燥爽明透。

……

【注释】

[1] 选自《徐霞客游记·闽游日记后》,有删节。

[2] 苔石笼崖:小石块遍布山崖。苔,音 fèi。

[3] 虮燥:指形态陡峭。虮,音 jǐ。

[4] 束:使……紧缩。

[5] 愈夹:挨得更近。夹,紧挨。

[6] 神:形容。

[7] 芟莽开荆:割去荒草,拨开荆棘。芟,音 shān,割;莽,野草。

【导读】

徐霞客(1586—1641),名宏祖,号霞客,江苏江阴人,明末伟大的地理学家。

徐霞客自小聪明过人,最喜欢涉猎历史、地理和探险游记一类书籍,并且很早就有遍游五岳的志愿,对于科举应试的事,则不感兴趣。其早年的出游,因为心中挂系母亲,所以期限都比较短,每次出游的时间也都有些间隔。天启五年,母亲与世长辞,徐霞客心中少了牵挂,几乎年年出游,向北到过北京附近的盘山、山西北部的五台山和恒山,向南到过福建,更远至广东的罗浮山,特别是他晚年的西南之行,不但路途最长,观察记述也最详尽。除去特殊情况外,他在旅途中都坚持把每天的经历与观察所得随手记载下来。他的出游,主要是依靠自己徒步跋涉,而他所到之处又多是人迹罕至的地方。登危崖,历绝壁,涉洪流,探洞穴,冒狂风暴雨,行丛林绝径,有时真正是出生入死,更常常要忍饥耐寒。但是无论在何种情况下,徐霞客在一日行程的终了,总要把当日经历与观察所得记录下来。徐霞客在旅途中以日记体裁所写的这些记录,在他去世的时候还只是一些初稿,没有编订成册。他死后三年,清兵入关南下,当地人民遭到了残酷的杀戮,徐霞客长子死难,徐霞客的日记原稿也散佚,最后幸亏徐霞客幼子徐寄苦心收集,才辗转求得已被妄加涂抹的缺本,借着日光的影子照出原文,大体上恢复了原来的面貌,然后刊刻成书,这就是现行的《徐霞客游记》。

《徐霞客游记》不仅具有很高的文学价值,更值得注意的是它的科学价值,徐霞客以实地考察所得,纠正了古代地理书籍的一些谬误,也有许多新的发现。

龙洞位于浙江、福建交界处的浮盖山上,在徐霞客游历考察过的洞穴当中,龙洞本身也许不算太奇特,但进出龙洞的艰难却颇具代表性。进出的时候,洞壁夹肩,石片挡胸,脱掉衣服,宛转盘旋,方得进入;出来的时候,胸背紧贴两壁,膝盖不能活动,石骨直刺皮肤,越是着急,就越是动弹不得……此等情形之下,出来之后"欢若更生"的心情可想而知,由此可见徐霞客探险精神之一斑。

【类文链接】

［1］栗达《寄情山水 探求奥秘——写在徐霞客逝世三百六十周年之际》
［2］侯仁之《徐霞客和〈徐霞客游记〉》
［3］沈括《梦溪笔谈·雁荡山》

世界首富比尔·盖茨[1]

威廉·亨利·盖茨(William Henry Gates),昵称比尔·盖茨(Bill Gates),1955年10月28日出生,少年时代就富有想象力,热衷于电脑游戏,14岁时就已很好地掌握了数学知识。1973年进入哈佛大学法律系学习,19岁时退学,与同伴保罗·艾伦(Paul Allen)创办电脑公司,到后来创办微软公司,他自任董事长、总裁兼首席执行官,直到2000年辞去微软公司首席执行官一职,他充分展示着无与伦比的商业天赋。股神沃伦·巴菲特曾评价比尔·盖茨说:"如果他卖的不是软件而是汉堡,他也会成为世界汉堡大王。"言下之意,并不是微软成就了盖茨,而是其商业天赋成就了这个世上最富有的人。

盖茨的物质财富是首屈一指的。在1991年他36岁时就已经成为世界上最年轻的亿万富翁,而到1994年他的资产已达83亿美元,并由此蝉联1994年和1995年世界首富,1995年他的资产为129亿美元,在1996年《福布斯》杂志公布的在全世界亿万富翁排名榜中,他的财产已达180亿美元,排名仍居首位。到1997年《福布斯》杂志排行榜中,他的资产翻了一番,为364亿美元,仍是世界首富。1999年的《福布斯》杂志排出的全世界亿万富翁排名中,他的纯资产为850亿美元,超过上一年的590亿美元,仍居首位。其后,在2000年、2001年和2002年三年的《福布斯》杂志全球亿万富翁排名中,他的个人资产分别为600亿美元、587亿美元和528亿美元。

盖茨的精神财富是无与伦比的。他对社会慈善事业的热心和巨额投入给他带来了"庞大"的精神财富。在过去几年里,盖茨把他的大量个人财富捐献给了慈善事业。据统计,盖茨至今已为世界各地的慈善事业捐出近290亿美元的财富,成为世界上最慷慨的富人。目前,以盖茨夫妇两人名字命名的比尔和梅琳达·盖茨基金会是全球规模最大的私人慈善组织,其基金规模是老牌的福特基金会的3倍、洛克菲勒基金会的10倍。在他50岁生日的时候,他对在场的记者表示,名下的巨额财富对他个人而言,不仅是巨大的权利,也是巨大的义务,他将不留一分钱给他的后代,准备把自己的财富捐赠给慈善机构。1998年4月,盖茨向联合国人口基金会捐款170万美元,用于发展中国家人口项目的技术和经验交流;同年12月,他和他的夫人宣布,将为发展中国家的儿童免疫项目捐款1亿美元;1999年5月,盖茨向一家设在纽约的非盈利性民间组织"国际艾滋病疫苗倡议研究组织"捐资2 500万美元用于艾滋病疫苗研究;2000年1月,他的基金会宣布将在五年里向国际疫苗研究所捐赠4 000万美元,用于贫穷国家防治霍乱、痢疾和伤寒。

【注释】

[1] 本文摘自百度百科,有删节。

【导读】

学习比尔·盖茨,要学习他正确的创业观和财富观。

比尔·盖茨1975年创办微软,不到20年即于1994年登上福布斯全球首富之位,过去的十几年里,比尔·盖茨一直雄踞此位,成为梦想的象征及全球追逐财富者的偶像。52岁时,他宣布退出微软日常管理事务,但在引退之前,他对他的巨额财富盖棺论定:"我们决定不会把财产分给我们的子女,我们希望以最能够产生正面影响的方法回馈社会。"如果盖茨说的是真的,那么其名下580亿美元(约合3 992亿元人民币)的财产将全数捐给比尔和梅琳达·盖茨基金会,该基金会一直致力于改善提高全球贫困国家的教育和医疗水平。比尔·盖茨希望自己对世界有"正面的贡献",使个人财富之一粟归于人类文明之沧海,舍天下之财,成天下之善。千金散去,财富归于社会,而又臻于文明,正是财富累积的正道。

【类文链接】

[1] 比尔·盖茨给青年的11条准则(首发于《时代》杂志)

(1) 生活是不公平的,你要去适应它。

(2) 这个世界并不会在意你的自尊,而是要求你在自我感觉良好之前先有所成就。

(3) 刚从学校走出来时你不可能一个月挣4万美元,更不会成为哪家公司的副总裁,还拥有一部汽车,直到你将这些都挣到手的那一天。

(4) 如果你认为学校里的老师过于严厉,那么等你有了老板再回头想一想。

(5) 卖汉堡包并不会有损于你的尊严。你的祖父母对卖汉堡包有着不同的理解,他们称之为"机遇"。

(6) 如果你陷入困境,那不是你父母的过错,不要将你理应承担的责任转嫁给他人,而要学着从中吸取教训。

(7) 在你出生之前,你的父母并不像现在这样乏味。他们变成今天这个样子是因为这些年来一直在为你付账单、给你洗衣服。所以,在对父母喋喋不休之前,还是先去打扫一下你自己的屋子吧。

(8) 你所在的学校也许已经不再分优等生和劣等生,但生活却并不如此。在某些学校已经没有了"不及格"的概念,学校会不断地给你机会让你进步,然而现实生活完全不是这样。

(9) 走出学校后的生活不像在学校一样有学期之分,也没有暑假之说。没有几位老板乐于帮你发现自我,你必须依靠自己去完成。

(10) 电视中的许多场景决不是真实的生活。在现实生活中,人们必须埋头做自己的工作,而非像电视里演的那样天天泡在咖啡馆里。

(11) 善待你所厌恶的人,因为说不定哪一天你就会为这样的一个人工作。

[2] 钱立伟《白手起家的世界首富:盖茨》(《现代交际》1998年03期)

[3] 马志彦《盖茨访谈录》(《互联网周刊》2000年37期)

[4] 金龙《世界首富盖茨的理财之道》(《内蒙古质量技术监督》2000年05期)

悼念林巧稚大夫[1]

冰 心

4月23日[2]早晨,我正用着早餐,突然从广播里听到了林巧稚大夫逝世的消息,我忍不住放下匕箸,迸出了悲痛的热泪!

我知道这时在国内在海外听到这惊人的消息,而叹息、而流泪、而呜咽的,不知有多少不同肤色、不同年纪、不同性别的人。敬爱她的病人、朋友、同事、学生实在是太多太多了。

她是一团火焰,一块磁石。她的"为人民服务"的一生,是极其丰满充实地度过的。她从来不想到自己,她把自己所有的技术和感情,都贡献倾注给了她周围一切的人。

关于她的医术、医德,她的嘉言懿行,受过她的医治、她的爱护、她的培养的人都会写出一篇很全面很动人的文章。我呢,只是她的一个"病人"、一个朋友,只能说出我和她的多年接触中的一些往事。就是这些往事,使得这个不平凡的形象永远在我的心中闪光!

我和林大夫认识得很早,在本世纪20年代,我在燕京大学肄业,那时协和医学院也刚刚成立。在协和医院里的医护人员和医院的社会服务部里都有我的同学。我到协和医院去看同学时常常会看见她。我更是不断地从我的同学口中听到这可敬可爱的名字。

我和她相熟,还是因为我的三个孩子都是她接生的(她常笑说"你的孩子都是我的孩子")。在产前的检查和产后的调理中,她给我的印象是敏捷、认真、细心而又果断。她对病人永远是那样亲人一般地热情体贴,虽然她常说,"产妇不是病人"。她对她的助手和学生的要求,也十分严格。我记得在1935年我生第二个孩子的时候,那时她已是主治大夫,她的助手实习医生是我的一个学生。在我阵痛难忍、低声求她多给我一点瓦斯的时候,林大夫听见了就立刻阻止她,还对我说,"你怎能这样地指使她! 她年轻,没有经验,瓦斯多用了是有危险的。"1937年11月,当我生第三个孩子的时候,她已是主任大夫了。那时北京已经沦陷,我们的心情都十分沉重抑郁,林大夫坐在产床边和我一直谈到深夜。第二年的夏末我就离开北京到后方去了。我常常惦念着留在故都的亲人和朋友,尤其是林巧稚大夫。1943年我用"男士"的笔名写的那本《关于女人》里面的《我的同班》,就是以林大夫为模特儿的,虽然我没有和她同过班,抗战时期她也没有到过后方。抗战胜利后,在我去日本之前,还到北京来看过她。我知道在沦陷的北京城里,那几年她仍在努力做她的医务工作。

她出身于基督教的家庭,一直奉着"爱人如己"的教义。对于劳动人民,她不但医治他们的疾苦,还周济他们的贫困。她埋头工作,对于政治一向是不大关心的。珍珠港事变以后,美国人办的协和医院也被日军侵占了,林大夫还是自开诊所,继续做她的治病救人的事业。我看她的时候,她已回到了胜利后的协和医院,但我觉得她心情不是太好,对时局也很悲观,我们只谈了不到半天的话,便匆匆分别了。

1951年我回到了解放后的祖国,再去看林大夫时,她仿佛年轻了许多,容光焕发,她举止更加活泼,谈话更加爽朗而充满了政治热情。作为一个科学家,一个医务工作者,她觉得在社会主义祖国里,如同在涸辙的枯鱼忽然被投进到阔大而自由的大海。她兴奋,她快乐,感激,她的"得心应手"的工作,得到了党和国家领导人,尤其是周总理的器重。

她的服务范围扩大了,她更常常下去调查研究。那几年我们都很忙,虽说是"隔行如隔山",但我们在外事活动或社会活动的种种场合,还是时时见面。此外,我还常常有事求她:如介绍病人或请她代我的朋友认领婴儿。对我的请求,她无不欣然应诺。我介绍去的病人和领到健美的婴儿的父母,还都为林大夫的热情负责而来感谢我!

十年动乱期间,我没有机会见到她,只听说因为她桌上摆着总理的照片,她的家也被抄过。70年代初期,我们又相见了,我们又都逐渐繁忙了起来。她常笑对我说:"你有空真应该到我们产科里来看看。我们这里有了五洲四海的婴儿。有白胖白胖的欧洲孩子,也有黑胖黑胖的非洲孩子,真是可爱极了!"这时我觉得她的尽心的工作已经给她以充分的快乐。

1978年她得了脑血栓病住院,我去看她时,她总是坐在椅子上,仍像一位值班的大夫那样,不等我说完问讯她的话,她就问起"我们的孩子",我的工作,我的健康。我看她精神很好,每次都很欣慰地回来。1979年全国人大开会期内,我们又常见面,她的步履仍是十分轻健,谈话仍是十分流利,除了常看见她用右手摩抚她弯曲的左手指之外,简直看不出她是得过脑血栓的人。1980年夏,我也得了脑血栓住进医院。我的医生、她的学生告诉我,林大夫的脑病重犯了,这次比较严重,卧床不起。1980年底她的朋友们替她过八十大寿的时候,她的脑力已经衰退,人们在她床头耳边向她祝寿,她已经不大认得人了。那时我也躺在病床上,我就常想:像她那么一个干脆利落,一辈子是眼到手到,做事又快又好的人,一旦瘫痪了不能动弹,她的喷涌的精力和洋溢的热情,都被拘困在委顿松软的躯体之中,这种"力不从心"的状态,日久天长,她受得了吗? 昏睡时还好,当她暂时清醒过来,举目四顾,也许看到窗帘拉得不够平整,瓶花插得不够妥帖。叫人吧,这些事太繁琐、太细小了,不值得也不应当麻烦人,自己能动一动多好!更不用说想到她一生做惯了的医疗和科研的大事了。如今她能从这种"力不从心"的永远矛盾之中解脱了出来,我似乎反为她感到释然……

林大夫比我小一岁,20世纪初,我们的祖国,正处在水深火热的内忧外患之中,我们都是"生于忧患"的人。现在呢,我们热爱的祖国,正在"振兴中华"的鼓角声中,朝气蓬勃地向着建设社会主义现代化的道途上迈进。我们这一代人在这个时期离开人世,可算是"死于安乐"了。我想林大夫是会同意我的话的。

1983 年 5 月 11 日

【注释】

[1] 本文最初发表于 1983 年 5 月 19 日《人民日报》。
[2] 指 1983 年 4 月 23 日。

【导读】

林巧稚(1901—1983),福建厦门人,现代妇产科专家。1913 年就读于厦门女子师范学校,1919 年毕业后留校任教。1921 年考入北京协和医学校,1929 年毕业,获博士学位,受聘于北京协和医院,任妇产科助理住院医师,1931 年任该院妇产科助教。1932 年赴英国曼彻斯特医学院和伦敦妇产科医院进修,1935 年在北京协和医院妇产科任讲师,一年后升任副教授。1939 年前往美国芝加哥大学医学院妇产科进修,翌年回国,任北京协和医院妇产科主任,成为该院第一位中国籍女主任,同年受聘为美国"自然科学荣誉委员会"会员。1942 年日军侵占协和医院,林巧稚遂离医院自行开业,同时兼任北京中和医院(现人民医院)妇产科主任,1946 年兼任北京大学医学院教授。1948 年协和医院复办,她又回到该院任妇产科主任,新中国成立后一直在该院任原职。1959 年兼任北京妇产医院院长和中国医学科学院副院长。

林巧稚早年对"胎儿宫内呼吸"、"女性生殖器官结核"等进行过研究。新中国成立初期,她积极推动计划生育工作的开展,提出并主持了大规模的子宫颈癌的普查普治,使我国患该病的死亡率迅速下降。她强调预防为主,曾对妊娠保健提出"妊娠不是病,妊娠要防病"的深刻见解。她十分重视卫生科学普及工作,曾主编《家庭卫生顾问》、《家庭育儿百科大全》、《农村妇幼卫生常识问答》等著作。她重视实际,强调实践,始终坚守临床第一线,解决了许多疑难病症,救治了无数的母亲和婴儿。她临床经验丰富,对妇产科疾病的诊断和处理有高超的医术和独特的见解。她十分注重人才的培养工作,培养指导了大批妇产科医生和研究人员,为我国妇产科医学作出了杰出的贡献,是我国妇产科学开拓者之一。同时,她还是一位积极的社会活动家和受尊敬的妇女儿童工作者。1951年她当选为中国人民保卫儿童委员会委员,1955年被选为中国科学院学部委员,兼任中华医学会副会长。自1954年以来,她历任第一、二、三、四、五届人大代表,全国政协常委、妇联副主席等职。新中国成立后,她曾到奥地利、前苏联、捷克、美国、加拿大、瑞士、法国、伊朗、英国等国考察或率领医学代表团出国访问。1973—1977年被聘为世界卫生组织医学研究顾问委员会(ACMR)顾问,为国际医学交流作出了贡献。

林巧稚医生一生奋发自强,追求真理,热爱祖国,热爱人民,医德高尚,被誉为"卓越的人民医学家"。

【类文链接】

[1] 马雨农、王武《林巧稚传》(《光明日报》出版社1985年6月出版)

[2] 田玉兰《一颗真正母爱的心——忆林巧稚大夫》(《天风》2000年07期)

[3] 郎景和《妇女的保护神——纪念林巧稚大夫》(《中国医院》2002年01期)

[4] 宗淑杰《在厦门市纪念人民医学家林巧稚大夫诞辰100周年大会上的讲话》(《中华医学信息导报》2002年01期)

[5] 周志清《"生命天使"林巧稚》(《文史月刊》2007年03期)

银 河 颂[1]

慈云桂

银河疑是九天来,妙算神机费剪裁。
跃马横刀多壮士,披星戴月育雄才。

【注释】

[1] 慈云桂(1917—1990),安徽桐城(今属枞阳县)人。计算机科学家、教育家、中科院院士,中国计算机科学与技术的开拓者之一,主持研制了我国第一台亿次级巨型计算机系统,在我国计算机从电子管、晶体管、集成电路到大规模集成电路的研制开发历程中,作出了重要贡献。

1983年12月22日,中国第一台亿次巨型计算机通过专家组鉴定,正式宣布研制成功,时任项目总指挥和总设计师的慈云桂教授,抑制不住幸福的泪水,挥笔写下了这首七绝。

银河:指"银河-Ⅰ"中国第一台亿次巨型计算机。

【导读】

"假如人生真能实现一个梦,那我们只有一个梦想,就是在世界计算机技术研

究的舞台上,有我们中国人的一席之地。"

这是已故著名计算机科学家、国防科大计算机系兼研究所前主任、所长慈云桂教授的一句名言,也是慈云桂教授一生的追求和理想!

20世纪中叶,是世界计算机出现并高速发展的时期,计算机更新换代速度非常快。慈云桂亲身经历了中国计算机发展的每一个阶段,在每一个阶段,他都能以他敏锐的洞察力,带领他的研究团队,紧紧跟上时代前进的步伐,也使得中国计算机的研究与发展能够与世界基本保持一致。

1958年9月,慈云桂带领下的研究小组研制成功我国第一台电子管专用数字计算机,周恩来总理曾给予了高度的评价。然而,正当慈云桂主持将电子管通用计算机产业化生产之时,一次出访英国的经历却让他敏感地预见到,国际上计算机发展的主流方向已经向全晶体管化方向发展。这一下就将慈云桂推向了两难的境地:停止电子管计算机的研制,这意味着大家以前的心血将付之东流;但如果继续进行电子管计算机的研制与生产的话,中国计算机研制与发展的水平就会迅速落后于世界先进水平,必将很快就被世界所淘汰!于是,慈云桂果断决定,停止电子管计算机的研制,进行全晶体管计算机研发。慈云桂带领他的研究小组从零开始,脚踏实地,步步突破,终于在1964年末,用国产半导体元器件研制成功我国第一台晶体管通用电子计算机!

慈云桂和他的团队并没有停止前进的步伐:当1964年4月世界上最早的集成电路通用计算机IBM 360问世,计算机开始进入第三代的时候,慈云桂随即提出了研制中国的集成电路计算机的体系结构,我们随后看到了我国的百万次级集成电路计算机和200万次集成电路大型通用计算机系统的诞生;而当20世纪70年代初,以"克雷1号"为代表的巨型计算机在国外崭露头角时,1978年3月,时年60岁的慈云桂接到党中央研制我国第一台亿次计算机的任务,花甲老人激动之余,更是立下了军令状:一亿次一次不少,六年时间一天不拖,预算经费一分不超!慈云桂带领他的研究团队,克服重重困难,奋战2 000多个日日夜夜,攻克了100多道技术难关,终于在1983年12月22日,"银河-Ⅰ"中国第一台亿次巨型计算机通过专家组鉴定,正式宣布研制成功,主机在国家级技术鉴定中正常运转了441小时,达到了国际先进水平。"银河-Ⅰ"的研制成功,标志着中国计算机技术发展达到了一个新的阶段,跨入了世界研制巨型计算机国家行列。这中间凝聚了科研工作者多少的辛勤和汗水,也凝聚了慈云桂教授的多少心血啊!

【类文链接】

[1]赵阳辉《妙算神机在"银河"——中国计算机事业的先驱慈云桂》(《自然辩

证法通讯》1999 年 05 期）

[2] 周兴铭、赵阳辉《慈云桂与中国银河机研究群体的发展历程》（《中国科技史》2005 年 01 期）

[3] 刘瑞挺、王志英《中国巨型机之父——慈云桂院士》（《计算机教育》2005 年 03 期）

他的足迹是一条建筑文脉
——纪念学术巨人梁思成先生百岁诞辰

郑孝燮

我最初见到仰慕已久的大学者梁思成先生是在抗日战争时期，那时我还是重庆中央大学建筑系的学生。记得是 1941 年，梁先生从宜宾李庄中国营造学社来过我们系两次。

新中国成立前，我从武汉应聘到清华大学建筑系任教，有幸追随梁思成先生并协助他办理一些系务和校外的事情。那时，他是中国人民政治协商会议第一届委员会的特邀代表。第一届全国政协是决定新中国成立的摇篮，从改建中南海怀仁堂作为这届政协大会会堂的设计，到人民英雄纪念碑的定址和设计，还有国徽的设计、国旗方案的初选等具有特别重大历史意义的工作，梁先生都在参与，异常繁忙。他在清华园的新林院 8 号宅院的客厅，不但变成了这位建筑系主任的会议室，同时又成了来自全国政协的重大任务研讨方案和设计绘图的工作室。梁先生他们经常是夜以继日地忙着，梁先生的夫人林徽因和建筑系的部分教师都是完成任务的核心骨干。新林院 8 号客厅的灯光，常是彻夜通明的。往事历历，至今使我多了一层理解。真的，一位"永远向前"的学术巨人的不朽贡献及艰苦历程，难道不也是一种文脉？于此我暂称其为"梁公文脉"。

"文脉"这个词，近年在建筑界屡闻不鲜，不过都属就物论事。例如，围绕建筑风格的创新与继承，围绕某类旧城，特别是历史文化名城的旧城保护与改造，围绕文物建筑、风景名胜及其保护范围的环境风貌关系，还有大学的建筑教学与理论研究方面等都有所触及。"建筑是文化的一个有机部分"（林洙著《建筑四杰》），它不仅能够托物寄史，成为无字史书，而且还能托物寄情，从物境引入情境，有的甚至臻于意境，成为一种有体有形的、广阔的、深厚的、艺术欣赏的凝固交响乐。"梁公文脉"包含着的理论学说、经验积累都是依托他呕心沥血、鞠躬尽瘁对无字史书、对凝固交响乐的探索、发掘、研究、整理、著书立说、开课授徒，并参与重大设计和城市规划等全心全力投入得来的结果。

梁思成认为建筑除物质功能外,更重要的在于它是艺术。他说:"建筑是人类一切造型创造中最大、最复杂、最耐久的一类。所以它所代表的民族思想和艺术更显著、更多面,也更重要。"同时"建筑的风格并不因材料、技术不同而失去其民族性"。又说建筑的民族特征问题"总有一部分继续着前个时代的特征,另一部分发展着新生的方向,虽有变化而总得继承许多传统的特质,所以无论是哪一样工艺,包括建筑,不论属于什么时代,总是有它的一贯的民族精神的"(梁思成著《凝动的音乐》)。可见"建筑是民族性的"这一基本理念,始终像中枢脊髓那样贯通着梁公的文脉。

梁公的这些论断,不但已为东西方各国的建筑历史所证明,而且是在理论上对全世界各国的文化发展前景,包括建筑文化在内的"越是民族的,越是世界的"一个肯定。

20世纪,梁公这位学术巨匠始终不渝地提倡"中而新"的建筑创作观,并提出只有懂得中国建筑历史才能知己知彼,做好有中国自己特色的建筑创作。"中"是中华民族个性的文化基因遗传,"新"是无限而有序的现代发展,"中"与"新"的有机结合,才具有"和而不同"的建筑文化的现代生命力。

纪念已故梁思成教授百岁诞辰,回想梁先生生平业绩,对他的建筑思想又有了更深刻的认识,于此特作拙诗一首,以寄缅怀:

无字史书寄国魂,春风化雨百年深。
体形环境有机论,凝固乐章中而新。

【导读】

梁思成(1901—1972),广东新会人,中国近现代著名建筑历史学家,建筑教育家和建筑师,中国建筑教育的奠基人之一,中国古建筑研究的先驱者之一,中国古建筑和文物保护工作的倡导者之一,新中国首都城市规划工作的推动者,建国以来几项重大设计方案的主持者。

作为中国近现代建筑史上的著名人物,梁思成的身上有着很多的光环。他1923年毕业于清华学校,1924年赴美留学于康乃尔大学,不久转学到宾夕法尼亚大学建筑系,1927年2月获学士学位,同年6月获硕士学位,7月到美国哈佛大学研究院研究世界建筑史直至1928年2月,1928年3月与林徽因在加拿大温哥华结婚,同年回国,到沈阳东北大学创办建筑系,并任教授兼系主任直至1931年。1931—1946年担任中国营造学社研究员、法式部主任。1946年在清华大学创办建筑系,担任教授兼系主任直至1972年病逝。

新中国成立后,梁思成于1952年加入中国民主同盟,1959年加入中国共产党,曾当选为第一、二、三届全国人民代表大会代表,三届人大常务委员会委员,政协常务委员会委员,民盟中央常委等职。历任北京市都市计划委员会副主任、北京市城市建设委员会副主任、中国建筑学会副理事长、北京土建学会理事长、中国科学院技术科学学部委员、中国建筑科学院建筑历史理论研究室主任、全国科学普及协会北京分会副会长等职。

梁思成热爱中国传统文化,认为可以将中国的传统建筑形式,用类似语言翻译的方法转化到西方建筑的结构体系上,形成带有中国特色的新建筑。新中国成立后,梁思成在建筑创作理论上提倡古为今用、洋为中用,强调新建筑要对传统形式有所继承。梁思成的这些理论观点,实际上代表了当时多数建筑师的思想和政府的希望。

梁思成始终注意对中国古代建筑的保护工作。对于文物建筑保护,梁思成不仅在实践上是一位勇士,而且在理论上也是一位高瞻远瞩的学者,他提出的"整旧如旧"的古建筑整修原则,直到今天依然对中国建筑界有很大的影响。

本文是时任全国历史文化名城保护专家委员会副主任委员郑孝燮先生在2001年4月28日清华大学"梁思成先生诞辰100周年纪念会"上的讲话。

【类文链接】

[1] 沈阳《踏平坎坷,献身"古建"慰平生——记建筑家梁思成》《长江建设》1999年06期

[2] 张伟《梁思成的"文化抗战"》《中国文物报》2006年4月7日

[3] 李佳《追忆梁思成古建保护之路》《中华建筑报》2006年11月21日

热心于教育事业的企业家
——怀念孟少农总工程师

季 峻

一九八八年一月五日我接到总厂通知,说孟少农同志病危,让我与支德瑜副总师、技术中心的唐振声副主任起程去北京探望。在北京中日友好医院里,我们看到孟总病情已有好转,心里才稍轻松一些,但没有想到那竟是我与孟总的最后一次见面。自一九八〇年孟总兼任二汽职工大学(湖北汽车工业学院的前身)校长以来,我与孟总有较多的接触。每当想起与他相处的一些情景,心情总是久久不能平静。

记得一九八〇年当我们得知孟总兼任二汽职工大学校长时,是多么高兴啊!

这样一位德高望重、开创我国汽车工业的老专家来担任校长,使我们对办好这所学校增添了信心。

这位才学丰厚的老专家,30年代毕业于清华大学机械系,40年代初在美国麻省理工学院攻读硕士学位,后来又在美国福特汽车厂、斯蒂信克汽车厂任工程师。一九四六年抗日战争胜利后,他怀着满腔爱国热忱回到了祖国。回国后在清华大学机械系创办了汽车专业,并在那里秘密加入了中国共产党。新中国诞生后,他投身于汽车工业,是我国一汽、二汽创始人之一。四十多年来,他兢兢业业、扎扎实实地埋头于基层工作,为我国汽车工业作出了巨大贡献。他不仅是一个杰出的总工程师、优秀的企业领导,还是一位热心于改革的教育家。

当年孟总已年过六十五岁,主持全厂的技术领导工作,任务十分繁重。他兼任二汽工大校长以后,对工大的成长更是倍加关心,从办学目标、教学质量、培养学生动手能力及师资队伍建设培养等方面无不过问。

记得一九八〇年前后,孟总在全厂干部会上作报告时,不只一次兴奋地讲过:"我们一定要把厂里的大学办得超过清华。"每讲到此,就引起全场轰动。我听了也笑得合不拢口,感到孟总说得太过头了,但又为孟总对我们大学寄予如此厚望与信任而感到高兴。以后我们在办学的重大问题上多次向孟总汇报工作,讨论问题,才逐步理解到孟总所说要赶过清华,并非在人力、物力与办学规模、学术水平上要赶过清华,而是指要办出自己的特色,使培养出的人才更适合二汽建设的需要。

孟总认为目前工科教育,必须进行改革,提出了一些很有价值的改革措施。他很重视理论教学,也很注重在实际生产中的工程训练,要创造条件让学员在学习期间能到厂内各有关部门去轮流实习一段时期。学校还要多请一些有真才实学的工程技术人员来校讲课。

八〇年初,我按孟总的意见,到几个专业厂联系学生实习。可是,当时几个厂都说:"我们是搞生产的,学生来实习,可以看,但要动手开机床不行!"我把这个情况向孟总汇报后,他很激动地说:"我在麻省理工学院读书时,美国的工厂还让我们动手开床子,现在为自己厂里培养人,还不让开床子了!你把哪个厂、哪个领导不同意开床子的名单写给我,我打电话找他们!"我怕把关系搞僵,一直未开名单。再如请厂里有经验的工程技术人员讲课一事也不容易落实,我向孟总汇报了这方面的困难,孟总说,把这事办成,还得做工作,想办法解决。

记得有一天上午,孟总请来了总厂和分厂二三十位总师开会,他热情洋溢地详谈了他对教育的认识,说办好企业,最终还要靠人才,而培养人才,就不仅是企业内管教育的领导的事,我们大家都要支持。还说美国的大学生动手能力很强,有些学生家里就有一台机床,许多零件都靠自己动手加工,在实践中得到锻炼。他又说,他从美国回来在清华大学任教时,他们几个人把掉在河里的一台汽车拖上来了,自己动手拆装,最终还把那辆车开动了,高兴得把车在清华校园里到处开。他认为对工科学生要重视培养他们的动手能力,并要求在座的领导都要支持职工大学,接收工大学生实习,还要带头到工大去讲课。我记得那次会上,他曾激动地讲:"我们都要带头到工大去讲些课。我也要去讲,你们谁要是不去讲课,我就不承认你有总师水平。"会上许多总师对办好工大谈了自己的认识,会开得很热烈。事后,除孟总亲自讲课外,李荫环、支德瑜、顾永生等总师也都先后去工大讲课了。

如何把专业厂、处室办学的积极性调动起来,孟总认为光靠宣传教育及行政命令还不行,还需在体制上作些改革。早在一九八一年,他就要求对工大的本科生实行预分配制,即在大学三年级时,就按工作需要及学生志愿进行预分配,明确每个学员的分配单位与岗位。委托总厂人事部门与学校共同进行这项工作。预分配后,全部理论教学仍在校内进行,但课程实习、毕业实习、毕业设计等教学环节就下到预分单位有针对性地进行。刚开始做这项工作时,有些学员不愿去边远厂区,教师感到学生还未毕业,就闹起分配的思想问题来了。人事部门也有意见,因分配到边远厂区的学生通过各种关系来要求调整工作单位,感到工作不好做。尽管有这些问题和困难,我们还是按孟总坚持的要求执行了。进行一段时期后,效果显著,专业厂看到实习的学生,就是将来自己单位的工作人员,不仅热情接受实习,让他们动手操作设备,而且再忙也派技术骨干给学生作指导,请技术人员讲课也比过去容易了。后来校内一致赞成了预分配制。在大学中实行预分配制确实是孟总在我国高校改革中提出的一项成功的创见。

孟总经常说,为适应汽车工业的发展,我们必须及早抓技术力量的培养,花力气抓好这件事。一九八四春天在总厂党委扩大会上,他大声疾呼,全厂必须高度重视人才培养。他语重心长地说:"我担心最终拖二汽发展后腿的,不是资金,不是设备,而是人才问题啊!"这几年二汽发展的事实,也进一步证实了他的预言。早在二汽经济还比较困难的一九八〇年,是他下令自八〇年起,每年要给我校拨发展资金一百万元,直到我校建成全部实验室时为止。为充实我校师资队伍,他亲自找主管产品设计的领导王汝提同志谈,要他调一些技术骨干给我校。伍德荣、李名石副教授、姚自申副处长就是当时调入的。他认为办好学校必须要有一批高水平教师,因此,当时的黄正夏书记与孟总大力支持我校从社会上招聘一批高水平的教师。孟总还认为青年教师队伍中,都是本科生不行,要进一些研究生。在他与支德瑜副总师的支持下,我于八三年五月去上海交大及浙江大学商量委托代培研究生事宜,并签了合同,当时全国还没有听说有委托代培研究生的做法。

八五年孟总年过七旬,退居二线后,不顾体弱多病,还在我校系统讲了"汽车设计方法论"课程,这是一门国内外未曾开过的新课,是一门从宏观角度来研究汽车设计的思想方法与工作方法的课程,为此还写了讲义。他在序言中说:"著者在新中国的汽车工业中担任了三十多年的技术领导工作,深感产品开发的工作方法和思想方法对我们今后前进的重要性。由于历史原因,我们的实践经验不足,系统化的理论知识还未形成。为了给今后前进打下基础,把仅有的一点经验整理出眉目,传给新来人,作为搭'人梯'的最下一级,应当是有意义的,这就是著者到学校开辟汽车设计方法论这门课和写本讲义的意图。"

　　我听过几次孟总讲课。他讲课逻辑性很强,内容新鲜、丰富。讲技术内容,却富于哲理性,又讲得风趣幽默,一口标准而又清晰的普通话,教学效果很好。他讲课有自己鲜明的学术观点。有一次,他在谈汽车发展时,批评了过去某刊物上发表过的《积木式机床内部的矛盾运动》一文,他认为,探讨机床的发展,不能离开社会发展、科技进步、用户的需要等因素来探讨问题,不能见物不见人去到机床内部去找机床发展的原因。我听了很受启发。

　　这门课近三十学时,孟总前后讲了三轮。我们多次提出要给他录像,他说等以后讲得再好些再录。出版社要出版他的讲义,他也推辞说,再讲一轮,修改后再出版。有一段时间,他病较重,住第一职工医院治疗,但他仍一堂课也不肯拉下,坚持到校讲课,经常是拔下吊针来讲课,讲完课回到医院病房挂吊瓶静脉点滴进行治疗。后来他行动都困难了,每次在教学楼上下楼梯时,由助教十分小心地扶着,看他蜡黄的面容,我真不忍心请他再讲课了,但他坚持要讲。一次我在医院里认真地征求他夫人李彦杰的意见,是否不排他的课了,李彦杰同志对我讲:"现在讲课是他生活中最大的乐趣了,你们还是让他讲吧!"孟总为我国汽车工业的发展与人才培养呕心沥血,这种鞠躬尽瘁死而后已的精神,实在感人。他不仅是我国一位杰出的汽车工业的开拓者、企业家,还是一位具有远见卓识的好校长,是热爱教育事业,值得尊敬的好教师,他的崇高形象永留我心中。

【导读】

　　孟少农(1915—1988),原名孟庆基,字少农,湖南桃源人,汽车设计制造专家。1935年入清华大学,1940年西南联合大学工学院机械工程系毕业,1943年获美国麻省理工学院汽车专业硕士学位,曾任美国福特汽车厂、司蒂倍克汽车厂等厂实习生、工程师。1946年回国,任清华大学机械系副教授、教授,创设了汽车专业。1947年加入中国共产党,1948年任华北人民政府企业部工程师。中华人民共和国成立后,历任重工业部工程师、汽车工业筹备组副组长,长春第一汽车制造厂副厂长,一机部汽车总工程师,陕西汽车制造厂革委会副主任,第二汽车制造厂副厂长

职业篇

兼总工程师,东风汽车工业联营公司副董事长等职。1980年当选为中国科学院技术科学部委员,是中国机械工程学会汽车学会副理事长,中国内燃机学会常务理事,中国汽车工业联合会咨询委员,《汽车百科全书》编委会主任。他把毕生的精力投入到中国汽车工业的发展中,为中国汽车工业的创始人之一。20世纪50年代末期,他主持设计、制造了"东风"牌轿车和"红旗"牌高级轿车,1971年,他针对陕西汽车厂的产品发展问题,组织设计、攻关,使延安250军用越野车于1973年通过国家定型,成为全国最好的车型之一。1978年他主持对二汽"东风"牌五吨车的质量问题进行攻关,解决了64项产品重大质量关键问题。

本文节选自《清华大学教育研究》1989年02期,是湖北汽车工业学院原院长季峻同志写的一篇回忆文章。

【类文链接】

[1] 柏生《访中国第一位汽车专家——孟少农》(《中国科技史料》1983年01期)

[2] 张建伟《最真实的汽车梦——记中国汽车技术奠基人孟少农院士》(《中国科技月报》2000年03期)

[3] 周燕《孟少农:中国汽车工业的"垦荒牛"》(《纵横》杂志2008年09期)

李嘉诚11条经典成功格言

1. 在20岁前,事业上的成功百分之百靠双手勤劳换来;20岁至30岁之前,10%靠运气好,90%仍是由勤劳得来;之后,机会的比例也渐渐提高;到现在,运气已差不多要占三至四成了。

2. 与新老朋友相交时,都要诚实可靠,避免说大话。要说到做到,不放空炮,做不到的宁可不说。

3. 你要相信世界上每一个人都精明,要令人信服并喜欢和你交往,那才最重要。

4. 即使本来有一百的力量足以成事,但我要储足二百的力量去攻,而不是随便去赌一赌。

5. 一般而言,我对那些默默无闻,但做一些对人类有实际贡献的事情的人,都心存景仰,我很喜欢看关于那些人物的书。无论在医疗、政治、教育、福利哪一方面,对全人类有所帮助的人,我都很佩服。

6. 人才取之不尽,用之不竭。你对人好,人家对你好是很自然的,世界上任何人也都可以成为你的核心人物。

7. 知人善任,大多数人都会有部分的长处,部分的短处,各尽所能,各得所需,以量才而用为原则。

8. 做人最要紧的,是让人由衷地喜欢你,敬佩你本人,而不是你的财力,也不是表面上的服从。

9. 决定一件事时,事先都会小心谨慎研究清楚,当决定后,就勇往直前去做。

10. 在剧烈的竞争当中多付出一点,便可多赢一点。

11. 人生自有其沉浮,每个人都应该学会忍受生活中属于自己的一份悲伤,只有这样,你才能体会到什么叫做成功。

【导读】

李嘉诚,1928年出生于广东潮州,香港著名的塑胶商、房地产巨商,杰出的世纪企业家。他白手起家,从开办塑胶公司到投资房地产业,再到信息产业,成为移动电话大王,经过几十年的艰苦创业,已经发展成为多元化的企业王国,投资地点遍及世界21个国家和地区。

尽管李嘉诚早已成为华人首富,但他时刻不忘回报社会,捐助福利事业。从20世纪70年代至今,他已捐出28亿用于资助香港和内地的教育事业,兴建医院和老人院。根据他的贡献,2007年,被美国安永会计师事务所与《时代》杂志联合评为"世纪企业家",该荣誉是从15位对社会有巨大贡献的杰出企业家中挑选出来的,李嘉诚夺魁当之无愧,他也是当今具有最大影响力的国际人物之一。

学习李嘉诚,不仅要学习他的理财之道,更要学习他的品格、他的思想,他的成就、他的贡献在世界上是独一无二的,值得所有中国人尊敬和敬仰。

【类文链接】

[1] 李津《李嘉诚》(《中央编译出版社》2009年出版)

[2] 朱立群《"香港首富"李嘉诚——白手起家的华人富豪之一》(《党史纵横》1999年12期)

[3] 陈大坪、李春《李嘉诚——真正的爱国者》(《管理科学文摘》2000年11期)

[4] 《李嘉诚:来生仍做中国人》(《中华儿女(海外版)》2001年17期)

林世荣和他的金厕所(节选)[1]

月 风

林世荣,香港一个普通的金铺老板,经过三年的筹备,在2001年打造了一座金

职业篇

厕所。

金厕所耗资3 800万港元,用380公斤黄金配以钻石、天然珠宝和6 000多颗珍珠(每颗价值超过1 000港元)造成,连地面铺的都是有一亿五千万年历史的木化石,可谓真正的金雕玉砌。金厕所所有的展厅,用尽"金碧辉煌"、"珠光宝气"、"琳琅满目"等词语来形容都是言语不及、毫不为过。吉尼斯世界大全描述为:"世界上最昂贵的卫生间由珠宝商林世荣制造,它完全由黄金和昂贵的珠宝制成。抽水马桶、洗脸台、刷子、卫生纸盒、镜框、吊灯、砖块和门全部用24K黄金制成。厕所内的构造采用古罗马式的设计风格,墙身和配套镶以黄金珠宝浮雕壁画,地板采用天然宝石。此外,整个洗手间还装上自动冲洗和自动烘干设备,轻按按钮即可自动完成整个清洁过程。金厕所还装有先进的过滤系统,常保空气清新。"

这一惊世骇俗的举动立即给香港人带来了惊诧莫名的感觉。第二年更是引来了全世界的瞩目。金制厕所以全世界"最豪华的洗手间"和"全世界最昂贵的座厕"的地位进入吉尼斯世界纪录大全。当年打造这座金厕所动用的380公斤黄金,在2003年的时候市值就已升至6 000多万港元。林世荣从此让世人刮目相看,声名鹊起。

"金厕所"不仅为林世荣带来了滚滚财源,而且也很好地带动了香港旅游业的发展。有人说,只有专程到过位于香港九龙红磡的那座黄金厕所走一趟,你才能理解林世荣所创造的金厕所的价值,如今世人到香港旅游,如果不游金厕所,就好像没到过香港似的。林世荣所打造的金厕所,几乎改变了香港旅游的格局,可见此举创新意义的重大。据说全世界只有几百人用过这座金厕所,其中包括香港著名艺人曾志伟和成龙。金厕所禁止游客在参观时自行拍照摄像,厕所有专人负责拍照,拍一张快照,收费20港币,仅此一项,每年就有几百万港元的收入进项。

林世荣在事业上取得优异成绩之际也不忘回馈社会。他积极赞助公益慈善事业,还赞助各项选美、乐坛颁奖典礼和旅游推广活动。林世荣的善举赢得了社会好评,荣获不少奖项,也担任好些社会公职,如1992年香港青年工业家奖、2002年紫荆花杯杰出青年企业家奖、2004年世界杰出华人奖、亚洲知识管理协会院士、湖南省政协委员、全球华人支持北京办奥联合委员会名誉主席、香港华侨华人总会终身名誉会长、紫荆花杯杰出企业家协会副理事长、香港青年工业家协会副会长等。

【注释】

[1] 本文节选自《企业文化》2007年12期。

【导读】

林世荣先生生于1955年9月,亚洲执事管理院院士、中国工商管理理事会理事、全球华人支持北京办奥联合委员会名誉主席、恒丰金业科技集团董事会主席,以创建香港著名的旅游产业"金厕所"及其发展所带来的巨大声誉和滚滚财源而瞩目于世,他所创造的恒丰金业科技集团,以"五想,五气,十八求"作为其企业文化,不但使其"金至尊"的品牌运作成功,也让所有已成功的和尚在创业道路上艰难打拼的人们获得路径或指引。

林世荣的人生能给我们很大启发:世间至尊至贵的东西只为出类拔萃者所拥有,否则世界就会失去"尊贵"的价值,人类的追求也就少了许多乐趣。林世荣从清贫少年到"金至尊",走过的是一条凡人经过自己的不懈努力走向成功的道路。他的故事告诉我们:普通人其实离成功及财富也没有遥不可及的距离,如果我们也能拥有林世荣的审时度势,果决行动,虽起点不高可是有雄心壮志,一步一步、脚踏实地地奔向成功的进程,你就也会拥有至尊至贵。

【类文链接】

[1] 林世荣的"五想"、"五气"、"十八求"

创业要靠"五想":思想、梦想、幻想、联想和理想;

立业要靠"五气":义气、豪气、神气、勇气及和气;

管理靠"十八求":求诚求信、求质求量、求买求卖、求功求力、求廉求效、求新求美、求礼求理、求公求法、求谊求远。

[2]《从清贫少年到"金王"——香港企业家林世荣先生的成功历程》《国际商报》2006年1月10日

[3] 何晓晴《"金厕所"成就"金至尊"》《民营经济报》2006年2月27日

[4] 詹敏《林世荣和他的黄金帝国》《今日财富(英文刊)》2006年09期

在北大本科生毕业典礼上的讲话

李彦宏

尊敬的闵书记、许校长,各位老师,各位家长,亲爱的学弟学妹们,大家上午好:

今天,站在各位同学毕业典礼的讲台上,我最大的感受就是觉得非常的荣幸,在各位生命中最值得纪念的时刻与你们在一起,让我百感交集。我仿佛找回了十七年前,坐在你们中间,对这个再熟悉不过的校园感到万分的留恋,也对即将展开的新的生活有期待、有迷茫甚至有所畏惧。

说实话,我今天除了荣幸之外,还有一些紧张。因为我知道,在座的不仅有我十分尊敬的师长,更多的是未来中国最有影响力的一群人。你们中一定会有未来

职业篇

中国最杰出的科学家,最成功的企业家,最优秀的政治家、外交家。如果我这个曾经住在 43 楼 522 的北大男生今天和大家交流的内容,能够为各位即将铺展开的未来有些许帮助的话,那我也会觉得,这是经历了 2005 年百度在纳斯达克的辉煌上市后,我所经历的又一个光荣时刻。

今天回忆十多年前,我走入社会的感觉,那是让视野顿时豁然开朗的一步,走出校园后看到的是一个充满机会、日新月异的新天地。大家今天所面对的中国与世界,与十年前我所见到的华尔街和硅谷,当然会有很大的不同。但以我在美国八年、回到中国八年多的经历,我更感受到今天,社会经济文化生活各个方面都充满了活力,你们面对的是更广阔的天地,一定将大有所为。

今天我想给大家分享一些我的经历和对生活的感悟。

第一,是关于选择的故事。

进北大前我就非常喜欢计算机,我相信未来的计算机肯定会被广泛应用,而单纯的学计算机恐怕不如把计算机和某项应用结合起来有前途,于是我选择了北大的信息管理系,而不是计算机系。

我有个姐姐先我五年考上了北大,她告诉我北大的学生出国都很容易,她告诉我外面的世界很精彩。上了北大之后,我却发现我的情报学专业出国并不容易,而最先进的计算机技术那时候在美国。我被迫开始思考自己的下一步,并通过不断参与各种活动来丰富自己的视野。我去学了不少计算机系的课,我翻阅了很多美国有关情报学的论文,希望能够在国际学术期刊上找到自己的机会,我作为那时唯一的理科生参加了学校的五四辩论赛,我听了各种各样的讲座:气功、哲学、电影,我参加了合唱团,还在国庆的时候到天安门广场去跳集体舞,我尽情地享受着北大带给我的各种机会,我接触到了各种各样的人,每个人都有他们自己的思路,每个人都不一样,每个人都很精彩。这让我逐渐形成了不轻信、不跟风的思维方式。对于我未来人生道路的选择,北大四年让我具备了独立思考的能力。

我在美国读计算机的时候,本来是读博士的,后来选择了放弃。原因是发现我更希望我做的东西能够被很多很多人使用,而不喜欢去研究一个别人已经研究了 10 年的命题。

1997 年我离开自己奋斗了三年多的华尔街,前往当时在硅谷很著名的搜索引擎公司 Infoseek。在硅谷,我亲见了当时最成功的搜索技术公司如何在股市上呼风唤雨,见识了每天支持上千万流量的大型工业界信息系统是怎样工作运转,我也见证了 Infoseek 后来的每况愈下和惨淡经营。但最重要的是,在 Infoseek,我找到了我一生的兴趣所在——互联网搜索引擎。那时,是北大所学的信息检索方面的理论,让我比任何计算机系科班出身的工程师都更能够理解普通用户习惯于怎样的信息获取方式。我意识到搜索能让每个人与所需信息的距离只有鼠标的点击一下那么远,这种感觉是那么的美妙。从那以后,我从来没有离开搜索引擎超过24小时,不是因为我是工作狂,而是因为我喜欢。

百度公司走过了8年的历程,今天已经成为一个市值超过100亿美元的公司,为越来越多的人提供服务。我最大的心得就是要选择做自己喜欢做的事情,我们需要从自己真正的心里面去作选择,并不是你认为社会期望你这样做,父母期望你这样做,朋友期望你这样做。只有这样,你才会越工作越开心,在遇到困难遇到挫折的时候,不会被沮丧击败,而全身心的去享受整个过程。

第二,是对于专注的认识。

我一生有两个最大的幸运,一是找到我的太太,二是从事一份自己喜欢的工作。但太太与工作唯一的不同就是:太太只有一个,而工作每时每刻都充满了诱惑。很多人都会专注于一个妻子,但很多人都会喜欢上多个不同的工作。

在百度上市之前,百度只做一件事情就是中文搜索。在创业初期,搜索在美国硅谷并不是炙手可热的概念,当时更热的是门户,是电子商务,以及后来在中国火起来的无线、网游等等。百度在招第一批职员的时候,碰到一位我特别希望他能加盟的人,他技术很好,可惜他对我说如果我们不做e-Commerce他就不来了。2001年,曾经有一位百度的工程师找到我,很认真地说他想做网上购物,结果被我拒绝了,他也为此离开了百度。百度上市后,也有一些共事多年的老同事先后离开了百度去尝试更多的业务。

很多时候,我感到百度能一直坚持做搜索是因为我对专注有宗教一般的信仰。普通人很难想象对于一个有2亿用户的公司,每天要面对多少诱惑。百度可以做一百件事,最后我们只选择了一件,并一做就是8年,而且还会再做下去。

人一生中可以完成的事情是有限的。只有专注才能让自己变得足够优秀。所以说:"有所不为,才能有所为。"

第三,是对于视野的感悟。

回头望望自己走过的路,我会发现,这个世界的广阔是自己很难想象的。很多当时觉得非常大的困难,现在看来不过是一些小事,很多当时感觉到很棘手的事,现在也只是茶余饭后的话题罢了。

百度在2000年成立时,并不直接为网民提供搜索服务,我们只为门户网站输出搜索引擎技术,而当时只有门户需要搜索服务。2001年夏天,我做了这样一个决定,从一个藏在门户网站后面的技术服务商,转型做一个拥有自己品牌的独立搜索引擎。这是百度发展历程中唯一的一次转型,会得罪几乎所有的客户,所以当时遭到很多投资者反对。但当我把视线投向若干年以后时,我不得不坚持自己的观

职业篇

点。大家知道,后来我说服了投资者,所以才有了大家今天看到的百度。

百度从后台走向了前台,加上我们的专注与努力,今天运营着东半球最大的网站。

事实上,从创立百度的第一天,我的理想就是"让人们最便捷地获取信息"。这个理想不局限于中文,不局限于互联网。作为一名北大信息管理系的学生,我很幸运在前互联网时代,在大学时就理解了信息与人类的关系和重要性。所以,百度从第一天起,就胸怀远大理想:我们希望为所有中国人,以至亚洲,以至全世界的人类,寻求人与信息之间最短的距离,寻求人与信息的相亲相爱。

所以说:视野有多远,世界就有多大。

最后,我在这里衷心祝贺你们顺利完成在北京大学的学习,祝愿你们未来的道路越走越宽广,世界在你手中。也让我们一起祝福我们的母校传承历史,继往开来,再攀高峰。

谢谢大家!

【导读】

李彦宏,百度公司创始人、董事长兼首席执行官,全面负责百度公司的战略规划和运营管理。他1991年毕业于北京大学信息管理专业,随后赴美国布法罗纽约州立大学,获得计算机科学硕士学位,1999年底回国创办百度,经过多年的努力,百度现在已经成为中国人最常使用的中文网站,全球最大的中文搜索引擎,同时也是全球最大的中文网站。2005年8月,百度在美国纳斯达克成功上市,成为全球资本市场最受关注的上市公司之一。因为百度公司及他本人的优异表现,他获得"CCTV 2005中国经济年度人物"、"IT十大风云人物"、"改革开放30年30人"等荣誉称号,美国《商业周刊》和《财富》等杂志,也多次将他评为"全球最佳商业领袖"和"中国最具影响商界领袖"。

本文为李彦宏2008年7月在北京大学本科生毕业典礼上的现场演讲。

【类文链接】

[1] 杨澜《百度:创造200个百万富翁——访百度董事长兼CEO李彦宏》(《沪港经济》2005年11期)

[2] 尚迅《李彦宏启示录》(《招商周刊》2005年33期)

[3] 李彦宏《百度总裁李彦宏给青年创业者支招》(《现代经济信息》2007年01期)

[4] 李罡《李彦宏:新一代互联网英雄》(《中国人才》2007年03期)

[5]方仁《不做第一 超越第一——访百度CEO李彦宏》《传媒观察》2007年10期）

方案一：汽车美容店创业实践方案

一、市场可行性分析

随着我国汽车工业的迅猛发展和人们生活水平的日益提高，汽车的家庭拥有量越来越高，汽车美容业的市场容量也将进一步扩大。据预计，未来三至五年间，我国汽车保有量将增长四至六倍，汽车在中国逐步成为大众消费品，汽车美容消费也会成为一种日常消费。

汽车美容的特征为快捷、便利、全面、价位合理，但在过去的几年里，一些小门店在质量、价格、服务水平等方面都比较落后，管理水平低，人员素质低，科技含量低，信誉水平低，抗风险能力低，基本无力支撑起汽车售后服务业的发展，这也正是近几年一批汽车美容店倒下或者沦为纯洗车店的主要原因。如今，随着汽车技术的发展，汽车质量不断提高，市场环境已经发生变化，汽车美容的服务模式和服务重心已经发生变化，大规模的修复需求将进一步减少，而以维修保养为主的快修美容店将成为市场主流，汽车美容服务风头正劲，而且正逐渐进入规范化和多元化阶段，谁能把握机遇，谁就能抢先占领市场。

随州作为湖北省最年轻的地级市，是新兴的汽车工业城市，中国"专用汽车之都"，以专用汽车生产为龙头，带动汽车的生产与消费的产业链，促进了经济的快速发展和人们生活水平的提高，为开设汽车美容店提供了先天的良好的基础。

二、前期准备工作

1. 店铺准备

（1）店铺选址。选址上首先要考虑到消费群体的实际消费水平，其次还要考虑到服务区域的汽车保有量。根据汽车美容行业的特点和观察的结果，我们把地址选定在迎宾大道中段靠近三桥北桥头附近，这个路段交通便利，车流量大，是随州的主要交通要道之一，该路段也是通往其他路段的十字路口，能很好地形成拐角效应；该路段也是商业和人口密集的区域，它背靠香江大市场，同时汉东星都、文峰都市花园、滨湖湾公园、楚天明珠住宅小区等形成住宅密集区，车流量大，是开展汽车美容服务的可靠资源保障。

(2)店面装修。装修美容车间时,决不可为了省事而简单行事,要尽可能地考虑到多方面的情况,比如用水要考虑到蓄水池、排水设施、污水处理等多方面因素;洗车位最好设计3个以上,最少也不要少过2个,以避免业务量大时因车位不够而影响生意的情况;车间设计尽量简练,电器插座还要逐一防潮、防短路等问题,布埋线管要切合实际,车间的用电最好单独一个闸刀,以防因短路跳闸而影响全店面的正常用电。此外,还应考虑到为日后的业务拓展预留必要的空间,比如贴膜房和举升机等。

2. 设备准备

根据美容店规模的大小,适量配备设备:

(1)抽水机

(2)地毯甩干机

(3)吸尘器

(4)打蜡机

(5)抛光机

(6)臭氧消毒机或者高温消毒机

(7)泡沫机(装洗车液用)

(8)水桶、毛巾、刷子若干

3. 人员准备

店员数量应根据店面规模的大小而定,要同时考虑到电工、贴膜工、封釉工、洗车工等。招工时,最好多招熟练工人,除了能够迅速进入工作状态外,还可以在技术培训等环节上省却很多时间和费用,能够让店铺迅速进入状态,同时还能顺带对其他生手进行帮带和培训。此外,招人要招什么都肯干的人,尽量不要招只愿意干打蜡、抛光封釉之类活而反对洗车的人,宁可给每人多付点工资,也要尽量减少不必要的闲人,这样既可以在员工里树立好的榜样,也可相对降低店铺的运转费用。

4. 资金准备

以装配一家中小型的汽车美容店来测算,前期投资大约在 8—10 万元,其中包括:

(1)装备投资:设备、柜台、门面装修及简单家具等,支出约 3 万元。

(2)前期的运转费用:一家新店开张,可能前 2—3 个月没有什么生意,最好事先预备好 2—3 个月的运转费用 3 万元左右。

(3)货物:新店开张,店里要准备价值 2 万元左右的汽车装饰材料。建议最好同供应商联系,采用代销的方式,在货物卖出后再结账,这样既可以节省下一笔资金,同时还可以将因货物质量问题而与客户产生的纠纷转嫁给供货商,有效避免不必要的麻烦,也变相地为货物的质量提供了有效的保障。

(4) 手续费:办理营业执照等,费用约 2 000—3 000 元。

(5) 预计每月支出费用

① 房租:考虑到本地的实际消费水平和租房地段的房屋租售价格,租一个 100 平米左右的门面,加上水、电和物业管理等费用,平均每月支出在 5 000—6 000 元。

② 员工工资:按 5—6 名员工计算,每月工资支出大约在 5 000 元。

③ 其他费用:包括税收、其他消费等,共 1 000 元左右。

5. 货物准备

与汽车美容、装饰相关的货物,包括地胶、太阳膜、音响、坐垫、脚垫、防盗设备、雨刮器、除尘及小饰件等。

6. 其他准备工作

例如制度的制定、品牌的加盟等。

三、服务项目

1. 洗车

2. 漆面打蜡、抛光

3. 汽车封釉美容

4. 装配真皮座椅

5. 汽车内部装饰及清洁消毒

6. 汽车漆面划痕修补

7. 贴防爆膜

8. 轮胎翻新

9. 车身彩贴

10. 装配倒车雷达

11. 装配正中门锁、防盗器

12. 装配全球卫星定位体系(GPS)

13. 汽车隔音改装

14. 底盘装甲

四、品牌加盟

品牌加盟前首先必须了解清楚该品牌的实力,企业与产品的知名度,能够提供的服务,加盟条件与费用等;其次,逐一了解清楚加盟合同的条款,要把诸多不利的因素,如雨天、停水、停电、休假等,都考虑进去,合并计算成本,在了解清楚所有的因素后,再签订合同。

五、员工培训、管理等工作

店员招齐后,开工前,应首先对店员进行培训。当然,招工时可逐一多招熟练工人,就可以利用熟手对生手进行现场传授教导,一是省却了很多专门培训所需的时间,二是省却了一部分的费用,三是培训的效果会相对较好。

对于人员的管理也是一个不可忽视的重要环节。在管理上,首先要制定严格又便于操作的管理制度,从而产生行之有效的员工约束机制。但在实际操作过程中,由于汽车美容业的行业特点,人员的身份、层次不一样,如何真正做到用制度管人而不是人管人,是非常困难的。因此,只有认真执行管理制度,从管理的一些细微环节上抓起,才能营造一个良好的工作环境。

方案二:护理专业毕业生校园招聘会应聘方案

一、背景

由随州市人力资源与社会保障局和随州职业技术学院联合举办的"随州市2010年大型公益性校园招聘会"在随州职业技术学院图书馆隆重举行,来自市内及省内外80多家用人单位在我院设点纳贤,提供就业岗位1 800多个。我院毕业生、顶岗就业学生及其他社会求职人员5 000多人到会应聘。

随州职业技术学院医护系护理专业2010届毕业生苗××准备参加随州市中心医院的应聘。

二、时间

三、地点

学院图书馆一楼大厅

四、准备工作

1. 材料准备

(1) 个人简历。主要包括个人基本资料、学习经历、社会工作及课外活动、兴趣爱好等方面的介绍。注意内容一定要充实,同时语言要简明扼要。

(2) 求职信。作为个人简历的附信,是求职者有目的地针对用人单位的一种书面自我介绍,它是作为个人简历的有效而重要的补充,可以使用人单位在面试以外对你有一个更加全面、深入的了解,以增加求职成功的几率,因此,在实事求是介绍自己的同时,一定要重点突出,采用灵活的方式,对自己的能力及特长作重点推介。

2. 其他准备工作

(1) 信息准备。应聘前,应对随州市中心医院的基本情况有一个比较准确的了解,做到知己知彼,比如医院的历史、医院的现有规模、经营状况、各项荣誉、应聘岗位的职责要求等，了解越详细，应聘的时候越心中有数，应聘成功的几率就越大。

（2）心理准备。在求职的过程中，信心是一种不惧怕困难、相信自己能够战胜困难的精神优势。心理上的自信是重要的致胜因素，充满自信，才会临事不乱，泰然处之。在准备过程中，可以事先设想考官可能会问到的一些基本问题，预先设定一些精辟的答案，当然也可以根据现场情况灵活作答，有条件的不妨先让同学帮忙进行一下情景模拟，以便改进面试技巧。另外，还要有应对挫折的心理准备，要正确认识择业挫折，及时、积极调整心理状态，有效地提高挫折承受力，为下次应聘储备宝贵的经验。

（3）其他需要准备的材料，如身份证、学历证书、毕业生就业推荐表、成绩单、各种技能证书等。

五、面试

面试中应注意的事项：

1. 注意自我介绍的技巧。自我介绍时，要积极主动，给人一种"态度积极，胸有成竹"的感觉，同时，介绍时要重点突出，对于自己的专长、经验、能力、兴趣等与众不同的东西，可以详细介绍，突出自己的优势和闪光点，但要注意实事求是，切忌虚夸，另外，要针对用人单位的具体要求，强调自己的社会经验和专业所长，做到有的放矢，以增加成功的几率。

2. 注意面试礼仪。首先在外表及气质上，应注意保持姿态、举止、衣着等得体，在容貌、体形、精神状态等气质因素上要保持健康、积极向上的状态，同时，应答时要注意控制语调、语速，回答问题要注意条理清楚等。

3. 其他应注意的问题。注意多用眼神、表情同招聘人员沟通；要学会倾听，并根据情况适当发问；多用礼貌用语，展示较高的自我素养；要调节好心理，沉着应对，控制好自己的情绪等。

地域文化篇

概观

中国历史文化名城随州

随州市位于湖北省北部,地处桐柏山以南,大别山以西,大洪山东北部,东与孝感大悟县相接,西与襄樊枣阳、宜城毗邻,南与孝感安陆相连,北与河南信阳接壤,素有"荆豫要冲"、"汉襄咽喉"、"鄂北门户"之称。2000年6月25日国务院批准设立地级随州市。下辖曾都区、广水市、随县和随州经济开发区、大洪山风景名胜区。版图面积9 636平方公里,总人口258万。随州交通便利、文化灿烂、地貌奇特、物产丰富,是久负盛名的中国历史文化名城、中国专用汽车之都、中国编钟之乡。

随州的历史沿革

随州历史悠久,文化古老,据史籍记载和文物佐证,"随于上古为列山氏",是炎帝神农诞生地,大舜耕耨之乡。商至春秋战国,随州地域有随、唐、厉(赖)等国。公元前569年,楚灭厉(赖),公元前505年灭唐,战国末灭随,公元前280年,楚献汉北随、唐诸地于秦,始为秦地。公元前221年秦并天下,设三十六郡,随为随县,隶属南阳郡。南北朝西魏时为随州,以后各朝为州,最多辖10县。北周大象二年(580)杨坚袭父爵为"随国公",建隋国(据《周书·杨忠传》载:杨坚以随地得天下后,因"随"有"随从于人之意",又传"随的走之旁寓意江山易走",故改"随"为"隋"),领20郡。此后为州为县不一。民国时期,随县先后是湖北省第五、第三行署所在地。新中国成立后设立随县。

"随"的得名,主要有三种说法:因随水得名(《水经注》曰:"随水出随郡永阳县东石龙山。")、因随山得名(《荆州记》曰:"随县北界有随山,山有一穴,云是神农氏所生地。"）、周武王封建"随国"（其意"跟随王室,服从号令,拱卫周之东南"）。

中国历史文化名城的由来

中国历史文化名城由国务院审批。目前已公布三批及12座增补城市,共计111座。

第一批历史文化名城,1982年公布,24个：

北京、承德、大同、南京、苏州、扬州、杭州、绍兴、泉州、景德镇、曲阜、洛阳、开封、江陵、长沙、广州、桂林、成都、遵义、昆明、大理、拉萨、西安、延安。

第二批历史文化名城,1986年公布,38个：

上海、天津、沈阳、武汉、南昌、重庆、保定、平遥、呼和浩特、镇江、常熟、徐州、淮安、宁波、歙县、寿县、亳州、福州、漳州、济南、安阳、南阳、商丘、襄樊、潮州、阆中、宜宾、自贡、镇远、丽江、日喀则、韩城、榆林、武威、张掖、敦煌、银川、喀什。

第三批历史文化名城,1994年公布,37个：

正定、邯郸、新绛、代县、祁县、哈尔滨、吉林、集安、衢州、临海、长汀、赣州、青岛、聊城、邹城、临淄、郑州、浚县、随州、钟祥、岳阳、肇庆、佛山、梅州、海康、柳州、琼山、乐山、都江堰、泸州、建水、巍山、江孜、咸阳、汉中、天水、同仁。

增补城市12处（2001—2009）：

山海关区（秦皇岛）、凤凰县、濮阳、安庆、泰安、海口、金华、绩溪、吐鲁番、特克斯、无锡、南通。

中国历史文化名城随州的原生态及其特征

随州作为中国历史文化名城,古建筑遗存仅有文峰塔（建于清光绪年间的1884年）,其硬件名不副实,但其出土文物和文化遗存是中华大地绝无仅有、无与伦比的,足以让随州名扬天下。随州作为中国历史文化名城,其文化的原生态主要体现在炎帝神农文化、编钟文化、明哲先贤文化、生态旅游文化等四个方面。

炎帝神农文化

炎帝神农氏,姜姓,起于湖北随州厉山。号"烈山氏"或"厉山氏"（《国语·鲁语》韦昭注曰,烈山氏,炎帝之号也,起于厉山）。生活于距今大约6 000多年前的新石器时代早期,他与黄帝轩辕氏同为中华民族的人文始祖,是中华民族实现由渔猎采集时代向原始农耕时代伟大转变的先驱者和创始人。

由于炎帝神农生活的时代尚未产生文字,故现阶段所见所闻的典籍和传说,都是后人记录传诵的远古传说。尽管这样,我们仍然可以从古今关于神农的传说、塑像的信息——牛头人身传说、汉代神农壁画、今人雕塑神农大像,形成对这位先祖的基本认识,了解其历史功绩和文化特征。

人们对神农的认识经历了"神、人、神农氏族标识"三个阶段。炎帝神农并不是一个具体的人,而是一个时代的标志(《世纪·帝系篇》云:"神农,代号也。"),其历史功德传说是整个氏族世代创造的总结。主要包括:

一、烈山造田,教民农耕

传说人工取火是伏羲的发明。《绎史》卷三:"伏羲禅于伯牛,攒木作火"。炎帝神农氏将"火"进一步推演成原始生产手段。炎帝起于烈山,故又号"烈山氏"。《说文解字》:"烈,火猛。"其形态为猛火。烈山就是"烈山泽而焚之"的造田活动。烈山造田,教民农耕,使中华民族实现了由渔猎采集向原始农耕的演进。

二、制作耒耜,种植五谷

神农开创了我国农耕文明,是农业的始祖,他对我国农业的贡献最突出的表现在两个方面,一是发明耒耜,二是种植五谷。《国语·鲁语》:"昔烈山氏之有天下也,其子曰柱,能殖百谷百蔬,夏之兴也,周弃继之,故祀以为稷。"三国韦昭注:烈山氏,炎帝之号也。《增补资治纲鉴》:"神农因天之时,分地之利,制耒耜,教民农作,神而化之,使民宜之,故谓之神农也。"耒,古代形状像木叉的农具;耜,古代像犁的农具,据传使用耜时,一人扶柄,两三人在前用绳拉。耒耜的使用,大大提高了劳动效率,使规模种植变成了可能。五谷的驯化和栽培种植,不可能是一人或一代人完成,人们把发现和种植五谷的功劳都记在神农名下,寄托着一种崇拜和敬仰,也表明神农在培植和推广水稻谷物种植方面的杰出贡献。2001年发掘的浙江萧山跨湖桥新石器时代文化遗址文物证实,距今8 000—7 000年之间,萧山人就能使用骨耜耕作和种植稻谷。传说湖北谷城县得名,就是缘于神农曾在此教民种稻。

三、和药济人,首创医药

神农在将植物发展为农作物的过程中,发明了中药。《世本》:"神农和药济人。"司马贞《史记补三皇本纪》:神农"以赭鞭鞭草木,始尝百草,始有医药"。《淮南子》中说,神农"尝百草之滋味,水泉之甘苦,令民知所辟就,当此之时,一日遇七十毒"。神农发明医药大约经历了不经意发现、有意识总结、系统开发三个阶段,足迹遍及大江南北。据传,神农西临巴蜀,留下"神农架"、"神农溪"之地名;北上山西,留下尝药的"神农鼎";南到湘水,误尝断肠草而命殒湖南炎陵。如今大家熟知的"茶""姜""甘草"

都是神农发现的,就连药店供奉的獐狮,也是纪念神农用来鉴别药物的宠物的。

四、日中而市,以物易物

神农之时开始的物物交换,开创了互通有无原始贸易的先河。《周易·系辞》记载,神农"日中而市,致天下之民,聚天下之货,交易而退,各得其所"。日中而市,就是每到日中时分太阳当顶,人们就聚集在一起,以物易物各取所需,时间一过就散市,久而久之逐渐形成集市并推广开来。这种传统,在很多地方一直保留到现在,随州称之为"白午集"。神农诞辰地随州厉山,至今还遗存有"白午"街道名称。

五、削桐为琴,练丝为弦

炎帝神农氏对音乐的发展也作出了重要贡献,他善于用音乐来愉悦心灵、丰富生活、教化民众。桓谭《新论》记载:"昔者神农氏继宓羲而王天下,上观法于天,下取法于地,于是始削桐为琴,练丝为弦,以通神明之德,合天地之和焉。"这里"通神明之德"的音乐,其实就是巫舞活动。它是远古人类维系部族统一的重要手段,也是古代文明的重要组成部分。《世本》记载:"神农作琴。"又说:"神农氏琴长三尺六寸六分,上有五弦,曰宫、商、角、徵、羽。文王增二弦,曰少宫、少商。""昔者神农造琴以定神,禁淫僻,却邪欲,反其天真。"足见炎帝神农氏很懂运用音乐陶冶人的精神情操。1978年随州曾侯乙墓出土的秦汉时期失传的五弦琴,实物印证了神农造琴的传说。

典籍记载和民间传说的神农功绩还有:择地造屋、作陶冶斤、治麻为衣等,这些都应该是神农氏族代代生生不息奋斗的结果,是整个部落的创造历史。

编 钟 文 化

编钟是我国古代的礼乐重器,历史悠久,不仅用于祭祀天地,宴宾奉祖,祈安送福,而且用以育人、教乐。古代统治者每逢盛世或重大庆典,都冶铸钟或鼎器,以示威严祥和,故而编钟又称和钟,钟鼓之乐成为帝王诸侯的特权。

随州是"中国编钟之乡"。1978年春夏之交,在地下沉埋了2 400余年的国宝编钟,随着曾侯乙墓的发现、发掘而闪亮问世,重放异彩。一时间举世瞩目,国人为之骄傲,世人为之倾倒。曾侯乙墓位于湖北随州市曾都区城西两公里的擂鼓墩东团坡上,系一座呈卜字形的大型岩坑竖穴木椁墓。1977年秋,当地驻军在扩建营房时发现该墓。1978年3月,文物考古部门组织联合勘探,5月上旬开始挖掘,6月底野外清理结束。通过出土镈钟上的铭文鉴定,这是战国早期诸侯国曾国君主名乙的墓葬,故亦称曾侯乙地宫。随葬物品有青铜礼器、乐器、兵器、车马器、金器、玉器、漆木器、竹器等八类,七千多种。曾侯乙墓共出土文物15 404件,其中,国家

一级文物就有143件(套),有九件(套)列为国宝级文物。钟、磬、鼓、瑟、琴、笙、箫、笛等乐器,种类繁多,排列有序,宛如一间古代乐厅。尤其是其中一套拥有64件的青铜编钟,它设计精巧,铸造精细,出土时,尚完整地悬挂在钟架之上,音域宽广,音色优美,古今乐曲均能演奏,令人叹为观止,是国宝中的国宝。

一、随州编钟是世界音乐史上的奇迹

随州曾侯乙编钟是我国目前出土数量最多、重量最重、音律最全、气势最宏伟的一套编钟,堪称"编钟王"。是中华民族文化艺术之瑰宝,世界音乐史之奇迹。同时曾侯乙编钟也是世界上已知最早最庞大的、具有十二律半音音阶关系的大型定调青铜乐器。它与国际通用的C大调七声音阶同列,音律跨五个八度,能旋宫转调演奏古今中外各类乐曲,是我国独有的"一钟双音"编钟。尤为可贵的是,钟体、钟架和挂钩上刻有错金铭文3 755字,用来标明各种发音属于何律(调)的阶名,以及与楚、周、晋、齐、申等各国律(调)的对应关系,是一部不朽的音乐典籍,改写了"12音律是战国末年由希腊传来并汉化"的历史,使中国音乐史提前了四百多年。

二、随州编钟是古代铸造史上的顶峰

随州编钟及其曾侯乙墓中的文物,不仅为考古学、天文学、古文字学、历史学、古代科技史、音乐史等方面提供了丰富的研究资料,还对研究古代青铜铸造史提供了大量实物。墓中出土的4 640余件青铜礼器、乐器,加上青铜质地兵器、车马器在内,重达10吨之巨,消耗的铜、金、锡、铅等金属约12吨。这些青铜器物造型之复杂,纹饰装潢之精美,都是世所罕见的。通过现代科学鉴定,在其制作工艺上,综合使用了浑铸、分铸、锡焊、铜焊、雕刻、镶嵌、铆接及熔模铸造技术。尤其是编钟铸造,为保证其乐钟的音响效果及综合性能,合金原料高纯铜及铝锡的科学配比以及钟壁厚度的科学设计,都达到了尽善尽美的程度。这些都表明,当时我国金属冶炼和铸造的工艺水平已达"世界之巅"。

三、随州编钟是中华文明所创造的辉煌

"中国是钟的王国"。远古时代,我们的祖先就创造了世界上最早的钟,并有过"钟鸣鼎食"的灿烂文明。我国的铸钟史从原始到战国,经历了一千多年的发展时期。据考,钟的前身是铃,从原始的瓷甬钟到早商的扁圆形铜铃,至殷商的铙,西周中期三件一组的穆王编钟,发展到八件一组,历经春秋时期的九件、十三件一组,继而发展到战国时期的大型编钟。从单音钟到按音阶编列演奏的乐钟,凝聚着古老中华民族的智慧和我国古代科学技术的结晶。史料表明,世界文明古国的埃及、巴比伦、印度也都有过铸钟的实践,但他们的钟口都是圆形,而圆形钟无论怎样敲,都

是一个基音,且延续(余音)长,很难形成音律。而随州曾侯乙编钟之所以能成为乐钟,关键在于它恰当地运用合金材料,在科学配比的基础上,成功地采用了"复合陶范"铸造技术、铝锡为模料的熔模法,加上钟壁厚度的合理设计、鼓部钟腔内的音脊设置、炉火纯青的热处理技术,才能使铸件形成"合瓦形",产生"双音区",构成"共振腔"。所有这些,无不折射出那个遥远时代中华文明所创造的辉煌。

　　曾侯乙编钟以凝固的历史和千年不变的音质,印证了中华民族数千年前遥遥领先于世界的灿烂文明,被中外专家学者称为"稀世珍宝"、"世界奇迹"。1979年,叶剑英、李先念称赞:"这是中华国宝!"1997年在香港回归祖国大型庆典音乐会上,它的卓越风采令世界惊叹。1999年5月江泽民总书记亲自挥槌试奏《渔舟唱晚》的主旋律,激情盛赞"绝了!绝了!真是绝了!""这是我们中华民族文化中的瑰宝!"2008年随州编钟演奏的《茉莉花》被指定为北京奥运会、残奥会颁奖音乐。2009年5月20日世界华人寻根节上,随州编钟用无与伦比的演奏,陶醉了现场所有的世界华人。

　　已知的惊世骇俗,未知的尚待探究。随州编钟仍是浓缩青铜鼎盛时期的一只"黑匣子",存储了我国古代最富创造性、最有价值的信息,存储了荆楚文明、曾随之谜最重要的密码,全部破译,无法预知。

　　2010年12月,湖北随州又发现西周早期最大古墓群——叶家山西周古墓群。2011年6月至2013年7月两次考古发掘,共发掘74座墓葬6座马坑。出土青铜器、原始瓷器、陶器、玉器、漆木器等珍贵文物800多件(套),其中青铜器多达300多件,部分青铜器上见有"曾""侯""曾侯""曾侯谏"等一类的铭文400多字。尤其是M111墓壁出土的5件套编钟,比曾侯乙编钟早500年左右。叶家山墓地的发掘,将曾国历史提前了500年,将进一步揭开了3000多年前的古曾国的神秘面纱。专家预测:叶家山考古发现或将改写世界音乐史和中国历史教科书。

明哲先贤文化

　　随州是一片神奇的土地!这里人杰地灵,物美景华,得天独厚的自然条件和深厚的文化底蕴孕育了一代又一代随州人。在这片神奇的土地上,从古至今,有无数随州骄子演绎出惊天动地的壮丽篇章和流传千古的辉煌成就。春秋大贤季梁"民为神主"的哲学理念和"上思利民"的政治主张,为后来"民本"思想的诞生起到了先导作用,是当之无愧的民本思想的先驱者和倡导者;西汉末年,绿林英雄陈牧、廖湛充分体现了随州人助弱济贫、不畏权贵、不附强权的豪侠品性;唐代诗圣李太白醉心随州灵山秀水,吟就千古佳作;文宦双栖的刘随州其七律被誉为"中唐之首";大夏皇帝明玉珍勇武英明,新政爱民,是中国历史上唯一一个在重庆建都称帝的皇帝;晚明大臣杨涟忠君爱民,不畏强暴,舍生取义,千年之下,终究不朽……他们的思想和精神是随州的魂灵,将荫庇今天和未来的随州人创造更加绚丽的辉煌。

一、"神农之后,随之大贤"——季梁

季梁(约公元前770—前690),又称季氏梁、季仕梁,春秋初期随国(今随州市)人。杰出的思想家、政治家、军事家,被后人誉为"中国民本思想第一人"。

季梁在历史上率先提出"夫民,神之主也。是以圣王先成民而后致力于神"。这里,"民为神主"的思想,是季梁哲学思想的精髓。

季梁对"民为神主"的解释是:民是主,神是从;如果民心背离,鬼神要降福也无能为力。所以统治者唯有"先成民而后致力于神",才能"庶免于难"。

季梁提出民是神的主宰,尚未彻底否定神的存在,神的幻影并未从他的观念中最终消失。但是,这并不影响我们把他视为我国历史上无神论的先驱。

季梁在与随侯谈论民神关系时,提出了"修政而亲兄弟之国"的主张。所谓"修政",即对内整顿国家政治;所谓"亲兄弟之国",即对外与兄弟国家互相亲善。这是季梁政治思想的集中体现。

季梁认为,要对内整顿好国家政治,必须把"道"作为行为准则。他对"道"作了解释:"所谓道,忠于民而信于神也。上思利民,忠也;祝史正辞,信也。"季梁提出这一政治理论,是在公元前706年,这在我国政治思想史上前无古人。

季梁不仅是一位著名的政治家和思想家,更是一位杰出的军事家。

透过事物某些现象和假象去分析事物的实质,是季梁军事思想中的闪光之处。《左传·桓公六年》载:"楚武王侵随,使薳章求成焉,军于瑕以待之。随人请少师董成。斗伯比言于楚子曰:'……汉东之国,随为大。随张,必弃小国。小国离,楚之利也。少师侈,请羸师以张之。'……少师归,请追楚师。随侯将许之。季梁止之……"季梁正是透过楚人"求成"的现象和"羸师"的假象,看出了楚人侵略的实质,因此,当随侯将要依狂妄自大的少师之意追击楚军时,才能出面制止,并戳穿楚人的阴谋。他说:"天方授楚,楚之羸,其诱我也,君何急焉?"季梁的这一军事思想,被后来大军事家孙武加以总结和发挥,成为著名的战争指导原则,即"辞卑而益备者,进也;辞强而进驱者,退者;轻车先出居其侧者,陈也;无约而请和者,谋也;奔走而陈兵车者,期也;半进半退者,诱也。"

把矛盾的运动及其转化原理运用于军事之中,是季梁军事思想中十分宝贵的内容。《左传·桓公八年》载:"楚子伐随,军于汉、淮之间。季梁请下之:'弗许而后战,所以怒我而怠寇也。'"面对楚军的强大攻势,季梁不是应战,而是主张行卑词求和,待"弗许而后战"。季梁是基于这种考虑的:随求和不许,随军便意识到唯有死战别无他路,这样一来,将士就会勇气倍增;另一方面,楚军会因为随人的求和而懈怠斗志。孙武则把季梁的这一军事思想表述得更加准确,他说,为了激怒士卒,长其斗志,必须将士卒"投之亡地然后存,陷之死地然后生"。可以说,孙武关于矛盾双方不仅相互依存,而且在一定条件下可以相互转化的军事辩证法思想,在很大程度上是季梁的军事思想的提炼和升华。

季梁军事思想的难能可贵之处,还在于他已朦胧地意识到政治是决定战争胜负的重要因素。因此,对国与国之间的战争的成败,主张从"道"上来寻找原委。他说:"臣闻小之能敌大也,小道大淫。"即以为小国之所以能够战胜大国,是由于小国有"道",大国暴虐。

二、以"随"定国号的隋文帝杨坚

随州的"随"最早出于西周"汉东之国随为大"。当时随国为一诸侯小国,附庸在楚国之下,附近有陈国、蔡国、唐国等更小的诸侯国。自西周后,这一古地名得以流传下来。

杨坚是北周名将杨忠(官至十二大柱国之一,封随国公)的后人,聪明俊杰。《隋书·高祖上》记载,杨坚14岁就任功曹,十五岁授予散骑常侍、车骑大将军、仪同三司,封成纪县公,16岁晋升骠骑大将军加开府衔。这一出身名门、少年得志的英豪,登上九五至尊的路,却充满了艰险。

(1) 出生怪异,寺庙寄养

《隋书·高祖上》记载,高祖诞生于冯翊(今陕西大荔县)般若寺。当时"紫气充庭,有尼来自河东,谓皇妣曰:'此儿所从来甚异,不可于俗间处之,尼将高祖舍于别馆,躬自抚养。皇妣尝抱高祖,忽见头上角出,遍体鳞起,皇妣大骇,坠高祖于地上,尼自外入见曰:'已惊我儿,致令晚得天下。'为人龙颔,额上有五柱入顶,目光外射,有文在手曰'王'"。杨坚寄养寺庙十三年,直至入太学读书才离开。

(2) 仪容超凡,几度遇险

杨坚仪表堂堂举止超凡,连当时皇族先辈们都称赞道:"此儿风骨,非世间人!"然而,这种惊世骇俗的美貌,并没给他带来仕途的幸运,反而带来了皇族的戒心和杀戮。最危险的一次,据《隋书·高祖》记载:"明帝即位,授右小宫伯,进封大兴郡公。帝尝遣善相者赵昭视之,昭诡对曰:'不过作柱国耳。'既而阴谓高祖曰:'公当为天下君,必大诛杀而后定。善记鄙言。'"赵昭的暗中保护,使杨坚躲过了朝廷的追杀。

(3) 以避求存,发迹随州

《隋书·高祖》:"武帝即位,迁左小宫伯。出为随州刺史,进位大将军。后征还,遇皇妣寝疾三年,昼夜不离左右,代称纯孝。宇文护执政,尤忌高祖,屡将害焉,大将军侯伏、侯寿等匡护得免。其后袭爵隋国公。"这里的"随州刺史"的"随州",就

是现位于湖北北部、桐柏山脉以南的"随州市"。这里的"袭爵"要特别说明一下,"爵"是北周封杨坚之父杨忠"随国公"的"爵"。武帝时,宇文家族专权,极力拉拢杨坚,但杨坚拒绝招诱。为防报复保护自己,杨坚借卫国公独孤信之力,得以离宫赴随就任刺史,自此开始谋划大业。这也就是杨坚为何将国号定为"隋"的原因(杨坚夺位后立国号为"随",但其认为随有"走"的意思或"随从"意思,恐不祥,遂改"随"为"隋")。杨坚虽在随州任刺史仅两年,但他的发迹就是从随州开始的。

三、旅居随州寿山的诗仙李白

李白(701—762)字太白,号青莲居士,我国古代最杰出的浪漫主义诗人,素有"诗仙"之称,曾旅居随州寿山,由于与几个随州人的友谊,以及留下几篇与随州有关的诗文而被随州人津津乐道。

李白旅居随州寿山时,写了篇《代寿山答孟少府移文书》的文章,在描绘了寿山的旖旎风光后,就表述了他并不想当一个隐士,一旦机会来临会毫不犹豫地步入仕途的政治理想。后来发生的一切也确实印证了这一点。

当时知识分子入仕的途径有三条:一是应试,二是与名门望族结亲,三是归隐山林,走终南捷径。应试这条路李白试了几次都没有走通,剩下的就只有攀附名门望族和归隐山林,寄望高人指点、举荐步入仕途了。所以当他27岁来到安陆时,他想娶的女子便是曾经当过宰相的许圉师的孙女,并小隐于寿山。

攀亲一事开始进行得并不顺利,一个没有功名的文人想娶一个大家闺秀谈何容易?在碰了几次壁之后,李白找到了当时名震宇中的随州道人胡紫阳。正是胡紫阳出面说媒,从中撮合,许家才答应这门婚事。

尽管有紫阳真人出面做媒,许家虽然答应了这门亲事,但条件是李白必须入赘当上门女婿。对于"倒插门",不仅在唐朝,即便几十年前的随州、安陆人都觉得不是件光彩的事,但为了理想,为了攀上这家名门,李白显然顾不了那么多,也就委屈求全了。

婚后的李白开始住在许家。后因与妻弟"不睦",不得已,他和许夫人只好搬出许家宅院,先后在广水的寿山和随州、安陆交界的白兆山居住。

因为与许家"不睦",所以许家人没有举荐他做官。李白后来把这段生活说成是"酒隐安陆,蹉跎十年"。十年也许只是个大概时间,有资料表明,李白从27岁来到安陆,到40岁离开,其间整整呆了13年。

但李白这段时光,也非一无所获,一是以安陆为中心,开始了十年漫游,饱览云梦泽风光,韬光养晦,蓄势待发,对李白后期发展产生了深远的影响。二是留下了《静夜思》脍炙人口的诗篇。三是接触著名道士胡紫阳。与胡紫阳谈禅论道让李白

诗风大变,道家那想象诡异,恣意纵情,富于哲思的内质,让李白终生受益,也许正是因为李白与紫阳真人的交流,才有了后来的"飞流直下三千尺,疑是银河落九天""君不见黄河之水天上来,奔流到海不复回"这些气势磅礴、想象奇异的千古绝唱。

四、文宦双栖的随州刺史刘长卿

刘长卿(709—791),字文房,河北河间人(一说是安徽宣城人)。曾因做过随州刺史,所以世称刘随州。刘长卿一生诗作颇丰,特色鲜明,被人们尊奉为"大历十才子""五言长城",其诗辑为《刘随州集》(十一卷),是典型的双栖历史名人。

(1) 三起三落,苍凉一生

史书记载,刘长卿开元二十一年(734)25岁时考中进士,33岁才出任长州尉(今苏州)。次年晋升为海盐令(今浙江省海盐县),但随后便被罢了官,且被投进监狱,关了他几个月,之后"贬潘州南巴尉",当了个九品县尉。肃宗至德元年(756)逢朝廷大赦并昭雪冤假错案,他被召回京都做监察御史,执掌"分察百僚,巡按郡县,纠视刑狱,肃整朝仪"等事宜,由于得罪了人,很快又被调离台阁。此后不久进入淮南转运使刘晏的幕府,协助刘晏做铸钱及盐铁转运等事宜。43岁时升任七品转运使判官兼检校殿中侍御史,两年后再升任正六品的鄂、岳二州转运留后兼检校祠部员外郎,不久又被鄂岳观察使吴仲孺诬告其犯赃二十万贯,再度被贬为睦州司马(今浙江省建德县)。此后一直在睦州司马任上。德宗建中二年(781),72岁时才受任随州刺史。三年后因战乱离开随州。

(2) 才高八斗,诗比长城

《全唐诗话》记载:"长卿以诗驰声上元、宝应间。"刘长卿悲壮苍凉的仕途生活,成就了这位伟大的诗人。清编《全唐诗》收录了刘长卿诗5卷509首。刘长卿以写作山水诗著名,其咏物诗、边塞诗、咏史诗也有一些佳作,描写安史之乱和乱后景象的诗颇有时代特色,写怀才不遇之感以及送别之情的作品情景交融,有语淡情深之感。刘长卿尤擅五言,自诩"五言长城"。刘长卿的七律被称为中唐之首,清人沈德潜在《唐诗别裁》卷14称:"七律至随州,工绝亦秀绝矣。"代表作《逢雪宿芙蓉山主人》等。他在随州刺史任上共作诗九首,最著名的是《闻虞洄州有替将归上汉东城寄赠》。

五、获画学书文冠天下的欧阳修

欧阳修(1007—1073)字永叔,号醉翁,又号六一居士。北宋卓越的文学家、史学家。

欧阳修不是随州人,但在随州长大,随州是他的第二故乡。欧阳修祖籍江西永丰,出生在四川绵阳。父亲欧阳观时任绵阳推官。4岁那年,父亲病故在任上。母亲郑氏,只得扶携幼儿稚女远道投奔在随州任推官的欧阳修的叔叔欧阳晔。欧阳修在随州识字读书习文,直至22岁离开随州,步入仕途。

欧阳修留给随州人的印记有三:一是荻画学书的历史典故;二是《李秀才东园序》;三是白云书院。

欧阳修的父亲和叔叔都是进士出身,朝廷命官,但廉洁自持,自为布衣。家里穷得没有钱买学习用的纸和笔。欧阳修的母亲就地取材,因境施教。就用河边长的芦苇秆当笔,沙土当纸,用父辈发愤苦读求得功名以及振兴家业的愿望,教育儿子读书写字做文章。母亲就这样培养出了一个"文冠天下的大家"。从此,随州大地上就流传着一个"荻画学书"的历史典故,为后世树立了现代家庭教育"言教、身教、境教"的典范。

《李秀才东园序》:"……山泽之产无美材,土地之贡无上物,朝廷达官大人,自闽陬岭徼出而显著,往往皆是,而随近在天子千里内,几百年间未出一士,岂其庳贫薄陋,自古然也。予少以江南就食居之,能道其风土,地既瘠枯,民给生不舒愉。虽丰年,大族厚聚之家,未尝有树林池沼之乐,以为岁时休暇之嬉。"欧阳修认为,随州"库贫薄陋",没有名产,没出名人,山水风物,没有值得夸耀的地方。但是,他在结语中说到:"随虽陋,非予乡,然予之长也,岂能忘情于随哉。"深情表达"长于斯"的念想(1033年,欧阳修为随州好友李佐作)。

明朝时期,随州人怀念欧阳修,修建了一座白云书院,可惜古建筑已毁,今人又重修,辟为随州市图书馆,成为随州人的精神家园。

六、大夏皇帝明玉珍

明玉珍(1329—1366),随州梅丘(今随州市曾都区柳林镇古城畈)人。中国历史上唯一一个在重庆建都称帝的大夏国皇帝。

(1) 英雄少年,亮剑安民

典籍记载,明玉珍生有异相,双目重瞳,少年英雄,虽出身农家,却相貌魁梧,仪表堂堂,自小走马射猎,舞枪弄棒,知书达理,豁达大度,诚信守义,扶弱济贫,深得当地民众的钦敬。

时值元末,没落王室横征暴敛,穷奢极欲,地方官吏大肆搜括、巧取豪夺,加之灾荒连年,瘟疫不断,神州大地遍地哀鸿,饿殍遍野。于是盗寇群起,叛乱频发,四海纷争,八方骚扰。声势浩大的红巾军起义席卷九州。明玉珍应时揭竿而起,与里中耆老团结数千人,组成民军,屯于青山一带,修械筑防,结寨自固,保家安民。

（2）归顺天完，晋封元帅

红巾军首领徐寿辉自立为帝，以蕲水为都城，国号天完，年号治平。明玉珍归顺天完，隶属倪文俊部，以元帅的名号驻节沔阳，成为西系红巾军的一支有生力量。（红巾军军歌：风从龙，云从虎，功名利禄尘与土。望神州，百姓苦，千里沃土皆荒芜。看天下，尽胡虏，天道残缺匹夫补。好男儿，别父母，只为苍生不为主。手持钢刀九十九，杀尽胡儿才罢手。我本堂堂男子汉，何为鞑虏作马牛。壮士饮尽碗中酒，千里征途不回头。金鼓齐鸣万众吼，不破黄龙誓不休。）

数年间，明玉珍驰骋疆场，能攻善守，经大小百余战阵，在抗元烽火中饱经历练，脱颖而出，积军功升任奉国上将军统兵都元帅。

（3）挥师西进，终成霸业

至正十七年（1357）三月，明玉珍听从戴寿之策，挥师西进，长驱直入，首定夔州、万州，继袭重庆，再平泸州、叙南。大军所至，所向无敌。明玉珍号令严明，军律整肃，秋毫无犯。所至不独用武，惟以拯救为尚，故而深得民心。徐寿辉论功行赏，授明玉珍广西两江道宣慰使。次年六月，明玉珍一鼓作气，于普州击败亳人李仲贤所部元军主力，将全蜀牢牢掌控，又被补授为陇蜀四川行省参政。

徐寿辉遇害后，至正二十二年（1362）春，明玉珍即皇帝位于重庆，国号大夏，建元天统。立妻彭氏为皇后，子明升为太子，并仿效周制，设六卿。以戴寿为冢宰，总理百官、辅佐皇帝；万胜为司马，掌管工程；向大亨、莫仁寿为司寇，掌管司法刑狱、纠察等事；吴友仁、邹兴为怀徒，掌管宗庙祭祀等礼仪制度。分蜀地为八道，下设府、州、县三级，分置刺史、太守、县令等官职，其疆界至最盛时可东至彝陵（今湖北宜昌），西至中庆（今云南昆明），南到播州（今贵州遵义），北至兴元（今陕西南郑）。

明玉珍出自草泽，始终难脱农民式的狭隘眼光。他长于施政，短于戎行，重"文治"轻"武功"，躬行俭让，生性好学，礼贤下士，义气深重，忠于旧君，极受时人敬重，亦常被后世史官和读史者击节称赏。

《明史》称明玉珍终年三十六岁。称王二年，称帝四年，在位共六年。谥曰钦文昭武皇帝，庙号太祖。

七、忠烈奇节杨涟

杨涟（1572—1625）应山（今湖北随州广水市）人。字文孺，号大洪。明代大臣，万历进士，累官至左副都御史。

初任常熟知县，举全国廉吏第一，入朝任给事中。明神宗病危，力主太子进宫服侍皇帝。明光宗即位，极力反对郑贵妃求封皇太后。光宗病重，召见大臣，他不属大臣，亦在召见之列，临危顾命；光宗逝世，李选侍居乾清宫挟太子欲把持朝政，他说服朝臣,挺身而出,闯进乾清宫,拥太子即位,并逼李选侍移出乾清宫,安定了朝局,升兵科都给事中。天启五年(1625)任左副都御史,因弹劾魏忠贤24大罪,被诬陷,惨死狱中;后平反昭雪,谥号"忠烈";有《杨忠烈公文集》传世。

(1)临危顾命,力挽狂澜

杨涟青年时代深受东林党顾宪成等人的影响,逐步养成"以天下为己任、不畏权势、敢于訾议朝政"的禀性,迅速成长为东林党的后起之秀。

杨涟为人光明磊落,不畏权贵。神宗时,郑贵妃与外朝的官吏多有勾结,垄断后宫,离间神宗与太子朱常洛的骨肉之情。杨涟识破了郑贵妃的阴谋,坚决支持太子朱常洛,并力助太子朱常洛入御榻前侍药膳,接近神宗,防止郑贵妃假传圣旨,惑乱朝政。神宗死后,太子朱常洛登上帝位,是为光宗。光宗登基四天,便大病不起。当时宫中纷纷传言,说光宗之病是因为郑贵妃进美女八人致使光宗身体亏损,又唆使崔文升进泻药,使其病情加重。杨涟听此,深为光宗担忧,决心清除郑贵妃对光宗的威胁,于是便联络朝臣,共请郑贵妃移宫,终将郑贵妃从光宗身边赶走。光宗称赞杨涟:"此真忠君。"下旨驱逐崔文升,收回封郑贵妃为太后的圣旨,并擢升杨涟为顾命大臣。

光宗在位仅一月,突然驾崩乾清宫。他的宠妃李选侍阴狠狡诈,光宗在时,便恃宠骄横,独霸后宫。朱由校的生母王氏便是被她害死的。后来她又趁光宗病重,与郑贵妃勾结,要求封郑贵妃为皇太后,封自己为皇后。一次光宗召几位大臣商量,准备封她为皇贵妃。不料躲在门幔后偷听的李选侍不满意,竟然从幕幔后伸出手来将站在光宗旁边的朱由校拉进去,耳语了一番,便将其推出。朱由校当即便跪在地上请父皇封李选侍为皇后。如此僭制违礼,不仅使在场的大臣面有怒容,连光宗也为之"色变"。李选侍欲学当年的郑贵妃,准备将光宗的长子朱由校藏起来,"挟皇长子自重"。如果此举得逞,必将干预朝政扰乱国体。杨涟等一批正直朝臣决意铤而走险,力挽狂澜。当天上午,杨涟、左光斗、方从哲等朝臣一齐到乾清宫。刚至乾清门,便有内宦持梃拦路,不许入内。杨涟大骂道:"奴才!皇帝召我等。今已晏驾,若曹不听入,欲何为?"说完便挥手挡开枪梃,众朝臣一拥而入。大家哭灵完毕,发现长子朱由校并未在光宗灵柩前守灵,心中暗暗吃惊。问左右的宦官,皆支支吾吾,不敢作答。杨涟见光宗的心腹太监王安以目示意西暖阁,当下会意,转身对大家耳语了几句,大家便一齐向西暖阁跪下,齐呼求面见储君。李选侍拥着朱由校躲在西暖阁,哪里见过如此阵势,早已吓得六神无主。王安随即入内,假意劝说,称皇长子面见众臣后即可送回。说完便拉着朱由校出阁,等在外面的众臣连忙把朱由校拥入早已准备好的辇车,护驾退出乾清宫。李选侍这才回过神来,慌忙吩咐左右的宦官快去挡驾。宦官们追来拖住轿子,大声叫嚷:"拉少主何往?主年少畏人。"杨涟大怒,大声斥骂道:"殿下群臣之主,四海九州莫非臣子,复畏何人?"众宦官被骂得哑口无言,这才悻悻退去。杨涟等人将朱由校抬至文华殿,当即举行了"正东宫位"的典礼,并且议定于当月六日在乾清宫即帝位。李选侍见皇长子被拥走,十分恼怒,无奈大局已定。她决定赖在乾清宫不出,以此要挟朱由校封她为皇太后。消息传出,举朝皆愤愤不平,奏请李选侍移宫的章奏接连不断。九月初五,眼见太子登基大典将近,而李选侍仍赖在乾清宫不出。杨涟心急如焚,又联络诸大臣聚集慈庆宫,要大学士方从哲带头请太子下诏驱李选侍移宫。朱由校只好下旨遣李选侍即日移宫。李选侍只得迁出乾清宫。次日,朱由校正式登基,即熹宗。

(2) 力战"阉逆",慨然赴死

光宗驾崩到熹宗登基,前后仅六日。杨涟为辅佐太子顺利登基呕心沥血,几乎是夜夜不寝。史书上称在六天内"涟须发尽白,帝亦数称忠臣"。天启三年(1623),拜杨涟为左佥都御史。次年,又升为副都御史。然而,这位在杨涟等正直朝臣舍命扶持下才得以登极的皇帝,并没有像东林党所希望的那样革除万历朝弊政,相反却是变本加厉,更加荒淫奢靡,昏庸无能。宦官魏忠贤和熹宗的乳母客氏相勾结,在宫中独揽大权,肆意为虐。那些邪恶派的官吏也纷纷投靠魏忠贤,结成"阉党",打击和排斥东林党人。杨涟怀着满腔的悲愤,决心挺身而出,讨伐魏忠贤。

天启四年(1624)六月,杨涟奏疏列举魏忠贤24条罪状,揭露其迫害先帝旧臣,干预朝政,逼死后宫贤妃,操纵东厂滥施淫威等罪行。魏忠贤闻疏后惊恐万状,跑到熹宗面前哭诉其冤,又叫客氏在旁游说,为自己开脱,熹宗真假难辨,好坏不分,反而温言抚慰魏忠贤,严旨切责杨涟。自此以后,魏忠贤对杨涟恨之入骨。天启四年(1624)十月,魏忠贤矫旨责杨涟"大不敬"、"无人臣礼"。将杨涟革职为民。天启五年(1625),魏忠贤指使"阉党"大理丞徐大化,劾杨涟、左光斗"党同伐异,招权纳贿",借兴"汪文言之狱"谋害杨涟等人。锦衣卫北镇抚司指挥许显纯在魏忠贤的授意下对汪文言严刑逼供,要他诬陷杨涟受贿,汪文言宁死不屈。许显纯无计可施,只好自己捏造供状,诬陷杨涟、左光斗曾受辽东经略熊廷弼贿赂。魏忠贤立即遣锦衣卫缇骑前去逮捕杨涟等人来京审讯。六月,杨涟被逮押送北京,沿途群众闻讯,皆为杨涟鸣不平。他们自动夹道哭送,所过村市,"悉焚香建醮,祈祐涟生还"。六月二十八日,杨涟被下镇抚司诏狱审讯。许显纯将锦衣卫的诸多酷刑一一用于杨涟,折磨得他遍体鳞伤,气息奄奄。后来提审时杨涟被折磨得无法坐立,许显纯便让打手给杨涟带上桎梏,拖他到堂上躺在地下受审。杨涟仍不屈服,在狱中写下《绝笔》,继续陈述"移宫案"的真相,痛斥魏忠贤紊乱朝纲。魏忠贤得知后气得七窍生烟,令许显纯立即杀掉杨涟。七月庚申夜里,许显纯令缇骑在狱中处死杨涟,此贼先后以"土囊压身,铁钉贯耳"等手段加害杨涟,但杨涟并未身亡,后许显纯以一枚大铁钉钉入杨涟头部,终将其害死,临刑前,杨涟咬破手指,写下血书一封,称"欲以性命归之朝廷,不图妻子一环泣耳!"写完便仰天大笑,奔赴刑场,死时惨不忍睹。

杨涟死后,家产被没收充公,所有财产不足白银千两。老母、妻子无处可栖,由两个儿子乞讨求食供养,官府还要不断催逼"赃款",此举引起广泛同情,乡亲们都人人争着出钱帮助,甚至卖菜的人也拿出钱来。最终只凑到几千两银子,仍不能如数解送到京。

崇祯即位,魏忠贤的党羽感觉不妙,开始分化。有人再次上疏弹劾魏忠贤,魏在被发往凤阳时自缢而死。

杨涟冤案得到平反昭雪,追赠为太子太保、兵部尚书,谥号忠烈。清顺治六年(1649),杨涟遗骨运回应山,棺木过河南确山,有位老者扶棺大哭,并贴赞辞于棺:"先生之心,忠君之心,先生之口,嫉奸之口,忠言如钺,奸魄已褫,先生虽死,万古如生。"杨涟遗骨葬于龙兴沟天井涧(今中华山林场龙兴沟水库)。在杨涟的故里三潭杨公岭立杨涟塑像一尊,以示纪念。

《明史》称赞杨涟"为人磊落,负奇节"。受之无愧。

生态旅游文化

随州古称"随",是个有始(始祖)有钟(编钟),历史悠久,山奇水秀,物产丰富的地方。随州的生态旅游文化主要由"一个始祖、两张世界级文化名片、三大水库风光、四座风景名山、五朵金花"构成,素以"古、奇、美、新"而著称。古,炎帝神农故里。随州烈山已成为海内外炎黄子孙寻根问祖的圣地。奇,编钟故国。随州擂鼓墩出土的战国早期大型成套系列编钟,精美绝伦,价值连城,被海内外誉为世界奇迹。美,旅游度假胜地。被称为"楚北天空第一峰"的荆楚名胜大洪山、国家级森林公园中华山、国家4A级标准建设景区玉龙温泉、湖北旅游避暑胜地徐家河等景点,堪称中原绝版。新,新型生态城市。先后荣获"中国历史文化名城"、"中国改装汽车之都"、"中国编钟音乐之乡"等称号。

一、随州风景名胜简介

(1)炎帝神农故里景区

炎帝神农故里景区,位于随州市随县厉山,湖北省重点文物保护单位,国家AAAA级标准建设景区,海内外炎黄子孙寻根谒祖胜地。主要景观有:

炎帝神农大像。位于海拔113米高的九列山第七列上,底座边长56尺(约18.67米),意为中国56个民族;底座高度为42.6尺,意为炎帝神农诞生日农历四月二十六日(14.2米);立像高为95尺(约31.67米),意为九五之尊。

炎帝神农大殿。建筑面积6 600平方米,坐北朝南,高台圆柱直檐,秦汉风格,古朴庄重。它位于烈山腹地,向前延伸至对面的九龙山,形成一条中轴线。景点依次是谒祖广场、圣火台、华夏始祖门、烈山湖、九拱桥、四牛石雕和照壁。

万法寺。万法寺位于烈山的耕耘山山巅,始建于唐贞观二十二年(648),是随州古代名刹、佛教圣地之一,有"百川汇海,万法朝宗"之誉。万法寺历时一千三百多年,历朝历代复修扩建,原寺已拆毁。1991年按照历史原貌修复了万法寺的"大雄宝殿"等殿堂。

功德殿古建筑群。整体占地面积10 320平方米,建设面积2 466平方米,由日月门、天门、碑苑和功德殿组成,用于集中展示炎帝神农对人类社会发展的突出贡献。神农井位于功德殿中心广场,为烈山九井之一。

神农碑。明代万历丁丑年(1577)随州知州阳存愚立。碑高2米,宽1米,重数吨,距今已有四五百年的历史。

神农洞。相传炎帝神农诞生之地。

神农纪念馆。由门厅、神农生平展厅、祭祀活动展厅、五姓宗亲会馆、书法展厅、神农座像联合组成。

龙凤日月铁旗杆。位于厉山镇小学内,建于嘉庆十六年(1811),高五丈,重两万三千余斤,至今保存完好,为湖北省重点文物保护单位。

(2) 擂鼓墩风景区

擂鼓墩风景区主要由擂鼓墩古墓群遗址、随州市博物馆组成。

古墓群遗址位于随州市西北2.5公里,这里是一座地下文物宝库。除已发掘的曾侯乙墓和擂鼓墩二号墓外,初步探明现存大小古墓200多座,是全国重点文物保护单位。

主要看点:曾侯乙墓墓坑遗址、古墓建筑文物展示、古墓开采实况(纪录片)、二号墓出土文物(博物馆)。

随州市博物馆紧靠曾侯乙墓建造,占地118亩,建筑面积11 000平方米,是一座集文物征集与收藏、陈列展览与宣传教育、文物保护与科学研究、考古钻探、编钟演奏于一体的综合性博物馆。擂鼓墩二号墓出土的文物是其镇馆之宝。

主要看点:炎帝神农故里、随(曾)国迷踪、曾侯乙墓、擂鼓墩二号墓、汉唐风韵五大主题展览。

(3) 大洪山风景名胜区

大洪山又名绿林山。位于湖北省北部,横亘京山、钟祥、随州交界处,面积350平方公里。群峰耸立,层峦叠翠,最高峰海拔1 055米,素有"楚北第一峰"之称,为国家级风景名胜区。主要景观有:

宝珠峰。大洪山主峰，海拔1055米，号称"楚北天空第一峰"。

白龙池。海拔840米，是中国四大火山口之一。

黄龙池。位于宝珠峰峰顶，泉水终年充盈，清滢透亮。

洪山寺：分上下两院，上院位于宝珠峰顶（已毁），下院位于山麓南面，上下两院统称洪山禅寺。上院奇峰寺始建于唐朝宝历二年（827），下院万寿禅院始建于北宋绍圣年间（1094—1097）。洪山寺是禅宗南宗曹洞宗发祥地之一，在佛教界享有盛誉。下院寺内尚存宋、明、清石碑6通。

千年古银杏。位于洪山寺旁，树高28米，胸围8.2米，直径2.61米，树龄千年，历经沧桑，是大洪山镇山之宝，号称"华中第一树"。近旁还有五株百龄银杏树，人们称之"五女拜寿"。

两王洞。位于斋公岩东南，海拔860米，洞长1000米，共四厅，因西汉末年绿林军首领王匡、王凤曾在此屯兵而得名。洞中钟乳各异，泉水叮咚。

绿林山风景区。位于大洪山西南，由五大区域、十大景点、几百个景观构成。绿林寨、原始生态丛林、美人谷、空山洞、鸳鸯溪是其核心景点。

黄仙洞。位于钟祥市境内，全长2000米，洞口高100米，宽70米。洞内有"洞口避风"、"济公仰天"、"屈子行吟"、"仙鹤顶月"、"大鹏展翅"等数十处景点。

此外，景区内还有剑口、筱泉湾、筱泉洞、双门洞、仙人洞、樵河古道等著名景点；还保存有"屈家岭"、"冷坡垭"等新古器文化遗址，绿林军起义的古战场遗址，明嘉靖皇帝之父陵墓，以及第二次国内革命战争时期李先念、陶铸等革命家活动旧址等大量文物古迹。

（4）玉龙温泉

湖北大洪山玉龙温泉欢乐谷，位于随州市洪山镇温泉村，占地3300亩，按照国家AAAA级景区标准精心打造。玉龙温泉是九亿年前火山喷发时形成的温泉，其温泉水中富含氡、氟、钙、镁等几十种对人体有益的矿物质微量元素，是国内罕有的保健型温泉。

景区由温泉养生园、水上娱乐园、动物表演园、军事拓展园、农耕体验园、赛马场、高尔夫练球场、汽车越野赛场、滑雪滑草场九大主题公园组成，是以神农炎帝创立的农耕文明为文化脉络，充分利用当地的历史文化、农耕生活情调及大洪山自然风情和火山岩温泉养生资源，并结合现代健康度假理念而打造的，集吃、住、游、购、娱为一体的综合一站式景区；是休闲娱乐、旅游度假、商务会议的最佳场所。

景区内最具特色的是温泉区。星罗棋布的温泉池分为动感池区、火山池区、农耕文明区和楚文化池区，共包括68个风格各异、大小不一的功能温泉池，每个温泉池均注入了深厚的文化内涵。动感温泉池，景区拥有大型的温泉泊浪池；超长的温泉滑梯,可让游客放飞心情,激爽四季。温泉飞虹滑道、儿童水上乐园等水上游乐项目让人回味无忧童年;泉区表演台,不时举办迷人的歌舞表演和精彩的文化活动;百草溪养生温泉池区,人参、芦荟、灵芝、当归等各类加料温泉,功效显著;多种养生汤以及高中低温石板泉,让您进入健康、梦幻的精彩世界;石板温泉为游客提供专业的擦修、助浴服务;突出地方特色的火山矿物泥池、火山鱼疗池和神秘的死海漂浮泉等给游客带来健康奇特的感受。

(5) 中国(随州)千年银杏谷

千年银杏谷,位于随县洛阳镇。现有定植银杏 510 万株,其中百年以上 1.7 万株,千年以上古银杏 308 株。2004 年,国家环保总局将其列为国家级古银杏自然保护区。主要景观有:

桃园湖风光风景区:桃园河水库兴建于 20 世纪 60 年代,库容七千万立方米,水源天然,清如明镜,库汊曲幽,山重水复,云雾水烟,虚实相间。四周山丘,植被茂盛,春花,夏荫,秋红,冬翠,湖光山色,美不胜收。

九口堰新四军第五师革命旧址红色旅游区:抗日战争时期的五师司令部,包括参谋处、军需处、机要科和政治部的当年原状及其他师直机关诸如抗大第十分校、五师被服厂、五师医院、兵工厂等也都保存完好,形成了一个五师及直属单位旧址群。

大夏皇帝明玉珍故里、现光山相国寺历史古迹游览区:二十多里的残垣断壁,十一处的山寨废墟,不禁让人们追慕起几千年前的农民领袖驰骋战场的情景。

千年银杏群落田园风光旅游景区:被誉为"千年银杏,十里画廊,世界最纯净的地方"。百年以上 1.7 万株、千年以上 308 株银杏树,分布在景区内的胡家河、周氏祠一带,形成了在中国乃至全世界分布最密集、规模最大的古银杏群落。其中"银杏树王""盆阅树""五老树""银杏至尊"等古树历经沧桑,形态独特,令游客惊叹不已。

(6) 中华山国家森林公园

国家森林公园中华山,位于广水市城北 3 公里。这里山水风光秀丽,奇峰怪石林立,寺庙历史悠久,古堡寨墙众多,是集森林旅游、疗养避暑、观光度假为一体的旅游胜地。主要景观有:

哈哈岭。数以奇峰怪石而闻名。凌空飞起的天梁石、惟妙惟肖的鳄鱼石、缠绵浪漫的夫妻拜月石、神奇绝妙的吕洞宾试剑石、雄据山头的"雄鹰展翅"……精妙绝伦,数不胜数。山北的古刹宝林寺,传说是朱元璋年少剃度的地方,寺前两株相依相偎的千年古银杏,增添了宝刹的古老和神秘。

金牛溪。位于高峰寺水库北,是一条生态旅游风光带,全长 2.3 公里,台阶千

余级,沿途有金牛卧波、群牛戏水、金牛望月,游道尽头金牛石雄踞峰顶,惟妙惟肖。

青龙沟。位于公园中部,是一条植物生态景观线。十里峡谷陡峭狭窄,溪流潺潺,植物多达1 200余种,列为国家保护的树种就有秃杉、水杉、银杏、香果、厚朴等十余种。沟中看点有梅花桩、金元宝、栈道、冲天石、青龙潭等。

杨涟墓。位于龙兴沟天井涧,清顺治六年(1649)建墓。

(7) 其他

随州旅游度假之地还有徐家河旅游度假区、三潭风景区、黑龙潭景区、琵琶湖景区等。文峰塔,是随州地区现存最古老的建筑(建于清光绪年间的1884年),位于文峰都市花园小区旁。每逢初一、十五都有善男信女前往敬香。

二、"五朵金花"乡村游

(1) 尚市桃花旅游节

随县尚市桃花园景区,位于随州市城西北40公里,面积80平方公里。每年三月,连绵起伏、蔓延层叠的山岗,桃花绽放,漫山遍野一眼望不到尽头,游客置身花海,踏青赏花,品尝农家菜肴,仿佛进入"世外桃源"。自2007年3月举办首届桃花旅游节以来,至今已成功举办四届,享誉省内外。

(2) 万和兰花节

随州市是中国的兰花之乡。境内兰花品种120余种,总量超过1.8亿株。其中野生蕙兰存量占全国总量的80%。随县万和镇是野生兰花出产和名贵兰花培植经营活动中心,有中国"兰花之都"的美誉。2007年4月,湖北省林业局、随州市人民政府承办了首届中国随州(万和)兰花节,以后每年一届,极大弘扬了"爱美向善、求真务实、宁静淡泊、清雅高洁"的兰文化,称誉海内外。

(3) 洛阳银杏节

随县洛阳镇是著名的"中国千年银杏谷"所在地,现存千年以上古树308株,百年以上1.7万株。分布在南北长20公里,东西宽8公里的狭长地带,是世界四大密集成片的古银杏群落之一。2007年9月随州市人民政府举办首届银杏文化旅游节,银杏资源受到国际国内社会各界的普遍关注,前来观光的游客每年递增几万人。

(4) 三里岗香菇节

随县三里岗镇是"中国香菇之乡"。三里岗人工栽培香菇起步于1964年,1978年在华中农业大学杨新美教授亲自指导下,开始了真正意义的人工栽培,经历了当地产销、外产内销、专业营销几个阶段,形成年产销4 000多吨,创汇过亿美元,中南地区最大的香菇集散地。2008年12月,湖北省农业厅、中国食用菌协会、随州市人民政府主办了首届随州三里岗香菇节。到三里岗农家游,可品尝香菇宴,体验种菇乐趣。

（5）洪山茶园风光

随县洪山镇是茶叶特色镇。建有云峰山、大洪山、琵琶湖三大茶叶龙头基地和大小40多个茶园,茶叶面积近万亩,年产茶叶40万公斤,是湖北省五大茶叶产区之一。到洪山镇旅游,看大洪山,游琵琶湖,赏茶园风光,品湖北名茶,恍如仙境。

三、随州特产、特色小吃

特产:蜜枣、泡泡青、香菇、黑木耳、三黄鸡、葛粉、白果、吉阳大蒜、厉山腐乳。

特色小吃:随州春饼、广水滑肉。

参考文献

1. 随州志.北京:中国城市经济社会出版社,1988
2. 二十五史·隋书.上海:上海古籍出版社
3. 谭维四.曾侯乙墓.北京:文物出版社,2003
4. 中国历史文化名城随州.1996
5. 随州文史资料.2004
6. 樊友刚等.随州文化丛书.2009
7. 何炳武,姚敏杰.历史文化名城黄陵.1995

神 农 赞

曹 植

少典之胤[1],火德承木[2]。

造为耒耜[3],导民播谷。

正为雅琴[4],以畅风俗。

【注释】

[1] 少典:《国语·晋语》记述,"昔少典娶于有蟜氏,生黄帝、炎帝"。曹植据此推断"少典"为炎黄二帝先辈。胤,后代,后嗣。

[2]火德承木:战国邹衍创立的五德终始说,依土、木、金、火、水为次序,黄帝位列五帝之首占土德,而土色呈黄,故称黄帝。《史记·五帝本纪》"神农火德王而称炎帝也"。

[3]耒耜:耒,古代形状像木叉的农具;耜,古代像犁的农具,据传使用耜时,一人扶柄,两三人在前用绳拉。耒耜,古代农具的代称。

[4]正:使端正。

【导读】

曹植(192—232),字子建,沛国谯(今安徽亳县)人,汉魏之际著名文学家。前期诗歌表现出奋发有为积极进取希望创建不朽功业的雄心壮志。该诗是其前期之作。诗歌用简洁明快的语言,十分精炼地概括了炎帝神农放火烧畬、制造农具、教民播种和削桐作琴以期教化等多方面的辉煌创举。诗分两层,前两句交代炎帝神农来历地位不同凡响,后四句赞美其万世功绩。

【类文链接】

曹植《黄帝赞》:少典之子,神明圣哲。土德承火,赤帝是灭。服牛乘马,衣裳是制。氏云名官,功冠五列。(《艺文类聚》)

民 为 神 主[1]

楚武王侵随,使薳章求成焉[2],军于瑕以待之[3]。随人使少师董成[4]。

斗伯比言于楚子曰[5]:"吾不得志于汉东也[6],我则使然。我张吾三军而被吾甲兵,以武临之,彼则惧而协以谋我,故难间也。汉东之国随为大,随张必弃小国,小国离,楚之利也。少师侈,请羸师以张之。"熊率且比曰[7]:"季梁在[8],何益?"斗伯比曰:"以为后图,少师得其君。"王毁军而纳少师。

少师归,请追楚师,随侯将许之。季梁止之,曰:"天方授楚,楚之羸,其诱我也,君何急焉?臣闻小之能敌大也,小道大淫。所谓道,忠于民而信于神也。上思利民,忠也;祝史正辞[9],信也。今民馁而君逞欲,祝史矫举以祭,臣不知其可也。"公曰:"吾牲牷肥腯[10],粢盛丰备,何则不信?"对曰:"夫民,神之主也。是以圣王先成民而后致力于神。故奉牲以告曰,'博硕肥腯',谓民力之普存也,谓其蓄之硕大蕃滋也[11],谓其不疾瘯蠡也[12],谓其备腯咸有也。奉盛以告曰,'洁粢丰盛',谓其三时不害而民和年丰也。奉酒醴以告曰,'嘉栗旨酒[13],谓其上下皆有嘉德而无违心也。所谓馨香,无谗慝也[14]。故务其三时,修其五教[15],亲其九族,以致其禋祀[16]。于是乎民和而神降之福,故动则有成。今民各有心,而鬼神乏主[17],君虽独丰,其何福之有!君姑修政而亲兄弟之国[18],庶免于难[19]。'"随侯惧而修政,楚不

敢伐。

【注释】

[1] 民为神主：节选自《左传·桓公六年》，题目是编者加的。
[2] 薳(wěi)章：楚国大夫。
[3] 瑕：随国地名。
[4] 少师：随国官名，其人不详。董成，主持议和。董，主持。
[5] 斗伯比：楚国大夫，令尹子文之父。楚子，楚武王。
[6] 汉：今汉水，汉东多姬姓小国。
[7] 熊率且比：楚国大夫。
[8] 季梁：随国贤臣，官名不详。
[9] 祝史：祝愿祷告之人。
[10] 牲牷(quān)：祭祀用的全牛等。牷，毛色纯一的牛等。
[11] 蕃(fán)滋：繁殖滋长。
[12] 瘯(cù)蠡(luǒ)：家畜病疫，瘦弱。瘯，借为瘦；蠡，借为羸。
[13] 嘉栗旨酒：清冽的美酒。栗，通"冽"，清冽。旨，美好。
[14] 慝(tè)：邪恶。
[15] 五教：即父义、母慈、兄友、弟恭、子孝五种教化。
[16] 禋祀：洁净的祭祀。
[17] 鬼神乏主：鬼神没有专主。
[18] 兄弟之国：指汉水流域诸姬姓国。
[19] 庶免于难：或许可免于祸难。

【导读】

　　节选部分选自《左传·桓公六年》。主要记述了楚武王熊通第一次伐随，设骗局自乱军容，以诱使随国出击，伺机灭掉随国，季梁识破阴谋，阻止随军追击，并规劝随侯"修政而亲兄弟之国"，迫使"楚不敢伐"的史实。文中的主要人物季梁，是随州历史人物中有确切史料记载且无异议的第一人，是"民本"思想的首倡者。李白称赞他为"神农之后，随之大贤"。他在春秋初期辅佐随国国君治国安邦，提出"内修国政""外亲邻邦"的方略，使随国在群雄割据、战乱频繁的动乱年代得以自立自强，国祚延续数百年而不被强国所灭。作为内修国政重要思想的基石，季梁首次提出了"民为神主"的哲学理念和"上思利民"的政治主张，这在当时"崇尚天、信鬼神、君权高于一切"的社会背景下，无疑是一种超越历史的突破。季梁死后，葬于随州城东郊义地岗，建有季梁墓、季梁祠(今已毁灭)，为世代随人所景仰。

【类文连接】

　　[1]《尚书·五子之歌》："民惟邦本，本固邦宁。"中国典籍中第一次明确提出

"民本"思想,比季梁约晚 200 年。

[2]《孟子·尽心下》第十四章:"民为贵,社稷次之,君为轻。"

江夏送倩公归汉东序(摘句)[1]

李 白

彼美汉东国[2],川藏明月辉[3]。
宁知丧乱后[4],更有一珠归。

【注释】

[1] 江夏送倩公归汉东序:李白写给随州僧人贞倩的。江夏,今武汉市。汉东,汉水之东,指随州地域。本诗摘自序的最后五言绝句。

[2] 汉东国:古随国,随国地域位于汉水以东。

[3] 明月:明月珠,又称随侯珠。晋干宝《搜神记》卷二十:"隋县溠水侧,有断蛇丘,隋侯出行,见大蛇被伤中断,疑其灵异,使人以药封之,蛇乃能走,因号其处'断蛇丘'。岁余,蛇衔明珠以报之。珠盈径寸,纯白,而夜有光明,如月之照,可以烛室,故谓之'隋侯珠'。亦曰'灵蛇珠',又曰'明月珠'。丘南有隋季良大夫池。"

[4] 丧乱:指安史之乱带来的苦难。

【导读】

李白,唐代著名诗人。开元十三年,李白经友人介绍,离开四川到湖北安陆准备与故相许圉师的孙女结为秦晋之好。这一年,他到随州拜访了著名道士胡紫阳,并创作多首诗歌,赞美随州山水人物。乾元二年,59 岁的李白在流放夜郎的途中获释。当他途经江夏时随州僧人贞倩专程到江夏请李白为胡紫阳撰写碑铭,于是便写了《江夏送倩公归汉东序》,序的最后作五言绝句一首(即所选诗句),借明月珠(随侯珠)的传说,赞美随州藏有人才,抒发其离乱之悲和暮年希望再展宏图的心情。

【类文链接】

[1] 梁延年《夜光池》:一息微生转瞬中,敢将再造吁苍穹。亦知斗水施非易,谁念灵台惠不穷。经寸明珠初吐丹,半圭良药早乘风。频危物命真堪惜,满眼残黎患正同。(清·同治《随州志》)

[2] 李白《题随州紫阳先生壁》:神农好长生,风俗久已成。忽闻紫阳客,早署丹台名。喘息餐妙气,步虚吟真声。道与古仙合,将心元化并。楼疑出蓬海,鹤似飞玉京。松雪窗外晓,池水阶下明。忽耽笙歌乐,颇失轩冕情。终愿惠金液,提携

凌太清。(《李太白全集》)

骕骦陂[1]

胡曾

行行西至一荒陂,
因笑唐公不见机。
莫惜骕骦输令尹[2],
汉东宫阙早时归。

【注释】

[1] 骕骦陂(bēi):地名,今属随州市随县唐镇所辖。据传为春秋时唐成公牧马处。因产名马"骕骦"而得名。

[2] 令尹:春秋时楚国官名。

【导读】

胡曾,生卒不详,邵阳人。曾任汉南节度从事,后为高骈幕府书记。春秋末年,唐成公至楚国朝见楚昭王,他骑去两匹骕骦马,此马是有名良马,楚国令尹囊瓦想要,唐成公坚决不给,被囊瓦扣留,唐国人为救成公,偷走骕骦马献给了囊瓦,唐成公才被放回。此诗为诗人经过骕骦陂时引发的古人古事之慨。

【类文链接】

唐·孟浩然《唐城馆中早发寄杨使君》:犯霜驱晓驾,数里见唐城。旅馆归心逼,荒村客思盈。访人留后信,策蹇赴前程。欲识离魂断,长空听雁声。(《全唐诗》)

闻虞沔州有替将归上都登汉东城寄赠[1]

刘长卿

淮南摇落客心悲,溳水悠悠怨别离。
早雁初辞旧关塞,秋风光入古城池。
腰章建隼皇恩赐[2],露冕临人白发垂。
惆怅恨君先我去[3],汉阳耆老忆旌麾[4]。

【注释】

[1] 虞沔州:《元和姓纂》注为虞逊,会稽余姚虞氏,历任沔州刺史。
[2] 腰章:古代官印。常系腰间,故名。
[3] 恨:既遗憾又羡慕的复杂心情。
[4] 旌麾:古代用羽毛装饰的军旗,主将用来指挥军队。亦借指军旅之事。

【导读】

刘长卿,唐代著名诗人,仕途坎坷。建中元年(780)出任随州刺史,三年后,因战乱离开随州。其存诗500余首,著有诗集《刘随州集》。名列"大历十才子"之一。本诗为其在随州任刺史期间所作。抒发诗人在获悉友人虞逊(时任沔州刺史)荣迁归京的消息后顾人自怜的伤感,也表达了诗人尽管白发暮年,但也不会愧对皇恩,誓以友人为榜样,为官一任,给百姓留下美好回忆的情怀。

【类文链接】

[1] 唐·沈佺期《送乔随州侃》:结交三十载,同游一万里。情为契阔生,心由离别死。拜恩前后人,从宦差池起。今尔归汉东,明珠报知己。(《全唐诗》)

[2] 唐·韩愈《自袁州还京行次安陆先寄随州周员外》:行行指汉东,暂喜笑言同。雨雪离江上,蒹葭出梦中。面犹含瘴色,眼已见华风。岁暮难相值,酣歌未可终。(《全唐诗》)

[3] 唐·刘长卿《送李录事兄归襄邓》:十年多难与君同,几处移家逐转蓬。白首相逢征战后,青春已过乱离中。行人杳杳看西月,归马萧萧向北风。汉水楚云千万里,天涯此别恨无穷。(《全唐诗》)

登 汉 东 楼[1]

沈 括

野草黏天雨未休,客心自冷不关秋。
塞西便是猿啼处,满目伤心悔上楼。

【注释】

[1] 汉东楼:清同治《随州志》记载,汉东楼为随州古城南门楼。坐北朝南,下有拱形门洞,门洞上书"汉东门",旧址已废。明知州李充嗣重建,清知州杨嘉运又重修。抗战时,南关草店子街头仍存有汉东楼,楼为三层,斗拱飞檐。该楼毁于1948年7月。

【导读】

沈括(1032—1095),钱塘(今浙江杭州)人,宋代科学家。官至翰林学士、权三司使、龙图阁直学士。元丰五年,西夏举兵犯境,降任延州(今陕西延安)知州的沈括,因救援无效永乐城陷,被贬为均州团练副使,随州安置,困居随州三年。《登汉东楼》是沈括来随州后触景生情,写下的一首抒怀诗。"客心自冷不关秋",因沈括是贬职"安置随州"(限制居住)的,情绪低落可想而知。实是"客心自冷"与天气无关。"塞西便是猿啼处,满目伤心悔上楼",鄂接川蜀,三峡多猿,"猿鸣三声泪沾裳"。低落的情绪,缠绵的秋雨,催泪的猿声,满目的衰肃景象,怎不叫人心酸!

【类文链接】

[1]宋·沈括《光化道中遇雨》:望远初翻叶,随风已结阴。雨篷宜倦枕,乡梦入寒衾。莎笠侵浈俗,溪山动越吟。烟波千里去,谁识魏牟心。

[2]宋·陈洙《溠水》:溠浕双水绕城隅,高谊曾闻季大夫。九十九冈风俗厚,人人况已握灵珠。(同治《随州志》)

留守相公移镇汉东[1]

欧阳修

周郊彻楚坰[2],旧相拥新旌。
路识青山在,人今白首行。
问农穿稻野,候节见梅英[3]。
腰组人稀识[4],偏应邸吏惊。

【注释】

[1]留守相公:指钱惟演。宋仁宗时,累官至枢密使,晚年贬谪随州为崇信军节度使。

[2]周郊彻楚坰:借周朝疆域远及荆楚荒野,言钱惟演自洛阳贬谪随州(春秋末年随为楚附庸)。彻,达。坰,野外。

[3]候节见梅英:候节,即节候,指梅雨时节;梅英,梅花。

[4]腰组:组,丝带;腰组,丝织腰带,权力、身份、地位的见证。

【导读】

欧阳修,(1007—1072)庐陵(今江西吉安)人。北宋文坛领袖,唐宋八大家之一。4岁时,父亲病死任上,随母投靠在随州任推官的叔父欧阳晔,直至22岁出仕,在随州学习、生活了18年。欧阳修仕途第一站便在河南洛阳西京留守钱惟演幕府做推官,故两人关系甚密。此诗为钱惟演贬谪随州时欧阳修所作的送别诗。诗的首联交代主人的去向及新职掌管事务,场面开阔,暗含贬谪之意;颔联以青山依旧、白头行路表达对主人晚年遭贬的同情;颈联、尾联写沿途所见所遇,借乡野之人少识官服品级,只有官吏见之心惊,再次表达虎落平川的失意之情。

【类文链接】

宋·钱惟演《木兰花》:城上风光莺语乱,城下烟波春拍岸。绿杨芳草几时休?泪眼愁肠先已断。情怀渐变成衰晚,鸾镜朱颜惊暗换。昔年多病厌芳尊,今日芳尊惟恐浅。(《全宋词》)

登 洪 山

何宗彦

秋雨连绵到上头,风云漠漠望中收[1]。
云间指顾空三楚[2],海岱微茫接十洲[3]。
忆昔双龙开大壑[4],何年三釜落高邱[5]。
未知此日登临后,千载谁人说壮游。

【注释】

[1]漠漠:密布貌。
[2]指顾空三楚:指顾,指点环顾。三楚,秦汉时分战国楚地为西楚、东楚、南楚。
[3]海岱微茫接十州:岱,泰山别名。微茫,隐约模糊。十洲,传说中仙人居住的十个岛。
[4]双龙开大壑:传说双龙闯开一个山口,形成今天大洪山"剑口"瀑布景观。
[5]三釜落高邱:洪山主峰宝珠峰峰顶原有三口大铁锅,锅高2.3米,直径3米多,重达几吨,令人称奇。邱,丘。

【导读】

何宗彦(? —1624),字君美,号昆柱,明代金溪东漕(今江西省金溪县琅琚乡)人。17岁时随父客居随州(今湖北随州市),遂占随州籍。万历二十三年进士,曾任过詹事、礼部右侍郎、礼部尚书兼东阁大学士(宰相),卒于相位。时人评说,何宗彦澡身浴德,正色立朝,淡于求名,拙于求利。死后,奉旨在随州建立祠堂,以示纪念。该诗的首联和颔联描绘了诗人在洪山顶云间环视楚地所见,表明随州为连结海岱十州的冲要枢纽;颈联以传说中的双龙开山形成"剑口"、宝珠峰顶三口巨型铁锅展现大洪山独有的奇特景观和早年开河造山的胜事;尾联抒发有幸登胜地洪山,是令人振奋的千年难逢的壮游,洋溢着对祖国山河的热爱。全诗意境深远,大气磅礴,格调较高,体现了诗人开阔的胸襟。

【类文链接】

[1]周之仲《大洪山》:百里连山势郁蟠,直从荆郢耸奇观。云封古泗千年夜,雪积阴岩六月寒。当日洪波翻绝顶,而今花雨著层峦。灵踪屡显传唐宋,突兀丰碑字未残。

[2]明朝进士李维桢《游大洪山》:步蹑随阳第一山,大开眼孔小尘寰。几宗烟火睥睨下,万里乾坤指顾间。荆郢卧云山势乱,汉沔拖练水光环。此身恍在青霄上,不羡咸都百二关。

[3]李充嗣(明弘治九年,任随州知州)《宿洪山寺》:百鸟窗前弄巧声,晓钟才撞客初醒。夜来一觉超凡梦,只在洪山顶上行。(清·同治《随州志》)

厉　山

[清] 储嘉珩

庖牺生于陈[1],神农诞于楚。
巍巍厉山高[2],近在㵍水浦。
悬岩藏石洞,异草纷难数。
下与九井通,喷泉若飞雨。
是乡帝所生,流传自上古。
爰继庖牺作,其利生民普。
耒耨教天下[3],医药慰疾苦。
交易各得所[4],聚宝通海宇。
有功则祀之,祭法天所许。
至今神农庙,年年赛村鼓。

【注释】

[1]庖牺生于陈:庖牺,即伏羲。陈,古陈州,今河南淮阳县,建有伏羲女娲庙。

[2]厉山:南朝盛弘之《荆州记》记载,随郡北界有厉乡村,村南有重山,山下有一穴,父老相传云神农所生。本诗所指厉山当在随北殷店境内。

[3]耒耨(nòu):耒,古代农具,形似木叉。耨,锄一类的锄草工具。传说这种农具是由神农发明的。

[4]交易:《周易·系辞下传》记述,神农以"日中为市,致天下之民,聚天下之货,交易而退,各得其所"。

【导读】

储嘉珩,随州人,嘉庆乙卯进士,历襄阳教授,著有《十瑞山房诗草》《随州志》)。《厉山》的前十句叙写炎帝神农的诞生地厉山的山、水、洞、井等奇特景观,充满帝王之乡神秘的地望特征;中间六句盛赞炎帝神农的丰功伟绩;末四句交代祭祀神农活动的缘由和方式。整首诗蕴含丰富,文字却简洁明了。

【类文链接】

[1] 清·朱安世《谒神农洞》:圣启炎皇氏,灵钟漻水涯。塞墟存井社,石室满烟霞。考信穿碑断,征奇旧史夸。始开民业厚,今见土风横。嘉野耕桑谱,深山巢燧家。但传神首出,莫纪洞年华。粒食功犹在,时巡迹已遐。遗风迁赖邑,典祀入长沙。世远人忘报,祠荒礼未加。愧予方讯俗,望古一咨嗟。(清同治《随州志》)

[2] 清·刘彬《神农洞天》:神农生去几千年,食德于今处处然。丹灶何曾留古洞,耕耘犹自庆长天。可知杳渺原非帝,始姓鸿功即是仙。寄语烟霞三岛客,好从实地悟人先。(清·同治《随州志》)

颂 祖 文[1]

今夕何夕,九天流霞;此时何时,大地飞花。千重翠色,盈峰被野,簇拥神农故里;万方赤子,寻根颂祖,齐集厉山脚下[2]。

天有浩气,其精为星;地钟灵秀,其晶为人。炎帝神农,惟我始祖。激浊扬清,缔造中华。

漫道稽古难征[3],难续洪荒信史。还从口碑物器,景仰创世神话。磨石为斧,削木为犁,告别茹毛饮血。编麻为衣,糅泥为陶[4],引导男婚女嫁。种桑养蚕,斫桐制琴,允为文明初创。结绳记事,煮盐烹食,智通天地历法。祛病疗伤遍尝百草,虽九死其犹未悔。披荆斩棘教化生民,行万里处处为家。天地以风霜雨雪化育万物,圣人以礼乐文明塑造华夏。以人补天,惟炎既黄。以道启德,大爱无疆。

厉山共群山而逶迤,㵐水引众水而浩荡[5]。文明发展,风驰电掣,薪火传承,凤舞龙翔。

祭我祖兮,问大魂何在,尽在华夏儿女眼中闪亮;颂我祖兮,问大德何归,尽在亿万族裔心中珍藏。湖北乃九省通衢,荆楚为始祖故乡。敬天法祖,乃中华传统美德;继往开来,促我辈奋发图强。学习炎帝创新以为先,实施弯道超越,虎踞龙蟠今胜昔;效法神农开拓以为尚,致力中部崛起,天翻地覆慨而慷!倾满腔热血,铸时代精神;用忧患之笔,写改革篇章。学以明之,诚以行之。以和为贵,多难兴邦!浩浩乎惟始祖一脉,于此衍生千秋功德,万世辉煌;巍巍乎仅炎黄二字,足可抵御千重灾难,万种风霜。

广备时馐,奉祀始祖。欣看眼前之鄂渚,人人抱荆山之玉,处处是创业之乡;瞻望今日之中华,社稷铺智能风景,民族沐希望之光!

望山瞻拜,一片吉祥;殿前礼赞,尽献心香。伏望始祖,恩被荆楚大地,永远春潮腾涌;恭祷始祖,福佑文明古国,再创盛世华章!

【注释】

[1]《颂祖文》:颂扬祖先功德的祭祀性文体。本文来自"2009年首届世界华人炎帝故里寻根节"祭祀时,湖北省省长李鸿忠宣读的颂祖文。

[2] 厉山:通列山、烈山。

[3] 稽:查考。

[4] 糅:掺杂。

[5] 潄水:亦称姜水。

【导读】

农历四月二十六,传说是华夏始祖炎帝的生日。2009年5月20日,由湖北省人民政府主办,湖北省文化厅、湖北省旅游局和随州市人民政府共同承办的首届世界华人炎帝故里寻根节,在随州厉山举行,来自海内外的各界嘉宾两万多人喜聚随州厉山,拜谒中华民族的始祖炎帝神农,共同祈福华夏繁荣昌盛。该文先交代祭祀的时间、地点、人物、环境,接着颂扬炎帝神农开启文明、奠基华夏的丰功伟绩,最后表达华夏胄裔弘扬炎帝精神、凝聚民族情感、实现中华民族伟大复兴的宏愿和决心。

【类文链接】

[1] 河南新郑市2009年(农历三月三,黄帝轩辕诞辰日)《拜祖文》(节选):黄河水,黄土壤,黄帝业,绩皇皇。少典子,震八方;启蒙昧,别洪荒。都有熊,创度量;教耕牧,食有粮。种蚕桑,制衣裳;筑宫室,暑寒藏。造舟车,路通畅;音律具,历数详。疗民疾,用岐黄;举贤能,整肃纲。礼仪备,文明扬;华夏一,龙头昂。古岩画,今尚存;薪火传,永流芳。

[2]《炎黄颂》:莽莽天宇,八万里云驰飙作;恢恢地轮,五千年治乱兴亡。邙砀(北邙,山名,在洛阳北;砀山,在安徽省)脊脉,逶迤远连昆岗;河洛清波,浩荡奔注

海澨(音shì,水涯)。涉彼洪荒,文明肇创;万代千秋蒙庥(音xiū,休养生息),厥功在我炎黄。曩昔混沌未开之时,含哺而无釜甑,结绳不见文字。伐檀有人,莫及舟车;蚕桑未采,何来垂裳。《礼》云:"故人者,其天地之德、阴阳之交、鬼神之会、五行之秀气也。"伟哉炎黄,据天地之大德,值阴阳之交会,通灵鬼神之际,会道五行之秀。礼行赤县(指中国),情系苍生。仰畏天,俯畏人,惟宽人恭俭,出于自然;而忠恕诚悫(音què,诚笃,忠厚),始终如一。不蔽奸佞之谗,不用取容之士。天下咸归,百姓安乐。是以列星随旋,日月递照,风雨博施,万物得和以生,得养以成。嫘祖,黄帝之妃,始创黼(音fǔ,古礼服黑青相间的花纹)织;仓颉,黄帝之臣,以立文字。炎帝之女精卫,衔石而填沧海;炎帝之臣夸父,逐日以迎霞光。乃神乃人,惟载远古;是传是说,宜辅信史。岁月迁流,穷奇斯生,涿鹿风云突变,域中归于一统,百族聚为中华,自中原而滂沛十方。从兹以还,历三代二千余年而入于秦,再历二千余年而有今。天不欲亡我中华,必不亡中华之文化。中华文化,有源以之开流;神州百族,有秩以之共理。炎黄脊梁遍列九州,姓氏血脉,扬辉全球。龙从云起,先民图腾,乃往昔五千年文明之大标识,亦兹后亿万年之大旌纛。大道之行,讲信修睦,故国之兴,端赖和谐。宇内各族,世界侨属,齐献瓣香,恭祭先祖。历万万代,共众芳之所在,固信美而永驻。刻石再拜,以颂以祷,斯馨无忒。

方案一:魅力随州行

一、活动目的

魅力随州行——随州职院学生实践活动,是我院大学生人文教育的重要内容之一。活动以科学发展观为指导,以随州炎帝神农文化为主线,带领学生考察参观随州的博物馆、厉山炎帝神农、大洪山绿林军山寨、九口堰新四军驻地、随州汽车走廊、徐家河景区等地,引导学生关注随州历史人文风情,关注随州经济社会发展,投身随州的建设,促进随州又好又快发展。

二、活动主题

情系随州、完善自我、奉献社会

三、组织机构

顾问:

组长:

成员：

四、参加人员

教师：

学生：

五、活动内容及时间

时间	内　　容	负责人员	预　期　目　标
7.15	参观博物馆、编钟出土地、厉山炎帝神农故里		了解随州编钟、炎帝神农文化
7.15晚	在2220教室观看《风舞天下》		用影片的方式展现随州风土人情
7.18—7.19	参观大洪山绿林军山寨、九口堰革命根据地		了解自绿林军农民起义到共产党武装革命史
7.20	市图书馆查阅资料		了解季梁、明玉珍、岳飞、李白、苏轼等历史名人在随州的活动印迹
7.21	参观随州汽车走廊、一河两岸风景		了解随州汽车之都的风采、随州建山水宜居旅游城市宏图
7.22	浏览徐家河、中华山		了解随州的山水旅游资源及第三产业发展概况
7.30	在4104教室，集中学生观看随州职院评建专题片、随州改革开放三十年专题片，就随州的风土人情、校园文化等方面进行讨论		对本次活动进行总结

六、活动经费

交通费：

住宿费：

门　票：

餐　费：

影视及制作：

共　计：￥　元

七、活动要求

1. 每项活动的负责人必须制定出每项活动的具体步骤,包括学生安全细则,在活动中确保学生安全。

2. 参加此项活动的教师、学生必须购买人身保险。

3. 每项活动开始之前,带队指导教师和学生一块儿拟定调研报告的题目;活动结束后,带队教师指导学生完成调研报告。

4. 活动结束后进行总结、表彰。每项活动负责人会同参加活动的教师撰写5 000字考察报告,编辑制作两课时专题讲座课件,一个适合大学生在该项目中进行社会实践的详细方案。公共基础课部将就完成质量进行表彰和奖励。

方案二:神农畅想——主题研讨会

一、活动目的

以神农文化为主线,全面了解神农及其后人在随州这片热土上生存、奋斗、发展的历程,展示随州社会、经济、文化发展的现状和美好前景,激发当代大学生热爱随州、建设随州的豪情壮志。

二、活动内容

1. 华夏文明发厉山:了解神农的诞生、历史功绩、精神内涵。

2. 绵延不绝五千年:了解随州的历史变迁、重大历史事件。

3. 人杰地灵话随州:了解在随州生活过的杰出历史人物、主要物产。

4. 小小方言大乾坤:认识随州方言蕴含的哲理和文化。

5. 民风民俗养精神:了解随州的民风民俗、民间传说、民间曲艺、宗教文化等。

6. 文化名城谱新篇:了解新时期随州社会、经济、文化建设的新做法、新成就。

三、活动组织

1. 课程教师开课初指导学生选取相应内容之一,搜集整理资料。

2. 学生依据所选内容范围自然组成研究团队,撰写研究报告。推举中心发言人。

组长负责抽签、拟订小分题、分配任务、审核检查;

发言人负责汇总定稿,制作成幻灯片,并代表小组发言。

3. 课程组全体教师组成评委团对学生的报告进行初步评估,然后组织各中心发言人进行现场答疑,评选出优秀团队和优秀个人。

四、注意事项

1. 每人必选一个内容。

2. 材料、观点要典型、客观,引用内容要注明材料来源。

3. 个人成绩评定以团队成绩统一核定。

五、奖励

1. 优秀团队 5 个。

2. 优秀个人 30 名。